KB097381

언제 매도할 것인가

알렉산더 엘더 지음 | **신가을** 옮김 | **오인석** 감수

이레미디어

많은 시간 동안 책임감과 관대함, 성실함으로
우리 회사가 지금의 모습을 갖추도록 애써주신
elder.com 매니저
이나 펠드맨에게
이 책을 바칩니다.

머리말

오르막이 있으면 내리막이 있다. 심을 때가 있으면 거둘 때가 있다. 지금 거실에서 깡충깡충 뛰어노는 귀여운 강아지도 언젠가는 나이 들어 노쇠해 동물병원에 데려가 안락사를 부탁해야 한다. 꿈에 부풀어 주식을 매수했다. 그런데 승승장구하던 주가가 추락하더니 자산을 까먹고 있다면? 출구를 찾을 때가 온 것이다.

매수할 때는 즐겁다. 희망과 기대에 부풀어서 사니까 말이다. 매도는 어렵고 엄중한 작업이다. 마치 반려견을 안락사시키기 위해 동물병원으로 차를 모는 심정이라고나 할까. 하지만 매도는 피할 수 없는 일이다. 어떤 매매든 매매를 끝내려면 매도를 피할 수 없는 게 현실이다. 매도에 관해 이야기하다 보면 끝이 없다. 공매도도 논의해야 한다. 아마추어들은 공매도에 대해 잘 모르면서도 무작정 공매도를 두려워하는데, 공매도를 즐기는 프로들은 하락장에서도 수익을 취한다.

주가는 상승할 때보다 훨씬 빠른 속도로 하락하므로 공매도에 대해 잘 아는 트레이더는 돈을 벌 기회를 두 배로 늘릴 수 있다. 그런데 공매도를 시도하려면 그전에 매도법, 그것도 올바른 매도법을 반드시 먼저 배워야 한다. 대책 없는 낙관주의는 버리고 이제 올바른 매도법을 배워보자.

왜 파는가?

시장은 숨을 들이마셨다가 내쉰다. 다시 말해 상승하면 반드시 하락한다. 시장에서 즐거움을 맛보려면 시장의 리듬에 보조를 맞추어야 한다. 초보는 주식을 매수하는 법, 즉 숨을 들이마시는 법을 안다. 이에 더해 언제 숨을 내쉴지, 즉 언제 매도할지 알면 다른 사람들보다 우위에 설 수 있다.

우리는 장세를 낙관할 때, 좋은 기회를 놓치기 싫을 때 매수한다. 신제품에 관한 이야기나 합병 소문을 듣거나 데이터베이스를 검토해서 유망한 차트 패턴을 발견하면 매수를 결심한다. 그러면 인터넷을 이용하거나 브로커에게 전화해서 매수 주문을 낸다. 주문 체결 확인 전화를 받으면 주식을 보유하게 된 것이다. 그런데 바로 이때부터 스트레스가 시작된다.

주가에 변동이 없으면 불안하다. 또 엉뚱한 종목을 고른 걸까? 다른 주식들은 다 오르는데, 팔아야 하나? 온갖 생각이 다 든다. 주가가 올라도 불안하기는 마찬가지다. 차익을 실현해야 할까? 포지션을 더 늘려야 할까? 아니면 그냥 가만히 있을까? 아무것도 안 하고 그냥 가만히 있는 게

제일 힘들다. 특히 어린 시절부터 "가만히 있지만 말고 어떻게 좀 해봐!"
라는 소리를 귀에 못이 박히도록 들은 사람이라면 더욱 그렇다. 주가가
하락하면 고통스럽다. '본전만 회복하면 바로 팔아버려야지' 하는 생각이
절로 든다.

　많은 사람에게 심리적으로 가장 편안한 상태는 소폭 하락할 경우다.
대폭 하락처럼 고통스럽지도 않고 주가가 진입가 부근에 있으면 팔 이유
도 없어 보인다. 특별한 행동을 취하지 않아도 된다. 손 놓고 있을 만한
핑곗거리가 충분하다.

　개구리를 뜨거운 물에 집어넣으면 튀쳐나온다. 그런데 물을 서서히 덥
히면 산 채로 요리할 수 있다. 분명한 매도 계획 없이 서서히 하락하는 주
식을 보유하고 있다면 그 트레이더는 큰 코 다치게 된다.

　스트레스는 판단력을 흐리게 만든다. 게다가 돈이 걸려 있으면 객관성
을 유지하기 어렵다. 이런 이유로 진입하기 전에 계획을 세워두어야 한
다. 계획에는 시장에 진입한 이유와 진입가, 보호 스톱, 수익 목표 등 3가
지 수치가 포함돼 있어야 한다.

　매수하기 전에 매도 계획을 수립하라. 이 간단한 규칙을 지키면 가련
한 개구리처럼 서서히 삶기는 신세를 면할 수 있다. 매수하기 전에 매도

계획을 세우면 수익은 늘어나고, 손실은 줄어들며, 자산 곡선은 위를 향하게 된다. 그런데 왜 이렇게 하는 사람이 드문 것일까?

여기에는 2가지 이유가 있다. 첫째, 트레이더들은 대부분 여러분이 방금 읽은 것을 배워본 적이 없다. 초보와 문외한은 이에 대해 전혀 모른다. 두 번째 이유는 인간은 꿈꾸기를 좋아하기 때문이다. 계획을 종이에 적다 보면 달콤한 백일몽이 깨진다. 막연하게 큰 돈을 버는 몽상을 하는 것은 즐겁고 아늑하다. 꼿꼿하게 앉아서 구체적인 목표와 비상시 계획을 적는 일은 이런 행복한 공상과는 거리가 멀다. 이 책을 집어 든 사람들은 달콤한 백일몽을 꾸는 일 대신 현실적인 수익을 선택했으리라 믿는다.

환영한다. 이제 매도와 공매도를 공부해보자.

Q&A에 관하여

구미가 당기는 종목을 발견해 매수했는데 주가가 수직 상승하는 모습을 보면 짜릿하다. 공매도한 뒤 주가가 하락하는 모습을 볼 때도 마찬가지다. 그런데 이런 환희는 게임의 일부에 지나지 않는다.

해야 할 숙제는 많고, 시간도 오래 걸린다. 때로는 수많은 주식을 살피고도 특별히 구미가 당기는 주식을 발견하지 못하는 경우도 있다. 마음에 드는 주식을 찾았는데 자금 관리 규칙 때문에 매수할 수 없는 경우도 있다. 진입하는 건 순간이지만 매매 일지에 기록할 때는 30분이 넘게 걸린다. 진지한 트레이더는 많은 시간을 들여 힘들게 조사하고 연구한다. "성공은 10%의 영감과 90%의 노력"이라고 말하는 사람은 월스트리트에서 반드시 성공할 수 있다.

독자 여러분의 앞길에 도움이 되고자 이 책에 문제와 정답을 실었다. 내 목표는 최상의 기회를 알려주고 최악의 리스크를 직시하며 실적을 추적하는 습관을 들이도록 만드는 것이다. 나는 제자들에게 이렇게 말하곤 한다. "기록을 잘하는 트레이더를 데려오세요. 그 사람이 바로 훌륭한 트레이더입니다." 이 책이 자기 자신에게 어려운 질문을 던지고, 데이터로 모든 아이디어를 테스트하며, 꼼꼼하게 기록하는 습관을 들이는 데 도움이 되길 바란다. 문제를 만드느라 무지 애썼다. A가 정답이고 B는 오답이라고 지적하는 것을 넘어서 이유를 설명하려고 했다.

이 책을 급하게 넘기지 말기 바란다. 트레이딩은 100미터 단거리 경주가 아니라 마라톤이다. 시간을 두고 매일 몇 문제씩 풀어보기 바란다. 정답을 확인하고 점수를 매긴 뒤에는 2~3개월 그냥 두었다가 재시험을 봐서 점수가 오르는지 점검하라. 진지한 직업이 모두 그렇듯, 트레이딩 역시 공을 들인 만큼 수익을 거두게 마련이다.

트레이딩은 고독한 작업이다. 그래서 사람들과 연락해 연구 결과를 같이 학습하라고 권하고 싶다. 이런 과정을 거쳐 내가 가르치는 제자 중 몇몇은 나의 친구가 되었다. 이 책을 들었다면 독자 여러분은 어려운 문제들에 맞서 현실을 직면하기로 선택한 것이다. 건승을 빈다.

알렉산더 엘더 박사

차례

제 01 부

위대한
트레이더들의 무기

트레이더로 성공하려면 남보다 우위에 설 수 있는 무기가 있어야 한다. 다시 말해, 기회를 포착하고 주문하는 방법을 알아야 한다. 이런 무기, 그리고 철저한 규율과 자제력이 있으면 누구나 한 발 앞설 수 있다.

　초보자는 계획도, 무기도 없다. 하루하루 원칙도 없이 우왕좌왕하다가 조그만 움직임에도 가만히 있지 못하고 성급하게 투자한다. 기업의 수익에 관한 뉴스를 듣고 매수했다가 다음 날 머리어깨형 천장을 보고는, 아니 머릿속에서 상상하고는 매도한다. 무지한 초보자 시절에는 이런 게 정상이다. 그러나 이 단계를 졸업하고 매매로 생계를 해결하는 수준이 되려면 매수와 매도에 관해 분명한 개념이 정립되어야 한다. 자산이 상승 곡선을 그리는 광경을 흐뭇하게 지켜보려면 명확하고 빈틈없는 매매 계획을 짜야 한다.

　나는 남보다 우위에 서기 위한 무기를 날카롭게 벼리는 과정에서 주가price와 기업 내재가치value의 차이에 주목하게 되었다. 놀랍게도 주가와 기업 내재가치의 차이를 아는 사람은 극소수다. 차트를 보면서 설명하면 금방 알아차리긴 해도 말이다.

　기본적인 개념은 아주 단순하다. 바로 주가와 기업 내재가치는 다르다는 것이다. 주가는 기업 내재가치보다 낮을 수도 있고, 높을 수도 있으며, 같을 수도 있다. 주가와 기업 내재가치의 차이는 클 수도 있고, 작을 수도 있다. 주가와 기업 내재가치의 차이는 점점 늘어날 수도 있고 줄어들 수도 있다.

기술적 분석으로 매매하는 트레이더들은 주가와 기업 내재가치의 격차를 거의 고려하지 않는 경향이 있다. 펀더멘털 분석가[fundamental analysist](기업의 수익, 자본 구성, 성장 가능성 같은 내재가치를 분석하여 주가를 예측하는 사람. 기본적 분석가라고도 한다-역주)는 주가와 기업 내재가치의 차이라는 개념에 훨씬 익숙하다. 그렇지만 이 개념이 펀더멘털 분석가들의 독점적인 자산은 아니다. 기술적 트레이더들 역시 이 개념을 활용할 수 있다.

대체로 주가가 기업 내재가치보다 낮다고 판단될 때 매수를 결정한다. 트레이더들은 미래에 일어날 일들로 주가가 높아지리라고 생각할 때 매수한다.

주가가 기업 내재가치보다 낮을 때 매수해서 기업 내재가치보다 높을 때 매도한다니 일리가 있어 보인다. 이 생각을 실천에 옮기려면 먼저 3가지 질문에 대답해야 한다. 가치를 어떻게 규정할 것인가? 가치의 변화를 어떻게 추적할 것인가? 주가와 가치의 차이를 어떻게 측정할 것인가?

제01장
매수

매매에는 자신감이 필요하다. 그리고 역설적이게도 겸손함 역시 필요하다. 시장은 규모가 어마어마하므로 하나에서 열까지 모두 통달할 수는 없다. 그 누구도 결코 시장을 완벽하게 알 수는 없다. 따라서 연구 분야, 매매 분야를 선별해서 그 분야에서 전문지식을 쌓아야 한다. 주식시장을 의학에 비유해보자. 오늘날에는 한 사람의 의사가 외과 전문의도 되고 정신의학 전문의도 되고 소아과 전문의도 될 순 없다. 수백 년 전이라면 이 모두에 통달한 전문가가 될 수도 있었지만 현대 의학에서는 한 분야의 전문가가 되는 것도 어렵다.

:: 3대 영역

매매에 진지하게 접근하는 트레이더 역시 한 분야의 전문가가 되어야 한다. 그러기 위해 우선 마음에 드는 연구 분야와 매매 영역을 선택해야 하는데, 몇 가지 핵심적인 영역 가운데 선택해야 한다.

● 기술적 분석 vs. 펀더멘털 분석

주식시장에서 펀더멘털 분석이란 상장기업의 가치를 연구하는 것이다. 선물시장에서는 상품의 수급 균형을 탐구한다. 반면 기술적 분석가 technician(매수, 매도 시점이나 종목 선정에서 기술적 분석을 연구하고 이용하는 사람-역주)는 선물이나 주식에 관한 모든 정보가 가격에 반영되어 있다고 믿는다. 기술적 분석가는 차트와 지표를 연구해서 현재의 매매 전투에서 매수세가 우세한지, 매도세가 우세한지 판단한다. 물론 두 방식 사이에도 교집합은 있다. 신중한 펀더멘털 분석가는 차트를 살피고, 신중한 기술적 분석가는 매매하는 기업의 펀더멘털에 대한 지식을 갖추려고 한다.

● 추세매매 vs. 역추세매매

거의 모든 차트에는 방향성을 가진 움직임과 등락을 동반하는 박스권이 혼재되어 있다. 강력한 추세는 초보들의 넋을 쏙 빼놓는다. 초보들은 차트 중간에 뻔히 보이는 바닥에서 매수해 상승장 내내 보유한다면 떼돈을 벌 수 있을 거라고 굳게 믿는다. 하지만 노련한 트레이더는 차트 한가운데 아주 또렷하게 보이는 대형 추세도 오른쪽 끄트머리쯤 가면 희미해진다는 것을 알고 있다. 추세를 따르는 것은 야생마의 등에 올라타는 것이나 마찬가지다. 야생마는 어떡하든 몸부림을 쳐 등에 탄 사람을 떨어

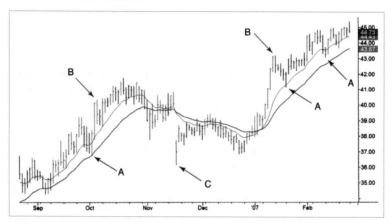

그림 1.1 이동평균이 가치를 규정한다
미국 웨어하우스^{HW}(미국 의류 제조·판매회사) 일봉 차트, 26일 이동평균
과 13일 이동평균

A. 상승세에서 가치로 되돌림 – 매수하라!   B. 가치를 훨씬 웃도는 주가 – 매도하라!
C. 가치를 훨씬 밑도는 주가 – 매수하라!

느린 이동평균은 방향을 바꾸는 법이 거의 없다. 완만한 이동평균의 기울기는 가치의 증가 또는 감소를
나타낸다. 가파른 이동평균이 더 변동성이 크다. 상승세 도중에 주가가 이 두 선 사이의 구간으로 하락하
면 절호의 매수 기회. 주가는 마치 고무 밴드로 당긴 듯 가치 구간에 들러붙는다. 주가는 거의 언제나
이동평균에서 조금 이탈하지만 결국에는 되돌아온다. 고무 밴드가 끝까지 늘어나면 가치 구간에서 이탈
하는 반전이 나타날 것임을 경고한다.

뜨리려고 한다. 추세매매는 보기보다 훨씬 어렵다.

　시장에 관한 이론들 중 과학적으로 증명된 사실은 극히 희소한데, 그
중 하나가 바로 시장은 등락을 거듭한다는 것이다. 시장은 고평가 수준
과 저평가 수준 사이를 끊임없이 오간다. 역추세매매를 하는 사람들은
시장이 극단적인 수준일 때 역으로 매매해 이런 변동성으로 돈을 번다.

　〈그림 1.1〉을 보면 추세매매를 해야 할지, 아니면 역추세매매를 해야
할지 갈등이 생길 것이다. 좌하귀에서 우상귀까지 이어지는 상승세는 쉽
게 식별할 수 있다. 이것만 보면 매수하고 추세가 사그라질 때까지 보유
하고 싶어진다. 롱(매수) 포지션을 취하고 있다면 매 시간까지는 아니더

라도 매일 지금의 상승세가 끝났는지 궁금해질 것이다. 경거망동하지 않고 꾹 참고 있으려면 엄청난 정신력이 필요하다!

스윙매매, 즉 주가가 저평가되었을 때 매수해 고평가될 때 매도하는 매매는 장단점이 있다. 단기 움직임에 따라 매매하면 수익은 적지만 매매 기간이 불과 며칠밖에 되지 않는다. 그다지 인내하지 않아도 되기 때문에 자신이 상황을 통제하고 있다고 느끼게 된다.

리처드 와이스먼Richard Weissman은 탁월한 저서 《기계적 매매 시스템: 트레이더 심리와 기술적 분석의 결합Mechanical Trading Systems: Pairing Trader Psychology with Technical Analysis》에서 트레이더를 3가지 유형으로 확실하게 구별했다. 추세추종자, 평균-회귀 트레이더, 그리고 데이 트레이더day trader다. 이들은 기질도 다르고 포착하는 기회, 부딪히는 난관도 각기 다르다.

사람들은 대부분 별 생각 없이 어느 한쪽 매매 유형에 끌린다. 자신이 어떤 사람인지, 어떤 것을 좋아하고 싫어하는지 알고 그에 맞게 매매하면 훨씬 효과적이다.

● 재량 매매 vs. 시스템 매매

재량 트레이더는 차트를 살펴 신호를 읽고 해석한 뒤 매수할지 공매도 할지 결정한다. 재량 트레이더는 차트를 보고 있다가 어느 시점에 청산 신호를 식별하고 포지션 청산 주문을 낸다. 많은 이가 차트를 분석하고 결정 내리는 일을 흥미로워하고 좋아한다. 시스템 트레이더는 이런 불확실성을 용납하지 않는다. 시스템 트레이더는 번번이 결정해야 하는 것을 싫어한다. 시스템 트레이더는 과거의 데이터를 연구해 과거에 적용했더라면 수익이 좋았을 시스템을 고안한 다음 세밀하게 조정해 시스템을 구동한다. 그런 뒤 시스템이 시장을 추적하고 매수, 매도 신호를 생성하도록 맡긴다.

시스템 트레이더는 반복되는 시장 패턴을 이용해 수익을 얻으려고 한다. 훌륭한 시스템 트레이더는 패턴들이 반복되기는 하지만 완벽하게 똑같이 반복되지는 않는다는 사실을 알고 있다. 훌륭한 시스템의 가장 귀중한 특징은 견고함이다. 견고한 시스템이란 시장의 환경이 변한 뒤에도 계속 만족스러운 수익을 내는 시스템이다.

2가지 유형의 매매 모두 부정적인 측면이 있다. 재량 매매의 문제점은 초보들은 충동적으로 결정하기 쉽다는 것이다. 시스템 매매에 끌리는 초보들은 종종 기존 데이터 분석에만 의존해 투자하는 우를 범하기 쉽다. 초보는 과거에 완벽하게 작동했을 시스템을 손에 넣을 때까지 과거를 돌아보는 망원경을 닦고 또 닦는다. 과거가 완벽하게 똑같이 재현된다면야 그렇게 해도 되겠지만 현실은 그렇지 않다.

나는 재량 매매의 자유분방함이 마음에 든다. 시장지수와 업종을 연구해서 롱(매수) 포지션을 취할지, 아니면 숏(공매도) 포지션을 취할지 결정하는 것이 좋다. 진입 변수들과 청산 변수들을 구축해놓고 자금 관리 규칙을 적용해 매매 규모를 결정한 뒤 마지막으로 주문을 낸다. 포지션의 상태를 점검하고 계획한 대로 청산할지, 좀 더 일찍 들어갈지, 아니면 좀 더 오래 보유할지 결정하는 일은 스릴이 넘친다.

비용/수익 분석을 토대로 재량 매매를 할지, 아니면 시스템 매매를 할지 결정하는 일은 드물다. 사람들은 대부분 자신의 성향을 토대로 결정한다. 어디에서 살지, 어떤 교육을 받을지, 결혼을 할지 말지, 누구와 결혼할지 결정하는 것과 다를 바 없다. 인간은 대체로 감정에 따라 이런 일을 결정한다.

역설적으로 실적이 최고 수준에 이르면 재량 매매와 시스템 매매가 서로 수렴하는 현상이 일어나는데 그 정도가 놀랍다. 최고 수준에 오른 시스템 트레이더는 계속 재량 매매의 경우처럼 의사결정을 한다. 언제 시스템 A를 작동할지, 언제 시스템 B의 자금을 줄일지, 언제 새로운 종목을 추가하거나 목록에서 지울지 결정하는 일은 모두 자유 결정이다. 마찬가지로 노련한 재량 트레이더는 시스템 방식처럼 보이는 수많은 견고한 매매 규칙이 있다. 이를테면 나는 주봉 임펄스 시스템Impulse System(알렉산더 엘더가 개발한 시스템으로 이동평균 기울기와 MACD-히스토그램 기울기가 모두 상승할 때만 매수하고 모두 하락할 때만 공매도한다-역주)을 거스르는 포지션에는 진입하지 않는다. 누가 돈을 주더라도 일봉 차트의 상단 채널선 위에서 매수하거나 하단 채널선 아래에서 공매도하지는 않을 것이다. 시스템 매매와 재량 매매는 서로 연결되는 지점이 있다. 하지만 이미 투자한 상태에서 매매 방식을 바꾸는 건 금물이다.

주식, 선물, 옵션, 외환 중 어디에 집중할지 결정하는 것도 중요하다. 더 세분해서 특정 업종의 주식 또는 특정 선물을 선택할 수도 있다. 많은 사람이 여기에 손댔다 저기에 손댔다 변덕을 부리는데, 먼저 신중하게 선택하면 이런 일을 피할 수 있다.

단, 이런 결정들에는 '옳은' 선택도, '그른' 선택도 없다는 사실을 알아야 한다. 이런 선택은 주로 자신의 의지에 따라 이뤄지는데, 그렇게 해도 아무 문제 없다. 풋내기들이나 다른 사람의 선택을 깔보고 업신여긴다.

:: 어느 트레이더의 도구상자

이 책을 처음 선보였을 때 나는 한 챕터 전부를 매매 도구상자를 설명하는 데 할애하면서 도구상자의 발전, 현재 상태를 상세하게 다뤘다. 좋아하는 독자들도 있었지만 많은 독자가 이전에 나온 내 책❶에서 비슷한 정보를 얻을 수 있었다며 불만을 제기했다. 그래서 이번에는 내가 사용하는 도구에 대해 아주 간략하게만 설명하겠다.

차트에서 일봉이나 일일 캔들을 살펴보면 5가지 정보를 얻을 수 있다. 시가, 고가, 저가, 종가, 그리고 거래량이 그것이다. 선물 차트에는 미결제약정(반대매매되거나 실물 인도인수가 되지 않은 선물계약 총수. 선물거래소는 미결제약정 수도 매일 집계 공표한다-역주)도 포함되어 있다. 이런 이유로 나는 '한 번 장전에 총알 5개' 원칙을 세우고 어떤 차트든 한 차트에 5가지 이상의 지표를 사용하지 않는다. 지표가 하나 더 필요하면 6가지까지는 써도 되지만 그 이상은 절대 금물이다. 나는 이동평균, 엔빌로프envelope(일정 수준의 주가를 중심으로 주가가 상승 또는 하락하는 등락폭. 봉투처럼 생겼다고 해서 붙은 이름-역주), MACD(이동평균 수렴확산-역주), 강도 지수Force Index(산출 공식 = 오늘의 거래량×(오늘의 종가-어제의 종가). 저자 알렉산더 엘더가 개발한 오실레이터로 매수세와 매도세를 측정하는 지표로, 강도 지수가 기준선 0 위에 있으면 매수세, 0 아래에 있으면 매도세가 시장을 지배하는 것으로 판단한다-역주) 등 4가지 지표로도 너끈히 잘해내고 있다.

---

❶ 나의 방식과 기법들은 다음 책들에 설명되어 있다.
《심리투자 법칙(Trading for a Living)》(알렉산더 엘더, 이레미디어, 2010년)은 트레이딩 심리와 기술적 지표들을 광범위하게 다루었다. 삼중창 매매 시스템과 강도 지수를 소개하고 있다.
《나의 트레이딩 룸으로 오라: 알렉산더 엘더의 신(新) 심리투자기법(Come into My Trading Room)》(이레미디어, 2009)는 심리와 기술적 지표를 다루면서 자금 관리와 매매계획의 중요성을 강조한다. 임펄스 시스템과 안전지대 스톱을 소개하고 있다.
《진입과 청산 전략(Entries&Exits)》은 16명의 트레이더가 성공과 실패 경험을 독자들과 나눈다. 모든 매매에는 나의 해설이 있으며 앨범 크기의 컬러판이다.
이 책들 중 한 권만 읽고 싶다면 《나의 트레이딩 룸으로 오라: 알렉산더 엘더의 신(新) 심리투자기법》을 추천한다. 하지만 많이 배우려면 다른 책들도 함께 보는 것이 좋다. 여기 언급한 책들은 모두 스터디 가이드가 있다.

독자 여러분도 나와 똑같이 4가지 지표를 사용할 필요는 없다. 지표를 활용하되 지표가 구축되는 방식, 지표가 측정하는 것, 지표가 생성하는 신호를 확실히 이해하면 된다. 몇 가지 지표를 골라 완전히 숙달할 때까지 깊이 연구하라.

머리어깨형 천장, 직사각형, 비스듬한 추세선 등등이 있는 고전적인 차팅 방식은 어떤가? 나는 소위 이런 패턴의 유의미성은 보는 사람이 그렇게 보고 싶어 하기 때문이라고 생각한다. 트레이더들은 보고 싶은 것을 확인하기 위해 차트 위에 선을 그린다.

내가 고전적인 차팅 방식을 신뢰하지 못하는 이유는 매우 주관적이기 때문이다. 나는 가장 단순한 패턴들만 신뢰한다. 돌파, 캥거루 꼬리라고 부르는 길쭉한 봉과 지지선, 저항선이 바로 그것이다. 나는 자동화된 지표들을 선호하는데, 이런 신호들은 명확해서 다양한 해석이 불가능하다.

많은 초보가 기술적 분석의 능력을 순진하게 믿고 있는데 이런 철없는 믿음의 이면에는 종종 게으름이 도사리고 있다. 나는 이동평균, MACD를 비롯한 지표들을 '정확하게 설정'하는 법을 묻는 이메일을 한 달이 멀다 하고 받는다. 내가 쓰는 수치들을 그대로 가져가서 조사하는 시간을 아끼고 바로 매매를 시작하려는 사람도 있다. 조사 시간을 절약하다니! 직접 조사하지 않으면 손실이 나는 경우 무슨 근거로 자신의 도구를 믿을 수 있겠는가?

나는 매매에 성공할지 여부는 3M에 달려 있다고 믿는다. 바로 마음 Mind, 방식Method, 돈Money이다. 방식(지표와 도구)만으로는 부족하다. 매매 심리인 마음, 위험관리 또는 돈도 중요하다. 매매 기록을 잘해서 이 3가지가 엮이도록 해야 한다.

제02장
매매 심리와
리스크 관리

여러분의 매매 도구는 무엇인가? 아마도 많은 트레이더가 컴퓨터, 소프트웨어 패키지, 데이터베이스를 갖고 있을 것이다. 사람들의 입소문을 탄 유명한 매매 관련 웹사이트 몇 군데를 날마다 방문하고 서가 한쪽에는 투자의 대가들이 쓴 매매 관련 서적들도 줄줄이 꽂혀 있을 것이다. 만약 이게 전부라고 생각한다면 엄청나게 중요한 매매 도구를 생각지 못하고 있는 것이다.

:: 심리는 매매 도구다

감정, 희망, 두려움은 매매에 즉각적·직접적인 영향을 미친다. 머릿속에서 일어나는 일이 어떤 기술보다 승패에 더 큰 영향을 미친다.❶ 경험에서 교훈을 얻고 더 나은 트레이더가 되려면 의사결정 과정이 투명하고 공정해야 한다. 매매 심리는 내가 쓴 모든 책에서 다뤘지만, 특히《심리투자 법칙》에 상세히 설명되어 있다. 몇 가지 핵심 논지만 살펴보자.

● 고독은 필수다

사람들은 스트레스를 받으면 무리를 짓고 다른 사람을 모방하기 쉽다. 그런데 성공한 트레이더는 스스로 결정을 내린다. 매매 계획을 짜고 실행할 때는 자신을 고립시켜야 한다. 은둔자가 되라는 말이 아니다. 다른 트레이더들과 네트워크를 형성하는 건 좋다. 그러나 시장에 진입한 오픈 포지션 상태에서는 자신의 매매 계획에 대해 함구해야 한다. 홀로 매매하며, 할 수 있는 한 모든 것을 배우고, 스스로 결정하고, 계획을 기록하고, 조용히 실행하라. 포지션을 청산한 뒤에는 믿을 만한 사람들과 매매에 관해 의논해도 좋다. 기존 포지션에 집중하려면 고독해야 한다.

● 자기자신을 존중하라

심리가 매매의 일부라면 자신을 존중해야 한다. 충동적인 트레이더를 보면 재미있게 즐기는 것 같지만 실은 그렇게 보이는 것뿐이다. 패배자는 자신을 모질게 학대한다. 패배자들은 거듭 규칙을 파괴하고 자신을

---

❶ 자신의 매매 적성을 평가하려면 'www.spiketrade.com'을 방문하기 바란다.

매질한다. 그러나 자신을 매질하고 학대한다고 해서 훌륭한 트레이더가 되는 것은 아니다. 작은 성취에도 기뻐하고 자신의 단점들을 진지하고 차분하게 수용하는 편이 낫다. 내 경우, 매매에 성공하면 보상을 하지만 손실을 보았다고 해서 나 자신에게 벌을 내리지는 않는다.

● 실패할 수밖에 없는 트레이더도 있다

시장은 끊임없이 유혹한다. 따라서 충동 억제가 서투른 사람들은 매매에서 손실을 보게 마련이다. 취할 정도로 술을 마시는 것을 즐기거나 약물에 의존하는 사람은 성공할 확률이 아주 낮다. 몇 차례 성공할 수는 있지만 장기 전망은 암울하다. 폭음, 폭식 등 자기자신을 통제할 수 없다면 이 같은 중독 문제를 해결할 때까지는 매매를 멈추는 게 돈 버는 길이다. 동전 한 닢 잃는 것도 못 참고 편집증적으로 집착하거나 탐욕스러운 사람들 역시 매매에 성공할 확률이 낮다.

● 불쾌할 때는 매매를 중단하는 편이 낫다

훌륭한 트레이더가 다른 사람보다 우위에 있다고 해도, 그 차이란 종이 한 장에 지나지 않는다. 자신의 강점을 약화시키는 것이 있다면 종류를 막론하고 힘의 균형을 불리하게 만들 수 있다. 침착하고 느긋하며 즐거운 기분은 성공하는 데 있어서 지극히 중요하다. 심한 치통 때문에 고통스럽거나 배우자와 다퉈 속이 시끄럽다면 시장에서 잠시 물러나 쉬는 게 낫다. 다른 일에 정신이 팔려 있다면 개인적인 스트레스가 해소될 때까지 잠시 매매를 멈춰라.

● 성공한 트레이더는 수익보다 게임을 즐긴다

주말에 할 일을 마치고 다음 주 계획까지 짜고 나면 월요일을 기다리는 게 즐겁다. 서핑을 즐기는 사람이 이튿날 해변에 나갈 생각에 전날 저녁 설레는 기분이랄까. 준비된 자만이 이런 기분을 느낄 수 있다.

● 일지 작성: 꿈보다 행동이 중요하다

시장이 문을 닫은 주말에 자제력을 운운하는 건 쉬운 일이지만 개장 벨이 울리고 5분 뒤 시세 전광판 앞에서도 그런 말을 할 수 있을까? 매매 계획을 기록하고 계획대로 충실하게 실행해야 한다. 기록하는 능력은 미래에 성공할지 실패할지를 미리 보여주는 탁월한 예언자다. 매매 일지를 기록하면 성공할 확률이 아주 높아진다. 일지가 제대로 기록되지 않으면 매매에 성공할 확률은 희박하거나 없다고 봐도 된다.

:: 리스크 관리

매매를 줄타기 곡예에 비유한다면, 리스크 통제는 안전장비를 몸에 두르는 일이다. 발을 헛디뎌도 안전장비가 목숨을 구해줄 것이다.

과다거래란 자신의 계좌에 비해 너무 큰 규모로 매매하는 것이다. 너무 많은 판돈을 걸면 긴장해서 자연스러운 움직임이 불가능해지면서 몸이 뻣뻣하게 굳고 실적은 내리막길을 걷는다. 현명하게 리스크를 통제하면 편안하고 느긋한 수준에서 매매 규모를 유지할 수 있다.

자금 관리의 대들보가 되는 2대 원칙은 2% 규칙과 6% 규칙이다.[2] 이

---

[2] 《나의 트레이딩 룸으로 오라: 알렉산더 엘더의 신(新) 심리투자기법》 참고.

규칙들은 트레이더의 숨통을 끊어놓는 2가지 최대 난적으로부터 계좌를 보호해준다. 2% 규칙은 상어의 입질을 막아주며 6% 원칙은 피라냐의 입질을 막아준다.

상어의 입질이란 계좌에 심각한 타격을 주는 한 번의 참담한 손실을 가리킨다. 자산의 3분의 1을 잃은 가련한 풋내기가 본전을 찾으려면 남은 자본으로 50%의 수익을 올려야 한다. 상어의 공격을 받은 희생자가 잃는 건 돈만이 아니다. 자신감을 잃고 두려움에 사로잡혀 망설이느라 매매를 실행에 옮길 수 없다. 2% 규칙은 손실을 받아들일 수 있을 만한 수준인 소규모로 유지해주므로 이런 문제를 피할 수 있다.

2% 규칙으로 1회 매매에 계좌의 2%가 넘는 리스크를 방지한다.

계좌에 10만 달러가 있다고 하자. 2% 규칙에 따르면 1회 매매에 허용되는 최대 손실한도는 2000달러다. 40달러짜리 주식을 매수하기로 하고 38달러를 손절가격으로 설정했다면 주당 손실금액은 2달러다. 허용되는 최대 손실한도를 주당 손실금액으로 나누면 (2000달러 ÷ 2달러) 최대 1000주를 매매할 수 있다는 계산이 나온다. 이보다 더 적은 규모로 매매하는 건 얼마든지 괜찮지만 규모를 늘려 2%보다 리스크가 커지는 건 결코 용납되지 않는다. 2% 규칙으로 1가지 토대가 마련되는데, 나는 이를 '리스크 통제를 위한 철의 삼각지'라 부른다.

1. 진입가격과 손절가격의 차이로 주당 최대 손실금액을 결정한다.
2. 2% 규칙으로 진입 포지션의 최대 리스크를 결정한다.
3. 허용되는 최대 손실한도를 주당 손실금액으로 나누어 매매할

수 있는 최대 주식 수를 결정한다.

6% 규칙은 그 달의 누적 손실금액이 계좌 자산의 6%에 이르면 그 달이 끝날 때까지는 거래하지 않는 것이다.

사람은 일이 꼬일수록 더 밀어붙이는 경향이 있다. 손실을 보면 수렁에서 빠져나오려고 더 자주 매매한다. 사실 이럴 때는 한 걸음 뒤로 물러서서 쉬는 게 낫다. 6% 규칙으로 한 달 손실의 최대치를 정해두면 이런 일이 가능해진다.

피라냐는 남아메리카 강에 서식하는 사나운 물고기다. 피라냐가 무서운 건 떼로 몰려다니기 때문이다. 피라냐가 사는 강에 잘못 발을 들여 놓았다가는 덩치 큰 소라도 순식간에 뼈만 남게 된다. 6% 규칙을 따르면 연거푸 손실을 보았을 때 언제 시장에서 빠져나와 관망할지 결정된다. 6% 규칙은 '수용 가능한 리스크' 개념의 토대가 된다. 매매할 때마다 이런 질문을 던져라. "6% 규칙이 매매를 허락하는가?" 그 달에 최대한 얼마의 돈을 잃을 수 있는지 알고, 오픈 포지션에서 어느 정도의 손실 리스크를 안고 있는지도 알고 있다면 이 질문에 대답할 수 있을 것이다. 이 달의 손실과 현재 오픈 포지션의 리스크를 합해 전체 리스크가 계좌 잔액의 6%를 넘으면 더 이상 매매할 수 없다.

트레이더는 감정의 기복을 겪게 마련이다. 돈을 벌면 우쭐했다가 돈을 잃으면 풀이 죽는 상태가 반복되는 동안 상어와 피라냐에게 돈을 뜯긴다. 트레이더로서 성공하려고 마음먹었다면 2% 규칙과 6% 규칙을 따라라. 이들 규칙이 독자 여러분을 안전한 매매로 이끌어줄 것이다.

제03장
훌륭한 기록이
훌륭한 매매를 낳는다

매매할 때마다 2가지 목표를 세워야 한다. 물론 첫째 목표는 돈을 버는 것이다. 둘째 목표는 더 나은 트레이더가 되는 것이다.

변수는 수없이 많으므로 아무리 철저히 계획해서 매매해도 일이 틀어 질 수 있다. 일류 트레이더라고 해도 매번 성공할 수 있는 것은 아니다. 세상사가 원래 그렇다. 하지만 매매할 때마다 더 나은 트레이더가 되어 야 하는 건 현실적이고 필수적인 목표다. 그러기 위해선 경험에서 배워 야 한다. 돈을 벌든 잃든 매매가 끝난 뒤에는 더 나은 트레이더가 되어 있 어야 한다. 그렇지 않다면 그저 시간을 허비한 것일 뿐이다. 분석에 들인 모든 에너지와 시간, 투자하면서 감수한 위험 모두 물거품이 되고 만다.

최선의 학습법은 기록이다. 기록하지 않으면서 트레이더로 성공하려고 한다면 모래 위에 성을 쌓으려는 것이나 마찬가지다. 매매와 관련된 모든 수치를 스프레드시트에 기록하고, 매매를 한눈에 파악할 수 있는 도표를 일지에 기록하라.

:: 경험을 성공으로 바꾸는 기록

경험에서 배우는 최선의 길은 기록을 잘하는 것이다. 기록하지 않으면 덧없이 흘려버릴 경험들이지만, 기록하면 확실히 기억으로, 그리고 교훈으로 남는다. 시장 분석과 매수 또는 매도 결정을 데이터 뱅크에 차곡차곡 쌓고 이 기억들을 끌어내 다시 검토하고 활용하면 보다 나은 트레이더로 성장할 수 있다. 시장은 때때로 불안정하게 흔들린다. 자금 관리 원칙이 있으면 이런 시기에도 살아남을 수 있다. 내가 지금 여러분과 공유하려는 일지 기록 방법들을 행동에 옮긴다면 학습 능력이 꾸준히 향상되고 실적도 따라서 좋아질 것이다. 자금 관리와 기록은 생존과 성공으로 가는 든든한 반석이다. 나머지, 즉 분석과 기법은 이 책을 비롯해 많은 저자가 쓴 책에서 조언을 얻을 수 있으므로 여기서는 다루지 않겠다.

직관적으로 시황을 예측하고, 그게 어쩌다 맞아떨어져서 돈이 굴러들어오는 일은 누구에게나 일어날 수 있다. 운이 좋아서 한 번, 아니 몇 번 직감이 맞아떨어질 수는 있지만 그렇다고 해서 승자가 될 수 있는 것은 아니다. 장기간에 걸쳐 성공할 수 있는 매매 패턴을 구축해야 한다.

분기별로, 연도별로 자산이 불어나면 매매 역량과 솜씨가 좋아졌다는 증거다. 그런데 한 번 대박을 치거나, 몇 번 연달아 돈을 벌면 거만해져서는 방심하기 쉽다. 물 위를 걸을 수 있다고 착각하는 순간, 내 자산은 시장을 살찌우는 먹이가 되고 만다.

누구든 어쩌다 성공해서 수익을 낼 수는 있다. 원숭이에게 다트를 던져서 종목을 고르게 해도 가끔은 제대로 된 선택을 한다. 한 번 수익을 냈다고 해서 증명되는 건 아무것도 없다. 중요한 것은 자산이 꾸준히 상승 곡선을 그리는 것이다. 그렇게 하려면 2가지를 기록해야 한다.

:: 기본 업무, 트레이더의 스프레드시트

트레이더들과 얘기를 나누다 보면 스프레드시트로 기록을 관리하는 사람들이 극소수라 놀라게 된다. 많은 이가 브로커에게 의존하지만 브로커의 보고서는 상세하지 않다. 직접 스프레드시트를 활용하라고 권하고 싶다. 'www.elder.com'에서는 다음 페이지(37쪽)에 예시한 기본 스프레드시트를 공익 차원에서 트레이더들에게 무료로 제공하고 있다. 'info@elder.com'으로 이메일을 보내 원본(〈그림 3.1〉)을 요청하면 된다.

스프레드시트 전문가가 될 필요는 없지만 숫자를 다루는 기본적인 방법을 알아두면 매매를 통제하기가 훨씬 쉬워진다. 초보들은 지표를 살피는 시간의 10%를 기초 액셀을 배우는 데 투자하면 투자 대비 수지가 맞을 것이다.

1회 매매 뒤 기본 스프레드시트를 업데이트하는 데는 1분이면 충분하다. 나는 계좌별로 탭을 설정해두고 요약 탭 하나에는 주별로 모든 계좌의 잔액을 기록해 자산 곡선을 추적한다.

〈그림 3.1〉은 내가 쓰는 스프레드시트의 일부분이다. 일부 열과 행, 그

그림 3.1 기본 스프레드시트

	A	B	C	D	E	F	G	H	I	J	K	L	M	N	O	P	Q	R	S	T	U	V	W	X
			2007	Etrade														Total	Spike	Webinar				
		Symbol	Quant	Vs	Entry	Date	Slippa	Comm	Exit	Date	Slippa	Comm	Fee	P/L	Net			Spike			Entry	Exit	Trade	
spike	Shai K	WTW	1,000	s	54.67	02/12/07	-$60	$9.99	$9.99	50.40	2/14/2007	$9.99	$1.68	4,270.00	4,248.34			4,248.34			61%	42%	98%	▲

A. 정보통. 집단. 언제 어떤 경로로 종목을 골랐는지 기록한다. 내가 직접 조사했는지, 스파이크 그룹에서 고른 종목인지, 아니면 온라인 세미나에서 나온 종목인지 등등을 적는다. 다른 사람이 정보를 이용할 경우, 내 시스템을 통해 검증해 매매에 나선 것이므로 그에 따른 책임은 온전히 내가 진다.

B. 정보통. 개인. 스파이크 그룹이나 온라인 세미나 등 집단에서 나온 종목이라면 그룹누가 고른 종목인지 기록해둔다. 어떤 사람이 고른 종목은 아주 설치이 좋은 반면 어떤 사람은 아주 엉터리 보이는데도 고른 종목이 지주 손실로 이어진다. 이로써 내게 들어온 정보의 수준을 추적한다.

C. 기호. 주식 이름을 적는 난을 추가할 수 있다.

D. 양. 이 포지션을 한 번이 아니라 두 번 이상에 매매로 청산했다면 이 열 뒤에 열을 하나 더 삽입해 청산 횟수에 따라 매매를 나눈다.

E. 롱(매수) 또는 숏(공매도). 나는 엑셀 프로그램의 오토포맷(AutoFormat)을 이용해 롱(l) 또는 숏(s) 간의 색깔을 구별한다. 프로들은 매수뿐 아니라 공매도도 부담 없이 한다.

F. 진입가.

G. 진입일.

H. 진입 주문(진입)이 주문가에 있으면 빈칸으로 남긴다. 제한 주문을 사용하지 않았거나 주문 수준과 다른 주가에 체결되었다면 주문한 주가를 여기에 적는다.

I. 진입 슬리피지. 번 돈이나 잃은 돈을 계산해서 그 결과에 따라 셀을 적색 또는 녹색으로 칠한다. 지정가 주문을 이용하면 가끔 슬리피지를 받기도 한다.

J. 진입 수료. 나중에 열을 하나 삽입하면 (D 참고), 수수료도 나누어야 한다.

K. 청산가.

L. 청산일.

M. 청산 주문(위와 유사).

N. 청산 슬리피지(위와 유사).

O. 청산 수수료

P. 비용. 매도 시 충정되므로 공매도한다면 공매도했다는 확인 전화를 받은 후에 이 비용을 제어한다, 아니면 매수 포지션을 매도한 뒤에 제어한다.

Q. 손익. 수수료와 비용은 중수에서 제외하지만 슬리피지는 중수익 또는 중손실에 포함돼 있다.

R. 순수익(순손실). 수수료와 비용을 제외한 순수익 또는 순손실.

S. 순수익(순손실). 스파이크 그룹에서 고른 종목을 지주 매매하므로 스프레드시트에 이 부분을 추가했다.

T. 순수익(순손실). 온라인 세미나. 온라인 세미나에서 고른 종목을 지주 매매하므로 스프레드시트에 이 부분을 추가했다.

U, V, W, X. 모든 매매의 실적 점수를 보여준다. 이후 설명하겠다.

리고 매 칸에 기입한 제목들이 보인다. 스프레드시트 아래 글은 A~X 칸의 의미를 설명한 것이다.

:: 매매 일지, 꾸준한 승리로 가는 열쇠

실수를 하되 반복하진 마라! 모험과 배움을 좋아하는 사람은 늘 실수를 한다. 나는 직원을 뽑을 때 실수하기를 기대한다고 말한다. 직무 기술서에도 그렇게 적어놓았다! 실수한다는 건 배우고 탐구하고 있다는 증거다. 하지만 같은 실수를 거듭한다는 건 신중하지 못하거나 심리적으로 문제가 있다는 표시다.

실수를 통해 배우는 가장 좋은 방법은 매매 일지를 기록하는 것이다. 매매 일지를 기록하면 피가 되고 살이 된다. 성공의 환희도, 손실의 고통도 금쪽 같은 경험으로 바꿀 수 있다.

매매 일지는 매매를 그림으로 기록한 것이다. 화살표와 선, 간단한 메모가 있는 차트를 활용해 진입과 청산을 기록한다. 나는 매수 또는 매도할 때마다 매매 일지에 항목을 하나 만든다. 나는 늘 매매 일지를 기록하고 업데이트하도록 1가지 규칙을 정해놓았다. 전일 매매 일지를 완성하기 전에는 아침을 안 먹는 것이다. 이렇게 하니 아침을 먹고 싶어 개장 전에, 새로운 거래일이 시작되기 전에 매매 일지를 업데이트하게 됐다.

매매할 때마다 기록하는 것이 중요하다. 단 하나 예외가 있다면 매매가 아주 빈번한 데이 트레이딩이다. 매일 열두어 차례 매매한다면 3회 또는 4회 매매마다 매매 일지를 기록해도 상관없다. 스프레드시트가 있는데 왜 또 그림일기를 써야 할까?

많은 사람이 좋아하는 물건이나 사람의 사진을 가지고 다닌다. 아내, 여자친구, 남편, 아이들, 반려견, 집, 차 사진을 지갑에 넣어 다니거나 컴퓨터에 붙여놓는 사람도 있다. 이제는 매매 사진도 갖고 다니길 바란다. 그러면 더 친밀하고 애틋하게 느껴질 것이다. 경험에서 배우는 왕도는 매매 일지를 작성하고 꾸준히 기록하는 것이다.

나는 스내그잇Snaglt이라는 프로그램을 이용해 차트를 촬영하고 메모를 적는다. 스내그잇을 활용하면 차팅 프로그램에서 이미지를 캡처하거나 차트 위에 선을 긋거나 글을 쓰고 일지에 복사하기가 쉽다. 나는 거의 매일 스내그잇을 활용해 일지를 업데이트하고 친구들과 매매에 관한 의견을 나눈다. 이메일을 주고받을 때면 구구절절 길게 쓸 필요 없이 캡처한 차트를 보내거나 스내그잇을 링크한다.

매매 일지를 기록하는 프로그램으로는 마이크로소프트 아웃룩을 이용한다. 대부분의 사람이 아웃룩으로 이메일만 주고받는데 아주 쓸모있는 프로그램이라 이메일만 쓴다면 수박 겉핥기에 불과한 것이다.

아웃룩의 일정Calendars 탭으로 가서 새로운 일정을 만들고 '매매'라고 이름을 붙인다. 일정은 일일, 주간, 월간 형태로 나눌 수 있다. 나는 월간 형태를 선호하는데 오픈 포지션과 청산한 포지션 등 모든 매매를 목차 형식으로 볼 수 있기 때문이다(〈그림 3.2〉). 나는 동료 트레이더인 케리 로본Kerry Lovvorn과 제프 파커Jeff Parker와 함께 매매 일지를 기록하기 위해 AK-47이라는 아웃룩 부가물을 만들었다. 우리 세 사람을 위해 만든 것이지만 지금은 대중에게 제공하고 있다. 'www.elder.com'에서 자세한 내용을 살펴볼 수 있다.

새로운 매매를 기록하기 위해 일정을 클릭할 때마다 각각의 항목을 분류할 수 있다. 분류는 월간 단위로 나타나는데 색깔별 분류 형태를 설정

그림 3.2 아웃룩 매매 일지

색깔이 나타내는 의미는 〈그림 3.3〉의 설명을 참고하라.

월요일	화요일	수요일	목요일	금요일	토/일
2월 12일 E-minis 연구 설탕 롱(진입 점 WTW 숏(진입 점	13 E-minis 연구 밀 롱(진입 점수)	14 E-minis 연구 OEX 풋 STTS 매도(청산 64%) 설탕 롱(진입 점수) 밀 롱(진입 점수)	15 E-minis 연구 설탕 매도(3월 07)(청	16 E-minis 연구 설탕, 롱 축적	17 18
19 휴일	20 E-minis 연구 MW 숏(진입 82%)	21 E-minis 연구	22 E-minis 연구 ENR 숏(진입 40%) 밀 절반 매도 497.5	23 면화 롱(진입 72%) E-minis 연구	24 25 CPST 장기
26 E-minis 연구 ENR 숏 두 배 축적 MW 숏 축적(진입 점수	27 CPST 롱(진입) OEX 풋 매도(부분)	28 CHTR 매도(청산 77%)	3월 1일	2 OEX 풋 매도(청산 60% S&P 숏(진입 26%) 설탕 매도(청산 80%,	3 4
5 AEO5 환매(청산38%) CI 숏(진입 28%) 코코아 숏(진입35%) 커피 롱(진입13%) CPST 롱 축적(진입 3	6 OJ 숏(진입 48%)	7 코코아 환매(청산 70% 커피 롱 축적(진입 34 DECK 5 축적(진입 63% E-minis 일(반등의 24% MT 5 축적(진입 35%)	8 면화 매도(청산 56%, E-minis 일 OJ 롱 축적(진입 28%)	9 E-minis 일	10 11
12 CI 환매(청산 94% 매 코코아 숏(진입 28%) 커피 축적(진입 93%) E-minis 연구 HNT 환매(청산 20%	13 코코아 5 축적(진입 71 E-minis 일(1 양호 2 IKN 롱 (진입 31%)	14 CPST 롱 축적(진입 33 DECK 환매(청산 76%) E-minis 일 F 롱 축적(진입 80% MT 환매(청산 35%, 매	15 E-minis 일	16 E-minis 일 IKN 매도(청산 69%, 매	17 18

＊종목코드는 다음과 같다.

웨이트 와처스(WTW, 건강관리회사)
S&P100지수(OEX)
스트레이츠 트레이딩(STTS, 싱가포르 기초금속
생산회사)
멘즈 웨어하우스(MW, 의류 제조 판매회사)
에너자이저 홀딩스(ENR, 건전지 제조회사)
캡스턴 터빈(CPST, 터빈 제조회사)
차터 커뮤니케이션스(CHTR, 인터넷, 통신서비스
회사)

아메리칸 아웃피터스(AEO, 의류 제조, 판매회사)
데커 스아웃도어(DECK, 신발 제조, 판매회사)
오렌지 주스 선물(OJ)
시그나 코퍼레이션(CI, 보험사)
헬스넷(HNT, 건강관리회사)
리코 USA(IKN, 사무기기 회사)
아르셀로 미탈(MT, 인도 철강회사)
포드(F, 자동차 회사)

그림 3.3 매매 일지 항목 분류

이름

☐◯ _마감된 진입
☐⬤ _손실
☐◯ _오픈 포지션
☐⬤ _계획
☐⬤ _수익
☐⬤ _결함 있는 수익
☐⬤ _매매 조사 연구

아웃룩 일정에는 색깔별로 분류해 한눈에 알아보도록 하는 기능이 있다. 다음은 내가 선택한 색깔별 분류로, 각자 나름 대로 분류해도 상관없다.

무색. 마감된 매매 항목. 청산할 때마다 2가지 작업을 한다. 일지에 새 항목을 만들어 청산을 기록하고 해당 매매의 진입 항목으로 돌아가 '마감된 진입'으로 분류를 바꾼다.

적색. 손실이 발생한 청산.

황색. 오픈 포지션.

자주색. 계획된 매매. 실행한 뒤에는 아이콘을 내가 매매한 날의 상자에 끌어넣고 오픈 포지션을 나타내는 황색으로 바꾼다.

녹색. 수익.

청색. 결함 있는 수익. 수익을 얻기는 했지만 더 많은 수익을 얻을 수 있었던 경우 또는 내가 정한 규칙을 어긴 경우.

갈색. 조사 연구(모의 매매).

하면 항목마다 어떤 색깔이 어떤 매매를 나타내는지 한눈에 알 수 있다 (〈그림 3.3〉).

:: 기록하기

내가 쓰는 일지에는 대부분 주봉 차트와 일봉 차트가 포함되어 있다. 매매에 따라 월봉이나 일중 차트가 추가되기도 한다. 〈그림 3.4〉와 〈그림 3.5〉는 일일 매매 일지다.

도이치은행 주봉 차트(〈그림 3.4〉)에는 매매 아이디어를 얻은 출처가 표시돼 있다. 몇 개 종목을 검색하고 그 결과를 알려준 친구의 이메일이 내가 매매 아이디어를 얻은 출처다. 사선으로 그린 적색 화살표는 약세 다이버전스를 표시한다. 가느다란 수직 화살표는 주가가 급락할 가능성이

크다는 것을 나타낸다. 진입하고 싶어서 안달하는 나 자신에 대한 질책
도 있다. 나는 도이치은행 주가가 급락할 것으로 보았고 내가 직접 검색
해서 좋은 매매 기회를 포착했는데도 진입하지 못해 안절부절못하고 있
었다.

일봉 차트(〈그림 3.5〉)는 더욱 심한 약세 다이버전스와 거짓 상향돌파(아주
중요한 매매 신호)를 보여준다. 이 차트에는 한 번의 진입과 두 번의 매도 주
문에 대한 점수(100점 만점 기준)가 기록되어 있다. 지금 이 차트를 보면 당
시의 매매 경험이 되살아나서 교훈을 얻게 된다. 내가 잘한 건 뭘까? 내
가 잘못한 건 뭘까? 어떻게 하면 진입을 더 잘할 수 있었을까?

다음 장으로 가기 전에 공매도한 내가 도이치은행을 어떻게 청산했는
지 살펴보자. 진입은 앞서 살펴보았다. 그런데 어떻게 청산했는지는 잊
어버렸다고 여러분에게 말한다면? 손사래를 치며 그냥 주가가 하락해서
환매해버렸다고 말한다면 그게 무슨 쓸모 있겠는가?

그림 3.4 도이치은행DB(독일 금융회사) **진입, 주봉 차트**

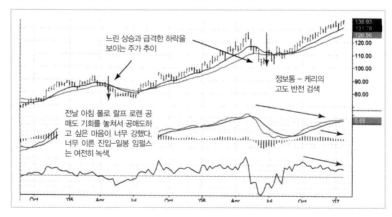

그림 3.5 도이치은행^{DB}, 진입, 일봉 차트

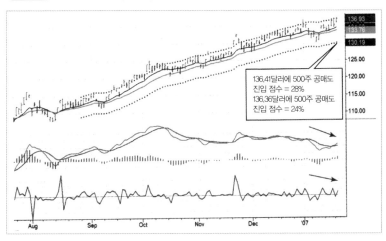

136.41달러에 500주 공매도
진입 점수 = 28%
136.36달러에 500주 공매도
진입 점수 = 24%

:: 매매 계획을 기록하는 방법

이제 매매 일지를 기록하는 게 얼마나 중요한지 이해했으리라 믿는다. 매매 일지를 기록하겠다고 약속하는가? 그렇다면 다시 내 아웃룩을 열어 청산 일지를 살펴보자. 〈그림 3.6〉과 〈그림 3.7〉을 보자.

매매 계획을 짜는 최상의 포맷은 방금 살펴본 일지와 비슷하다. 주식들을 검색하다가 관심이 가는 주식이 있으면 스프레드시트나 노트패드에 날짜, 티커^{ticker}(증권을 주식 호가판에 표시할 때 사용하는 약어. 예를 들어 제너럴 일렉트릭은 GE로 표기한다−역주), 비고 사항 3가지를 짤막하게 메모한다. 이렇게 하면 주식을 조사할 때 매매 가능한 몇 종목을 추려낼 수 있다. 후보군이 압축되면 유망한 종목들에 대한 실행 계획을 짠다. 며칠 뒤 매매하고 싶은 주식이 나타나면 앞서 언급한 일지와 동일한 포맷을 사용해

매매 계획을 세운다. 스내그잇을 이용해 주봉 차트를 캡처하고 화살표와 선으로 신호들을 표시한 다음 메모를 적는다. 화살표, 선, 비고 사항을 적은 차트를 복사해 아웃룩 일정의 새로 만든 항목에 붙여 넣는다. 그리고 일봉 차트를 캡처해 표시하고 동일한 아웃룩 항목의 주봉 차트 아래 붙여 넣는다. 주식 이름으로 항목 이름을 정하고 계획한 매매 형태로 분류해두면 쉽게 식별할 수 있다. 그런 다음 새로 생성된 항목을 저장한다.

거래 증권사 사이트로 가서 계획한 대로 주문한다. 반드시 주문이 체결되는 즉시 경보를 보내도록 설정한다. 포지션에 진입한 뒤로는 OCO$^{one\ cancels\ other}$(한 거래가 체결되면 자동적으로 다른 거래가 취소되는 주문-역주)를 이용해 손절과 차익실현 주문을 설정하는 게 좋다. 이렇게 하면 컴퓨터 화면을 보지 않는 사이 투기적인 매매에 당하는 일을 막을 수 있다.

한 종목에 대한 계획이 수립되면 시장 분석에 활용하는 프로그램의 시세판 창 모니터 목록에 티커를 추가한다. 컴퓨터 화면의 크기가 제한되어 있으므로 시세판 창의 크기도 제한되는데 이것은 크게 도움이 된다. 나는 하나의 창에 들어갈 만큼의 종목만 모니터하는데 이렇게 하면 티커들 때문에 주의가 산만해지지 않아서 좋다. 내가 선호하는 창은 롱, 숏, 선물 포지션을 섹션별로 보여주고 동시에 S&P500 등 핵심 시장지수를 보여주는 창(〈그림 3.6〉)이다. 가장 아래 섹션에 '모니터^{Monitor}'라고 이름 붙이고 매매를 고려하고 있는 종목들을 여기에 넣는다. 내가 쓰는 시세판 창에는 항상 그날의 마지막 주가와 순 주가 변동폭이 표시된다.

청산 점수를 매겨두었다. 청산 점수는 45%로 준수한 편이고, 매매 점수는 아주 훌륭하다. 1000주 매매에 주당 9달러의 수익이면 꽤 쏠쏠한 편이다. "다시 공매도할 수도 있으므로 예의주시할 것"이라는 메모가 달려 있다(〈그림 3.7〉). 포지션을 청산했다고 해서 매매가 끝난 건 아니다. 검토할 것도 많고 배울 것도 많다. 앞날에 대비한 계획도 계속 수립해야 한다. 매매 일지 기록의 중요성을 깨달았기 바란다. 성공과 실패를 기록하

그림 3.6 도이치은행DB, 청산, 주봉 차트

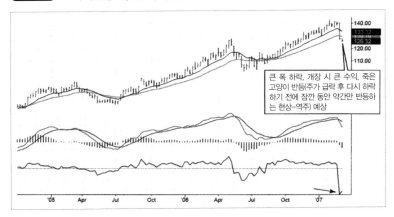

주봉 차트를 보면 주가가 가치 구간인 두 이동평균보다 하락했다. 강도 지수의 대폭 급락은 바닥일 가능성을 나타낸다. MACD-히스토그램은 상승 반전이 흔히 일어나는 구간 가까이 하락한다.

그림 3.7 도이치은행DB, 청산, 일봉 차트

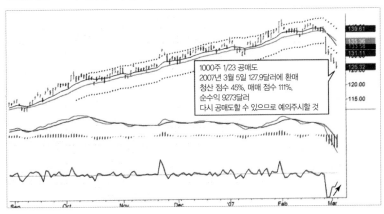

일봉 차트를 보면 주가는 극심한 하락세를 보이며 채널을 이탈했다. 동시에 강도 지수는 강세 다이버전스를 보인다. 매도세가 승승장구하고 있지만 끝이 있게 마련이다. 이 장세가 지속될 확률은 그다지 크지 않다.

고 성공과 실패에서 배워야 한다.

다음은 매매 프로그램을 열 때마다 내가 보는 셋업이다(〈그림 3.8〉). 핵심 지수들, 롱 포지션과 숏 포지션(주식), 선물 포지션, 모니터 대상 목록이 한꺼번에 표시돼 모든 데이터를 한눈에 볼 수 있다. 차트(〈그림 3.8〉에는 부분만 보인다)는 왼쪽에, 목록은 오른쪽에 있다. 나는 오른쪽에 있는 시세판 창의 기호를 클릭할 때마다 왼쪽 창에 자동으로 해당 종목의 차트가 나타나도록 트레이드스테이션TradeStation을 설정해둔다.

그림 3.8 트레이드스테이션의 호가 창

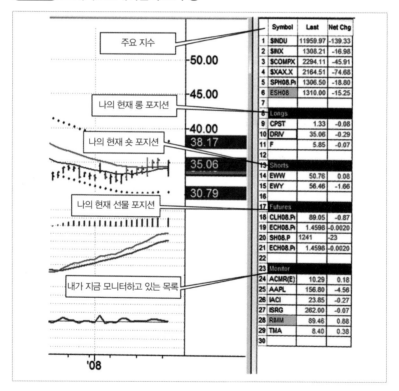

그림 3.9 호가 창 차트에 메모하기

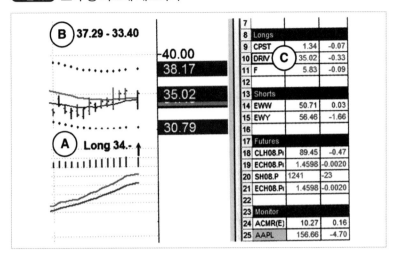

A. 매수일과 매수가를 보여준다.
B. 목표가와 스톱을 알려준다.
C. 고려 중인 매매.

차트에는 목표가와 손절가는 물론이고 진입 가격과 매매한 주식 수 등 매매 관련 핵심 정보를 적는다. 시장이 활발하게 움직이면 자칫 그 움직임을 놓치기 쉽다. 따라서 〈그림 3.9〉에서 보이는 것처럼 차트에 자세히 적어두는 것이 유용하다.

계획을 실행에 옮겨 진입하면 일정 항목을 계획일에서 매매일로 옮긴다. 차트를 업데이트하고 원한다면 일봉 차트를 추가한다. 매매 규모, 진입 점수, 진입 수준, 매매할 당시의 기분 등 몇 가지 관련 메모를 추가한다. 색깔을 계획된 매매Planned Trade에서 오픈 매매Open Trade로 바꾼다.

초심자들은 시장의 거래량만 봐도 기가 눌려 허둥대게 마련이다. 계획을 짜고 매매를 모니터하는 이런 시스템이 있으면 더 짜임새 있게 작업할 수 있어서 수익을 올릴 확률이 높아진다.

꾸준히 기록하다 보면 매매 방식의 결점을 발견하고 고칠 수 있다. 오랫동안 이렇게 하다 보면 실수를 없앨 수 있다! 이제 자산 곡선을 상승시킬 만반의 준비가 된 셈이다.

:: 마그렛의 방식, 벽에 붙여라

컴퓨터에 쓰는 전자 일지 외에 별 기술 없이 계획된 매매를 추적할 수 있는 방법을 소개하겠다.

차트를 살피다 보면 무르익기 시작한 기가 막힌 매매 기회가 눈에 들어온다. 단지 아직 때가 이를 뿐이다. 그러면 이렇게 중얼거린다. "조금만 더 내려가서 지지선에서 멈추면 그때 사야지." 3주 뒤 주식이 실제로 기대한 대로 움직였다고 하자. 이 계획을 기억할 확률이 과연 얼마나 될까? 최상의 매매 기회는 서서히 다가온다. 최종적으로 매수 또는 공매도 주문을 하기 전에 퍼즐 조각 몇 개가 더 맞춰질 때까지 기다려야 한다.

몇 년 전 나는 친구 마그렛이 활용하는 시스템을 차용했다. 이 시스템은 매매 아이디어를 기록하는 데 별다른 기술이 필요하지 않다. 열대 지방 펜트하우스에 있는 마그렛의 집을 방문했는데 트레이딩 룸에 있는 두 개의 게시판에 차트가 꽂혀 있었다. 마그렛은 매매 기회가 무르익으면 그 종목의 차트를 인쇄해서 붉은색 펜으로 매수하려면 어떤 조건이 더 충족되어야 하는지 적었다. 마그렛은 그런 차트들을 게시판에 꽂아 놓았다. 책상으로 걸어갈 때마다 마그렛의 눈에는 손으로 주가 방향 신호들을 그려놓은 차트들이 보였다. 좋은 매매 기회를 놓치려고 해도 놓칠 수가 없었다. 마그렛의 방식을 따라해보겠다고 결심했다면 실제로 매수하거나 계획을 취소한 뒤에는 차트를 벽에서 뗀다. 벽을 깔끔하게 정리해서 늘 최신 정보, 신선한 정보만 보이도록 해야 한다.

:: 실적 점수 매기는 법

실적을 평가하고 점수를 매기지 않고 매매하는 사람은 스톱워치가 없는 달리기 선수와 같다. 취미 삼아 뛰는 것이라면 기록 따위는 상관없이 풍경을 즐기며 운동 삼아 뛰면 그만이다. 하지만 '취미 삼아 하는' 트레이딩은 없다. 따라서 3가지 차원에서 모든 매매에 점수를 매겨야 한다. 매수 점수, 매도 점수, 그리고 가장 중요한 총 매매 점수가 그것이다.

매매한 날의 가격대와 자신이 매수·매도한 위치로 매매 수준을 측정한다. 매수할 경우 해당일의 저점에 최대한 가깝게 매수하고 싶을 것이다. 매도할 경우 해당일의 고점에 최대한 가깝게 매도하고 싶을 것이다.

$$매수\ 점수 = \frac{해당일의\ 고점 - 매수가}{해당일의\ 고점 - 해당일의\ 저점}$$

연산 결과는 백분율로, 만약 해당일의 저점에 매수한다면 점수는 100%, 해당일의 고점에 매수한다면 점수는 0이다. 20% 이하는 낙제, 50% 이상이면 양호, 80% 이상이면 우수다.

$$매수\ 점수 = \frac{매도가 - 해당일의\ 저점}{해당일의\ 고점 - 해당일의\ 저점}$$

매도 결과도 역시 백분율로 나타난다. 해당일의 고점에서 매도하면 점수는 100%다. 해당일의 저점에 매도하면 0이다. 매도 점수 역시 80% 이상이면 우수, 20% 이하면 낙제다.

나는 매매할 때마다 진입과 청산 점수 각각 50% 이상을 목표로 삼는다. 이는 해당일의 중점 이하에서 매수하고 평균가 이상에서 매도한다는 것을 의미한다. 프로 트레이더들은 모두 저가에 매수해서 고가에 매도하는 것으로 먹고산다. 진입과 청산 점수를 매기다 보면 매매에 집중할 수 있고 이는 곧 장기적인 실적 향상으로 이어진다.

이제 〈그림 3.1〉로 돌아가보자. U행과 V 행을 이해할 수 있을 것이다. 이는 진입과 청산 점수를 의미한다. 사람의 심리를 생각해보면 고가에 매수해서 저가에 매도하기 십상이다. 하루를 마감할 때 진입과 청산 점수를 매겨야 한다는 사실을 의식한다면 일중 반등이나 하락 시 추격 매수나 추격 매도하는 행위를 자제할 수 있다.

포지션을 마감할 때 점수를 매긴다. 돈이 중요하지만 돈이 개별 매매의 수준을 측정하는 훌륭한 잣대는 되지 못한다. 1회 매매에서 벌거나 잃은 돈은 현재 시장의 변동성뿐 아니라 매매 규모에도 크게 좌우된다.

1회 매매 실적에 점수를 매기는 최선의 방법은 시장의 최근 변동성 대비 얻거나 잃은 포인트 수를 측정하는 것이다. 최근 몇 달 동안 시장의 평균적인 변동폭은? 마지막 매매에서 내가 얻은 변동폭의 비율은? 이 질문에 대답하면 실적을 효과적으로 측정할 수 있다.

일봉 차트 위에 그린 채널은 최근의 변동성을 제대로 반영한다. 매매 점수는 그 채널에서 어떤 비율만큼 수익을 냈는지 보여준다. 스윙매매의 경우, 나는 일봉 차트의 장기이동평균 주위에 채널을 그린다. 데이 트레이딩의 경우 5분봉 차트 위에 장기이동평균을 중심으로 채널을 그린다.

금융시장이 내재가치를 중심으로 오르락내리락한다는 것은 과학적으로도 입증된 사실이다. 주가는 조증과 울증 사이를 오가는데, 나는 매매 시 포착한 채널의 비율로 매매의 수준을 평가한다.

$$\text{매수 점수} = \frac{\text{청산가} - \text{진입가}}{\text{상단 채널선} - \text{하단 채널선}}$$

나는 포지션에 진입한 날 채널의 높이, 즉 상단 채널선에서 하단 채널선을 뺀 높이를 계산한다. 〈그림 3.1〉을 보면 W 행이 매매에서 포착한 채널의 비율을 추적하고 있는데, 이것이 기록에서 가장 중요하다. 나는 채널의 30% 이상을 포착할 경우 A 등급을 부여한다. 때로는 30%가 넘는 A+ 매매도 있다. 채널의 20~30%를 포착할 경우 B, 10~20%는 C, 10% 이하면 C−, 0 이하면 D 등급이다. 단순히 수익을 내는 것만으로는 부족하다. 실적 점수 역시 좋아야 한다.

매매와 함께 진입과 청산에도 점수를 매기면 진지하고 예리한 태도로 매매에 임하도록 스스로를 훈련할 수 있다. 개인 트레이더는 상사나 관리자가 없다. 이기려면 스스로 자신의 관리자가 되어야 하는데, 매매에 점수를 매기면 충분히 가능한 일이다.

:: 2가지 매매 유형

매수에는 2가지 핵심적인 접근법이 있다. 하나는 가치 매수로, "싸게 사서 비싸게 파는 것"이다. 또 하나는 모멘텀 매수로, "비싸게 사서 더 비싸게 파는 것"이다.

가치 매수자는 가치를 판별한 뒤 가치와 비슷하게 또는 가치보다 낮은 가격에 매수하려고 한다. 목표는 주가가 고평가되기 시작할 때 매도하는 것이다. 나는 차트마다 2가지 지수 이동평균을 투입해서 이 둘 사이의 공간을 가치 구역value zone이라 부른다. 내가 쓰는 소프트웨어는 일봉 차트의 느린 이동평균과 평행한 채널을 그리는데 이 채널은 과거 석 달 동안 모든 주가의 95%를 포함한다. 상단 채널선 위의 공간은 과매수 구역, 하단선 아래 공간은 과매도 구역이다.

모멘텀 매매는 전혀 다른 접근법을 요구한다. 모멘텀 트레이더들은 주가의 움직임에 가속이 붙으면 매수하고 모멘텀을 잃기 시작하면 매도한다.

당신은 가치 트레이더인가 아니면 모멘텀 트레이더인가? 우리는 인생에서 중요한 결정을 내릴 때 감정에 휩쓸리곤 한다. 어떤 사람들은 기질적으로 격동하는 추세를 미심쩍어하며 저가 매수, 고가 매도에 끌린다. 어떤 사람들은 고삐 풀린 추세를 찾아 시장을 살피다가 시장에 편승해 반전이 일어나기 전에 뛰어내리려고 한다.

가치 트레이더가 될지 모멘텀 트레이더가 될지는 스스로 결정해야 한다. 어떤 방향으로 결정했든 매수·매도 계획을 문서로 작성해놓으면 경쟁자들을 멀리 따돌릴 수 있다는 것을 명심하기 바란다. 어떤 방법을 쓰건 간에 계획이 있는 자만이 시장의 군중을 압도할 수 있다.

초보들은 뜬구름 잡는 온갖 풍문이 돌아다닐 때마다 매수에 나선다. 노련한 트레이더들은 진지한 매수에는 진지한 탐구가 필요하다는 것을 알고 있다. 진지한 매수에는 훌륭한 자금 관리도 필요하다. 투자계좌 전체를 통틀어 허용 가능한 최대 손실과 1회 매매 시 최대 손실을 알려주는 간단한 산술 공식이 있다. 이 규칙을 깨는 자들은 시장에서 오래 살아남기 힘들다.

더불어 시장에서 스트레스를 덜 받고 만족감을 높이는 심리 기법들도 있다. 성숙하고 성공적인 트레이더로 자라도록 도와주는 기록 유지 방법도 있다. 매도와 공매도로 넘어가기 전에 심리, 자금 관리, 매수 결정, 기록에 관한 문제들을 풀어보자.

문제를 풀 때는 서두르지 말기 바란다. 충분히 심사숙고한 뒤 아래 답안지에 답을 적어라. 여기 나온 문제를 모두 풀고 해답을 보기 전에 답을 적어넣어라. 문제를 다 푼 뒤에는 해답과 비교해보고 틀린 문제가 있으면 해당 부분을 다시 읽어본다.

문제	배점	1차 시도	2차 시도	3차 시도	4차 시도	5차 시도	6차 시도
1	1						
2	1						
3	1						
4	1						
5	1						
6	1						
7	1						
8	1						
9	1						
10	1						
11	1						
12	1						
13	1						
14	1						
15	1						
16	1						
17	1						
18	1						
19	1						
20	1						
21	1						
22	1						

문제	배점	1차 시도	2차 시도	3차 시도	4차 시도	5차 시도	6차 시도
23	1						
24	1						
25	1						
26	1						
27	1						
28	1						
29	1						
30	1						
31	1						
32	1						
33	1						
총점	33						

포지션 보유가 주는 스트레스

주식을 매수하고 나면 대부분의 사람은 주식이 _____할 때 가장
스트레스가 적다.

    1. 소폭 상승

    2. 급등

    3. 소폭 하락

    4. 급락

매매의 무기

매매에서 경쟁력 우위는 _____에서 나온다.

    1. 펀더멘털 분석

    2. 기술적 분석

    3. 규율과 훈련된 자제력

    4. 1, 2, 3 모두

3대 영역

다음 중 매매의 3대 영역이 아닌 것은?

    1. 기술적 분석 vs. 펀더멘털 분석

    2. 추세매매 vs. 역추세매매

    3. TV 뉴스에 의존하기 vs. 자문 서비스에 의존하기

    4. 재량 매매 vs. 시스템 매매

주가와 가치

주가와 가치의 관계에 관한 설명 중 틀린 것은?

1. 가치는 서서히 변하고 주가는 빨리 변한다.
2. 기업실적보고서와 업종의 추세를 연구하면 가치를 식별할 수 있다.
3. 이동평균은 대중의 합의를 추적하므로 가치 구역을 판단하는 데 도움이 된다.
4. 어떤 순간이라도 주가와 가치는 동일하다.

문제 5 **펀더멘털 분석과 기술적 분석**

펀더멘털 분석과 기술적 분석에 관한 설명 중 틀린 것은?

1. 펀더멘털 분석가는 주식을 발행하는 기업의 가치를 계산한다.
2. 펀더멘털에 대한 정확한 정보를 보유하면 주가가 어느 방향으로 움직일지 정확하게 알 수 있다.
3. 기술적 분석가는 주가 데이터의 반복되는 패턴을 찾는다.
4. 순수한 기술적 분석가는 기업 실적과 뉴스에 신경 쓰지 않는다. 오로지 주가 시세와 과거 주가만을 알고자 한다.

문제 6 **추세매매 vs. 역추세매매**

역추세매매에 비해 추세매매의 장점이 아닌 것은?

1. 매매당 잠재 수익이 크다.
2. 수수료 비용이 낮다.
3. 시간 여유를 갖고 결정할 수 있다.
4. 스트레스가 적다.

문제 7 **시스템 매매 vs. 재량 매매**

재량 매매에 비해 시스템 매매의 장점이 아닌 것은?

1. 일정 기간 동안의 기대수익 또는 손실을 미리 알 수 있다.

2. 매매 시 감정 소모가 적다.

3. 자유가 많다.

4. 시장의 불확실성을 처리할 수 있는 방법이다.

문제 8   기술적 도구상자

기술적 트레이더는 도구상자의 지표들을 이용해 결정을 내린다. 다음 설명 중 옳은 것은?

1. 원하는 신호를 생성하는 도구를 고르는 것은 건전한 습관이다.

2. 도구가 많을수록 좋은 도구상자다.

3. '한 번 장전에 총알 5개'는 5가지 지표만 쓸 수 있다는 뜻이다.

4. 최상의 지표들은 유명하므로 반드시 사용해야 한다.

문제 9   매매 심리

매매 심리에 관한 설명으로 틀린 것은?

1. 기술적 시스템을 제대로 갖추면 심리는 걱정할 필요가 없다.

2. 트레이더의 심리는 유입되는 정보를 계속 걸러낸다.

3. 마음에 원하는 것이 있으면 있지도 않은 기술적 신호가 눈에 '보인다.'

4. 시장의 상승을 예측하는 트레이더는 매도 신호를 간과하기 쉽다.

문제 10   훈련된 자제력

시장은 끊임없이 유혹하므로 훈련된 자제력은 필수다. 다음 중 틀린 설명은?

   1. 충동 억제가 미숙한 사람은 매매에 실패하기 쉽다.

   2. AA^Alcoholics Anonymous(알코올중독자 갱생회)는 시장의 유혹을 처리하는 유용한 모델을 제공한다.

   3. 훌륭한 매매 시스템을 보유하고 있으면 자제력은 문제가 되지 않는다.

   4. 일부 트레이더는 실패할 수밖에 없는 인격적 결함을 갖고 있다.

문제 11 손실에 대처하기

트레이더들은 손실을 입으면 수치스러워한다. 다음 중 옳은 설명은?

   1. 훈련에는 보상보다 처벌이 더 효과적이다.

   2. 매매를 몇 번 잘했더라도 한 번 잘못하면 자신을 벌해야 한다.

   3. 성공한 트레이더들은 수익보다 게임을 즐긴다.

   4. 손실이 난 매매를 기록하는 건 도움이 되지 않는다.

문제 12 과다거래

계좌에 비해 턱없이 큰 금액을 매매하면 어떤 결과로 이어질까? 다음 중 그 결과가 아닌 것은?

   1. 자연스럽게 대응하지 못하고 더 긴장하게 된다.

   2. 침착함과 융통성이 사라진다.

   3. 매매를 결행하기가 두려워진다.

   4. 시장에 더 집중하게 된다.

문제 13 2% 규칙

계좌에 2만 달러가 있는 초보 트레이더가 자금 관리에 2% 규칙을 적용하기로 결심했다. 시세 12.50달러인 주식을 목표가 15달러, 손실제한 주문 11.50달러에 매수하기로 했다. 2% 규칙에 따를 때 매수할 수 있는 최대 주식 수에 가장 가까운 것은?

1. 900주
2. 400주
3. 350주
4. 200주

문제 14 2% 규칙 수정하기

계좌에 200만 달러가 있는 노련한 트레이더가 2% 규칙을 수정해 매매당 최대 손실률을 0.25%로 낮추기로 결정했다. 현재 시세 9달러인 주식을 목표가 12달러, 손절가 8달러로 정해 매수하기로 결정했다. 이 트레이더가 자신이 정한 규칙에 따라 매수할 수 있는 최대 주식 수는?

1. 2000주
2. 4500주
3. 5000주
4. 1만 2000주

문제 15 6% 규칙

6% 규칙에 대한 설명으로 옳은 것은?

1. 한 번의 잘못된 매매로 인한 손실에서 계좌를 보호한다.
2. 일련의 잘못된 매매로 인한 손실에서 계좌를 보호한다.
3. 손실이 불어나기 시작하면 더 활발히 매매해서 곤경에서 벗어나는

게 상책이다.

4. 포지션에 진입한 뒤에는 6% 규칙을 적용한다.

매매의 2가지 최우선 목표

매매의 최우선 목표 2가지는?

 1. 돈을 벌고 새로운 시스템을 시험하는 것

 2. 도전에 맞서서 승리의 기쁨을 느끼는 것

 3. 돈을 벌고 더 훌륭한 트레이더가 되는 것

 4. 훈련된 자제력과 계획을 실행할 능력을 시험하는 것

경험에서 배우기

경험에서 배우는 최선의 길은?

 1. 많이 매매하기

 2. 기록하기

 3. 친구와 매매에 관해 논의하기

 4. 증권사 보고서 검토하기

기록 스프레드시트

다음 중 기본적인 기록 스프레드시트에 반드시 포함시켜야 하는 항목
은?

 A. 총손익과 순손익

 B. 매매 점수

 C. 진입과 청산의 슬리피지(목표 매매가격과 실제 체결가격의 차이-역주)

 D. 매매 아이디어를 얻은 곳

1. A

2. A, B

3. A, B, C

4. A, B, C, D

문제 19 매매 실수

다음 중 매매 실수에 대한 설명으로 틀린 것은?

1. 똑똑한 사람은 실수하지 않는다.

2. 배우고 탐구하는 과정에서 실수는 피할 수 없다.

3. 실수를 반복한다는 것은 충동심리의 신호다.

4. 매매 일지를 쓰면 실수에서 교훈을 얻을 수 있다.

문제 20 트레이더의 일지

다음 중 트레이더의 일지에 관한 설명으로 옳은 것은?

1. 청산한 뒤에 일지를 쓰려고 계획했다면 진입은 기록할 필요가 없다.

2. 손실이 난 매매의 일지는 수익이 난 매매의 일지보다 더 교훈이 된다.

3. 최상의 매매만 일지로 기록해야 한다.

4. 매매가 빈번해 모든 매매를 기록할 수 없다면 트레이더가 선별해 기록할 수 있다.

문제 21 일지 항목

다음 중 매매 진입에 관한 일지에 포함하지 않아도 되는 항목은?

1. 매매 이유

2. 매수의 경우 매수 점수, 공매도의 경우 매도 점수

3. 진입 당시 매매 대상물의 차트

4. 매매 점수

문제 22 │ 매매 계획 vs. 일지

다음 중 트레이더의 일지와 매매 계획의 차이에 대한 설명으로 틀린 것은?

1. 차트에는 2가지 시간 단위가 포함된다.

2. 차트에 매수 또는 매도 신호가 표시된다.

3. 주식 티커에 따라 문서 제목을 붙인다.

4. 매수 또는 매도 점수가 기록된다.

문제 23 │ 화면 모니터하기

다음 중 매매용 소프트웨어에서 주식을 모니터하는 창에 포함되지 않는 것은?

1. 핵심 시장지수

2. 보유 종목

3. 매매를 고려하는 종목들

4. 청산한 종목들

문제 24 │ 스크린 메모

스크린에 메모를 써나가면 유용한 이유가 아닌 것은?

1. 얼마나 오래 보유하고 있었는지 알 수 있다.

2. 보유 종목이 수익이 나는지 손실이 발생하는지 알 수 있다.

3. 이익 목표와 손절 주문을 추적하는 데 도움이 된다.

4. 실적을 측정하는 데 도움이 된다.

문제 25 벽에 차트 붙이기

벽에 차트를 붙이고 기다리고 있는 매매 신호를 표시하는 '마그넷 방식'의 장점이 아닌 것은?

1. 내가 기대하고 있는 주가나 지표 움직임을 분명하게 표시할 수 있다.

2. 계획을 잊지 않도록 해준다.

3. 계획이 바뀌어 벽에서 차트를 떼면 기분이 새롭고 상쾌하다.

4. 벽에 차트를 붙여놓으면 제때에 움직일 수 있다.

문제 26 매매 아이디어를 얻는 원천

다음 중 매매 아이디어를 얻는 원천이 될 수 있는 것은?

    A. 지금 현재 신호를 추적하고 있는 주식들을 모아 짧은 목록 만들기

    B. 컴퓨터로 주식시장의 데이터베이스 검색하기

    C. 친구나 자문 서비스의 정보

    D. 언론의 뉴스

1. A

2. A, B

3. A, B, C

4. A, B, C, D

매수와 매도 점수 매기기

다음 중 매수와 매도 점수에 대한 설명으로 틀린 것은?

1. 봉의 저점에 가깝게 매수할수록 점수가 높다.

2. 봉의 저점에 가깝게 매도할수록 점수가 높다.

3. 봉의 중간점 위에서 매도하면 좋은 점수를 받는다.

4. 봉의 가장 낮은 4분의 1 지점에서 매수하면 좋은 점수를 받는다.

완료한 매매의 점수 매기기

완료한 매매에 대한 점수로 옳은 것은?

1. 돈은 매매 수준을 측정하는 훌륭한 잣대다.

2. 장기 추세 트레이더는 채널을 사용해 매매 수준을 측정할 수 있다.

3. 채널의 30% 이상을 포착한 매매는 A다.

4. 채널의 20% 이하를 포착한 매매는 D다.

매수

다음 중 매수에 대한 설명으로 틀린 것은?

1. 가치 매수의 원칙은 "싸게 사서 비싸게 파는 것"이다.

2. 모멘텀 매수의 원칙은 "비싸게 사서 더 비싸게 파는 것"이다.

3. 상단 채널선은 시장의 과매수 상태를 나타내고 하단 채널선은 시장의 과매도 상태를 나타낸다.

4. 모멘텀 매매는 급등하는 추세에서 효과적이다.

문제 30 가치

차트 위의 알파벳과 다음 설명을 바르게 짝지어라.

1. 가치 구역

2. 저평가 – 매수 고려

3. 고평가 – 매도 고려

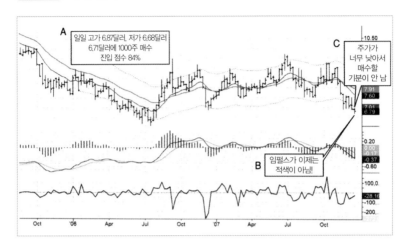

트레이더의 일지에 있는 이 차트는 매매 기록을 보여준다. 차트 위의 알파벳과 다음 설명을 바르게 짝지어라.

1. 매매로 이어진 차트 패턴에 대한 기술적 분석

2. 실적 점수 평가

3. 심리에 관한 언급

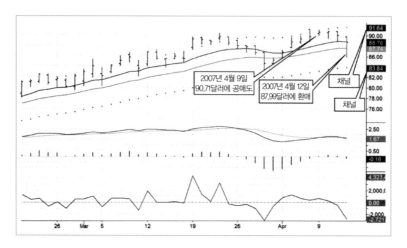

이 차트는 스파이크 그룹이 선정한 종목❶에 편승한 매매들 중 하나를 보여준다. 주봉 차트는 보이지 않지만 일봉의 MACD 선과 강도 지수가 약세 다이버전스를 보인다. 문제는 이 매매의 점수를 평가하는 것이다. 90.71달러에 공매도하고 87.99달러에 청산했다. 상단 채널선은 91.56달러, 하단 채널선은 83.67달러다. 매매 점수는?

1. A: 채널의 30% 이상

2. B: 채널의 20~30%

3. 채널의 10~20%

4. 채널의 10% 이하

---

❶ 'www.spiketrade.com' 참고

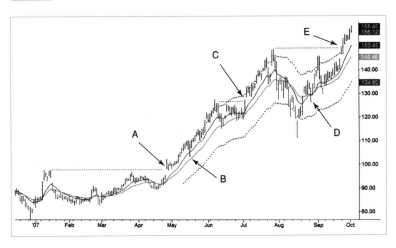

이 차트의 알파벳을 보고 가치 매수인지 모멘텀 매수인지 식별하라.

1. 가치 매수 구간들

2. 모멘텀 매수 구간들

문제 1 **포지션 보유가 주는 스트레스**

정답 3 소폭 하락

손 놓고 앉아 있으면 마음이 편하다. 고민하고 결정하는 일은 힘들다. 주가가 폭락하면 괴롭지만 상승해도 스트레스를 받기는 마찬가지다. 왜냐하면 청산 전략, 목표가, 손절 등을 생각해야 하기 때문이다. 상황이 나아지리라 기대하면서 조금 손실이 나는 포지션을 그냥 놔둘 때 트레이더의 심리는 놀랍도록 평온해진다.

문제 2 **매매의 무기**

정답 4 1, 2, 3 모두

기회를 발견하고 주문을 내는 방식이 경쟁자들보다 우위에 설 수 있는 토대가 된다. 기술적 분석이나 펀더멘털 분석에서 강점이 있는 트레이더라도 매매 신호를 실행에 옮기는 과정에선 훈련된 자제력이 필요하다.

3대 영역

3 "TV 뉴스에 의존하기 vs. 자문 서비스에 의존하기"가 틀린 설명이다.

진지한 트레이더라면 자신에게 맞는 연구 방식과 매매 방식을 선택하고 전문성을 길러야 한다. 기술적 분석과 펀더멘털 분석, 추세매매와 역추세매매, 재량 매매와 시스템 매매 중에 진지하게 선택해야 한다. 어느 쪽을 선택하느냐는 자신의 기질과 성격에 크게 좌우된다. 트레이더로 성공하려면 스스로 연구하고 결정을 내려야 한다. TV 뉴스나 자문 서비스가 드리우는 낚싯줄에 걸린다면 그건 선택이라고 할 수 없다. 둘 사이에는 어떤 차이도 없기 때문이다.

주가와 가치

4 "어떤 순간이라도 가격과 내재가치는 동일하다"가 틀린 설명이다.

가격은 쉽게 알 수 있지만 내재가치는 면밀한 관찰이 필요하다. 주가는 대중의 기분에 따라 빠른 속도로 변하지만 내재가치는 서서히 변한다. 가격은 내재가치에 대한 일시적인 합의이지만 합의는 늘 변해서 가치 위로 솟거나 아래로 하락한다. 한 쌍의 이동평균 같은 단순한 도구가 있으면 가치가 어디쯤인지, 어디로 움직이는지 알고 그에 따라 매매하는데 유용하다.

펀더멘털 분석과 기술적 분석

정답 **2** "펀더멘털에 대한 정확한 정보를 보유하면 주가가 어느 방향으로 움직일지 정확하게 알 수 있다"가 틀린 설명이다.

펀더멘털에 관한 정확한 정보를 보유하고 있더라도 주가가 어느 방향으로 움직일지 정확하게 예측할 수는 없다. 펀더멘털 분석의 문제는, 기업의 내재가치는 서서히 변하지만 주가는 빨리 변한다는 것이다. 단기적으로 주가는 펀더멘털과 반대로 움직일 수도 있다. 따라서 펀더멘털 분석가는 기술적 분석가의 생각을, 기술적 분석가는 펀더멘털 분석가의 생각을 알아야 한다. 주식을 펀더멘털의 관점과 기술적 관점에서 모두 살펴볼 수 있다면 주가 추세와 반전을 더 깊이 이해할 수 있다.

문제 6 추세매매 vs. 역추세매매

정답 **4** "스트레스가 적다"가 틀린 설명이다.

추세매매는 역추세매매보다 포지션 보유 시간이 더 길기 때문에 결정을 내리는데 시간적 여유가 많다. 추세매매는 진입과 청산 사이가 길어서 더 큰 수익을 약속한다. 추세매매는 활발한 스윙매매보다 수수료가 싸다. 그러나 스트레스가 적다는 설명은 맞지 않다. 추세를 타는 건 탄 사람을 떨어뜨리려고 날뛰는 말 등에 타는 것과 비슷하다. 추세추종 매매를 계속하려면 엄청난 인내심과 자신감, 즉 엄청난 정신력이 필요하다.

문제 7 시스템 매매 vs. 재량 매매

정답 **3** "자유가 많다"가 틀린 설명이다.

백테스팅을 많이 해본 시스템 트레이더는 앞으로 어느 정도의 수익과 손실을 기대할 수 있을지에 대해 상당한 확신을 갖고 있다. 시스템이 보내는 모든 신호에 따를 자제력을 가지고 있다면 스트레스를 줄일 수 있고 시장의 불확실성으로부터 자신을 보호할 수 있다. 시스템 트레이더가 포기하는 것은 새로운 위험이나 기회를 생성하면서 변하는 시장의 환경에 따라 결정을 내릴 자유다.

문제 8 기술적 도구상자

정답 3 '한 번 장전에 총알 5개'는 5가지 지표만 쓸 수 있다는 뜻이다.

초보가 흔히 저지르는 실수는 도구상자를 너무 꽉 채우는 것이다. 이들은 또한 자신들의 선입견을 확인하기 위해 매번 다른 도구를 쓰기도 한다. 제대로 검증한 몇 가지 도구로 제한하는 편이 훨씬 낫다. 그러나 트레이더마다 사용하는 도구는 다를 수 있다.

문제 9 매매 심리

정답 1 "기술적 시스템을 제대로 갖추면 심리는 걱정할 필요가 없다"가 틀린 설명이다.

우리가 이용할 수 있는 정보의 양은 어마어마하다. 어떤 인간도 모든 정보를 다 처리할 수는 없다. 우리의 눈과 귀, 뇌는 투입되는 정보의 대부분을 걸러낸다. 우리는 시장 정보의 극히 일부분만을 의식한다. 소망, 희망, 두려움이 나머지 대부분을 걸러낸다. 매매 시스템은 장점이 있지만 시장이든 어디든 인간의 심리를 모두 배제하는 건 불가능하다.

문제 10 훈련된 자제력

정답 3 "훌륭한 매매 시스템을 보유하고 있으면 자제력은 문제가 되지 않는다"가 틀린 설명이다.

컴퓨터 화면을 보다 보면 쉬워 보이는 돈벌이 기회가 번뜩 눈에 띈다. 여기에 미혹 당하면 트레이더들은 위험을 고려하지도 않고 시장에 뛰어들게 된다. 규칙을 세우고 의사결정 흐름을 따라야 한다. 언제 발을 들여놓고 언제 발을 뺄지 결정해야 한다. 유혹을 거절할 수 없는 사람은 아무리 똑똑해도 매매에 실패할 확률이 높다.

문제 11 손실에 대처하기

정답 3 성공하는 트레이더들은 수익보다 게임을 즐긴다.

보상을 주는 것이 처벌을 하는 것보다 실적을 향상시키는 데 훨씬 도움이 된다. 매매를 배우는 동안에는 자기 자신에게 관대한 편이 좋다. 충분한 시간을 두고 배우고, 조그만 성공에도 자축하라. 모든 매매를 기록하라. 그러면 수익뿐만 아니라 손실에서 더 많은 것을 배울 수 있을 것이다. 돈이 아니라 게임에 집중할 수 있도록 적은 규모로 매매하라. 좀 더 지식을 쌓고 안정되고 나면 그 후에 얼마든지 매매 규모를 늘릴 수 있다.

문제 12 과다거래

정답 4 "시장에 더 집중하게 된다"가 틀린 설명이다.

판돈이 어마하게 커지면 사람들은 긴장해서 결단을 내리지 못한다. 자연스러운 대응과 빠른 적응이 힘들어지고, 실적도 따라서 내림세를 타게 된다. 계좌에 비해 포지션이 너무 크면 시장에 집중할 수 없다. 이런 경우 돈에 온 신경이 쏠리게 된다. 긴장감은 정신을 흐리게 만들어 시장의 신호를 읽을 수 없게 된다. 자금 관리의 핵심 목표 중 하나는 현실적으로 포지션 규모를 제약해 계좌에 안전망을 설치함으로써 마음을 편하게 하는 것이다.

문제 13 2% 규칙
정답 3 350주

1회 매매에 최대 손실을 계좌의 2% 이하로 제한하겠다고 결심했다면 2만 달러 계좌의 감수 가능한 최대 손실금액은 400달러다. 물론 그보다 리스크를 적게 지는 건 가능하다. 12.50달러에 사서 11.50달러에 손절키로 설정했다면 주당 손실금액은 1달러다. 완벽한 세상이라면 이 규칙에 따라 400주를 살 수 있다. 하지만 현실에서는 매수할 때와 팔 때 수수료를 지불해야 하고 슬리피지를 당할 수도 있다. 이런 이유로 350주가 정답이다. 이보다 더 적게 매수할 수는 있지만 더 많이 매매해서는 안 된다.

문제 14 2% 규칙 수정하기
정답 2 4500주

계좌의 잔액이 많을수록 1회 매매당 최대 손실률은 작아진다. 최대치는 다른 사람과 마찬가지로 2%로 동일하지만 예외적인 특별한 기회일 경우에만 절대적인 한계점까지 리스크를 감수한다. 나머지 경우에는 1%보다 훨씬 낮은 비율로 리스크를 제한한다. 계좌에 200만 달러가 있다면 0.25%는 5000달러로, 이 정도만 해도 1회당 매매로는 꽤 큰돈이다. 주당 최대 손실금액이 1달러라면 이론적으로 최대 5000주까지 매매할 수 있다. 실제로는 수수료와 슬리피지 때문에 이보다 규모를 줄여야 한다.

6% 규칙

정답 2 일련의 잘못된 매매로 인한 손실에서 계좌를 보호한다.

2% 규칙은 1회 매매의 최대 손실을 제한하기 위해 고안되었으며, 6% 규칙은 일련의 잘못된 매매로 입는 타격에서 계좌를 보호하기 위해 고안되었다. 6% 규칙에 따르면, 손실이 불어나기 시작할 때는 뒤로 물러나야 한다. 그런데 대부분의 트레이더가 이와 반대로 정신없이 매매하면서 더 깊은 수렁에 빠진다. 6% 규칙을 적용하는 시기는 매매에 진입한 뒤가 아니라 진입하기 전이다. 6% 규칙이 있으면 매매를 더 할 수 있는지 가늠할 수 있다.

문제 16 **매매의 2가지 최우선 목표**

정답 3 돈을 벌고 더 훌륭한 트레이더가 되는 것

매매의 주목적은 돈을 버는 것이지만 시장에는 무작위성이 있어 매매할 때마다 수익을 낼 수 있는 것은 아니다. 반면 더 훌륭한 트레이더가 되는 건 매매할 때마다 이룰 수 있는 목표다. 돈을 벌든 잃든 매매를 끝낸 뒤 더 나은 트레이더가 되어 있어야 한다. 수익이 난 매매, 손실이 난 매매 모두에서 계속 배워야 한다. 자제력과 계획을 실행에 옮기는 능력을 시험하는 것은 더 훌륭한 트레이더가 되기 위한 학습의 핵심 요소다.

문제 17 **경험에서 배우기**

정답 2 기록하기

인간의 두뇌는 기억할 수 있는 용량에 한계가 있다. 기록을 잘하면 그저 덧없이 흘러가는 경험들을 견고한 기억으로 바꿀 수 있다. 노트를 '두개 외頭蓋 外 기억장치'로 사용하면 경험을 다시 한 번 검토해서 더 나은 트

레이더로 성장할 수 있다. 자금 관리 규칙을 사용해 자산을 보호하고 기록을 잘해서 경험에서 배우는 트레이더는 성공으로 가는 길 위에 있다고 할 수 있다.

문제 18 기록 스프레드시트

정답 4 A, B, C, D

트레이더의 스프레드시트를 유지하는 목적은 매매의 확실한 정보를 기록하려는 것이다. 진입가와 청산가 같은 기본적인 데이터 외에도 매매할 때마다 슬리피지를 계산하고, 정보원의 수준을 추적하고, 진입과 청산 실적의 점수를 매긴다.

문제 19 매매 실수

정답 1 "똑똑한 사람은 실수하지 않는다"가 틀린 설명이다.

배움과 탐험에서 실수는 반드시 필요하다. 똑똑한 사람도 종종 실수를 저지른다. 실수하는 것은 아무런 문제가 안 된다. 문제는 같은 실수를 되풀이하는 것이다. 매매 일지를 쓰면 이런 문제를 피할 수 있다.

문제 20 트레이더의 일지

정답 2 손실이 난 매매의 일지는 수익이 난 매매의 일지보다 더 교훈이 된다.

손실을 보면 트레이더는 식견이 넓어지고 새로운 것을 배운다. 세부적인 것들이 뇌리에 생생하게 남아 있을 때 매매의 모든 측면을 연구하고 기록한다. 매매를 활발히 해서 매매의 일부만 기록할 수 있는 트레이더라면 원칙을 정해두어야 한다. 예를 들면, 수익이 나든 손실이 나든 두 번째, 다섯 번째, 열 번째 매매는 기록한다는 식으로 원칙을 정해 둔다.

문제 21 일지 항목

정답 4 "매매 점수"가 틀린 설명이다.

진입한 이유를 기록하면 어떤 신호가 더 나은 결과로 이어지는지 알 수 있다. 이때 1가지 이상의 시간 단위로 시장을 분석하면 유용하다. 장기, 단기로 분석하면 시장에서 벌어지는 일을 더 깊이 이해할 수 있다. 이 규칙을 따르려면 1가지 이상의 시간 단위로 차트를 저장해야 한다. 하루를 마치면서 진입에 대한 점수를 매겨야 하지만 포지션을 청산할 때까지는 전반적인 매매 점수를 알 수 없다.

문제 22 매매 계획 vs. 일지

정답 4 매수 또는 매도 점수가 기록된다.

매매 계획은 일지와 동일한 포맷을 사용한다. 매매 신호가 표시된 다양한 시간 단위의 차트를 보여준다. 분류는 달라도 이름을 붙이는 방식은 동일하다. 차이가 있다면 매매 계획에는 매수나 매도 점수가 포함되지 않는다. 이런 점수는 매매에 돌입한 뒤라야 알게 되기 때문이다.

문제 23 화면 모니터하기

정답 4 "청산한 종목들"이 틀린 설명이다.

매수와 매도를 막론하고 일단 투자한 종목은 반드시 모니터해야 한다. 다우지수, 나스닥지수 등 핵심적인 시장지수를 살피는 것도 중요하다. 물론 매매를 고려하고 있는 몇 개 종목만 추린 목록을 최우선으로 검토하고 싶을 것이다. 이미 청산한 종목들은 화면을 어지럽게 만들뿐이다. 조만간 그 종목에 다시 진입할 생각이 없다면 별개의 창이나 탭으로 옮긴다.

문제 24 스크린 메모

정답 4 "실적을 측정하는 데 도움이 된다"가 틀린 설명이다.

매매 소프트웨어로 화면에 쓰는 게 가능하다면 이 기능을 활용하라. 진입일과 진입가를 적어두면 해당 포지션이 어느 지점에 있는지 한눈에 볼 수 있다. 익절과 손절 주문을 표시해두면 일이 꼬일 때나 차익실현 기회가 생길 때 더 기민하게 대처할 수 있다. 스크린에 메모할 수 없는 것은 실적 평가다. 실적 평가는 트레이더의 스프레드시트에서 완성해 일지에 옮겨두어야 한다.

문제 25 벽에 차트 붙이기

정답 4 "벽에 차트를 붙여놓으면 제때에 움직일 수 있다"가 틀린 설명이다.

차트를 인쇄해 실행에 옮기기 쉽도록 신호를 표시하는 것은 매매 아이디어를 모니터하는 효과적인 방법이다. 책상에 앉을 때마다 이들 차트를 보면 계획이 다시 떠오른다. 낡은 아이디어들이 잔뜩 쌓이지 않도록 벽을 수시로 정리해야 한다. 아무리 합리적인 시스템이라도 행동하게 만들 수는 없다. 동기는 스스로 부여할 수밖에 없다.

문제 26 매매 아이디어를 얻는 원천

정답 4 A, B, C, D

어디서든 아이디어를 얻을 수 있다. 위대한 러시아 시인 안나 아크마 토바^{Anna Akhmatova}는 이렇게 말했다. "만약 그대가 시들이 시궁창에서 피어난다는 걸 알고도 부끄러워하지 않는다면." 요지는 이렇다. 어떤 아이디어든 매매 시스템의 원료가 될 수 있다. 아이디어 20개를 시스템에 던져 넣고 단 1회의 매매만 실행하기도 한다. 이 정도면 합리적인 비율이다.

문제 27 매수와 매도 점수 매기기

정답 2 "봉의 저점에 가깝게 매도할수록 점수가 높다"가 틀린 설명이다.

봉의 저점 근처에서 매수하고 가능한 한 고점 가까이에서 매도해야 한다. 패자들은 일봉의 꼭대기 4분의 1 지점에서 매수하거나 일봉의 밑바닥 4분의 1 지점에서 매도한다. 중간보다 아래에서 매수하고 중간보다 위에서 매도하는 것은 양호하며, 일봉의 밑바닥 4분의 1에서 매수하고 꼭대기 4분의 1에서 매도하면 우수하다.

문제 28 완료한 매매의 점수 매기기

정답 3 채널의 30% 이상을 포착한 매매는 A다.

돈은 계좌의 자산 곡선에 반영되며 이는 전반적인 매매 기술을 측정하는 훌륭한 잣대가 되지만 개별 매매를 측정하기에는 부적합하다. 채널은 스윙매매의 수준을 재는 훌륭한 잣대를 제공하지만 장기 트레이더는 다른 잣대가 필요하다. 이를테면 자본을 불린 비율 같은 잣대가 있다. 단기 스윙매매의 성적은 일봉 차트의 채널 높이와 수익을 비교해 측정한다. 이 채널의 30%를 챙겼다면 A, 20%는 B, 10%는 C, 손실은 D다.

정답 3 "상단 채널선은 과매수 상태를 나타내고 하단 채널선은 시
장의 과매도 상태를 나타낸다"가 틀린 설명이다.

조용한 시장에서는 가치 영역 또는 저평가 영역에서 매수하고 채널을
활용해 가치를 상회할 때 매도하는 것이 합리적이다. 돌파 위에서 매수
하는 모멘텀 매매의 경우 급등하는 추세에서 더 효과적이다. 주가가 상
단 채널선 위로 상승하면 잠깐 반짝하고 사라지는 낙관주의, 시장의 과
매수 구간을 나타낸다. 주가가 하단 채널선 아래로 하락하면 두려움과
비관주의가 지배하는 영역을 나타낸다.

문제 30 **가치**

정답 1. C

2. A

3. B

주가가 스냅샷이라면 이동평균은 시장의 가치를 반영한 파노라마다.
이동평균 근처에서 매수한다면 적정가격에 매수한 셈이다. 이동평균 아
래에서 매수한다면 저평가된 자산을 매수한 셈이다. 시장에 관해 과학적
으로 입증된 사실은 무척 드문데, 그중 하나가 주가는 가치영역을 중심
으로 위아래로 움직인다는 것이다. 상단 채널선보다 위에서 매도한다면
고평가된 자산을 매도한 셈이다.

문제 31 **매매 일지**

정답 1. B

2. A

3. C

시각적인 매매 일지에는 몇 가지 요소가 포함되어야 한다. 기술적인 매매 신호를 표시하거나 이 매매로 이어진 전략에 관한 언급이 반드시 있어야 한다. 일지에는 진입, 청산, 매매에 관한 점수를 매겨야 한다. 초보들은 매매 중간에 심리를 기록해야 하지만 노련한 트레이더들은 매매에 무덤덤해져서 그런 언급을 생략해도 된다.

문제 32 매매 점수 평가

정답 1 A: 채널의 30% 이상

90.71달러에 공매도하고 87.99달러에 청산해 2.72달러의 수익을 얻었다(수수료는 계산에서 제외했다). 매매 당시 채널의 꼭짓점은 7.89달러였다. 매매로 채널의 34%를 챙겨 A 점수를 받았다. 매매를 할 때는 돈을 세지 말고 점수와 백분율에 집중해야 한다.

문제 33 가치 매수 vs. 모멘텀 매수

정답 1. B, D

2. A, C, E

가치 매수의 원칙은 "싸게 사서 비싸게 파는 것"이다. 모멘텀 매수의 원칙은 "비싸게 사서 더 비싸게 파는 것"이다. 가치 매수는 주가가 후퇴하거나 가치 영역 아래로 하락할 때 사는 것이다. 중요한 전(前) 고점 위로 돌파가 일어날 때 매수하는 것이 모멘텀 매수의 전형적인 예다. 이 차트에는 알파벳으로 표시된 곳 이외에 몇 차례 매수 기회가 더 있다.

정답이 하나뿐인 문제는 정답을 맞히면 1점, 정답이 복수면 (예를 들어 "다음 4가지 진술 중 옳은 것 2가지는?") 비율로 점수를 매긴다. 둘 다 맞혔으면 1점, 1개만 맞혔으면 0.5점이다.

28~33점 : 우수. 매수, 자금 관리, 기록에 대한 이해가 높은 편이다.

21~27점 : 양호. 성공적인 매매로 가려면 최고의 실적이 요구된다. 다음 장으로 넘어가기 전에 틀린 문제를 다시 한 번 살펴보고 며칠 뒤 재시험을 보도록 한다.

21점 이하 : 비상! 어떤 전문 분야에서는 3분의 1 아래라도 괜찮지만 매매에서는 치명적이다. 시장에서는 전문 트레이더들이 여러분의 주머니를 호시탐탐 노리고 있다. 이들과 싸우기 전에 먼저 주식시장이 돌아가는 원리를 이해해야 한다. 이 책의 제1부를 공부한 뒤 다시 시험을 보도록 하라. 두 번째도 점수가 낮으면 첫 번째 장에서 추천한 책들도 같이 공부하라.

제02부

매도의 모든 것

매수 주문을 내기 전에 매도 계획을 적어두어야 한다. 대부분의 경우, 종이에 계획을 적어두면 심리적인 효과가 강력해진다. 스트레스가 줄고, 수익률이 높아진다. 인간은 긴장이 풀린 상태에서 최선의 결정을 내린다. 청산 계획을 적어두면 분석과 매매가 분리되어 긴장이 줄어든다.

분석할 때는 평화롭고 고요한 시간을 넉넉히 가지면서 시장이 열리지 않는 동안 고심해서 계획을 적어라. 트레이딩할 때는 결정에 집중하고 단순하게 생각하라. 이 2가지 일을 분리하라. 분석가는 생각하고 트레이더는 결행한다. 이 둘이 한 팀처럼 일하되 서로 처벌하고 쓸데없이 간섭하지 않도록 하라.

세계에서 가장 성공한 투자자인 워런 버핏Warren Buffett은 이렇게 말했다. 주식을 사는 순간 조울증 환자인 '시장Mr. Market'의 동반자가 되는 것이라고. 시장은 매일 찾아와 주식을 사라느니 팔라느니 조른다. 그는 제정신이 아니므로 무시하는 게 상책이다. 때때로 이 시장이라는 녀석은 극도의 우울감에 빠져서는 주식을 헐값에 팔겠다고 한다. 이때는 주식을 사야 한다. 어떤 때는 조증이 되어서 주식을 아주 비싼 값에 사겠다고 한다. 이때는 주식을 팔아야 한다. 안타깝게도 시장의 기분은 아주 전염성이 강해서 다른 사람들까지 부화뇌동하게 만든다. 그래서 사람들은 거꾸로 시장이 조증일 때 사고 우울증일 때 판다. 매매에 돌입하기 전에 청산 계획을 적어두면 쓸데없는 외부의 영향을 받지 않도록 자신을 보호할 수 있다.

제2부를 매도자의 메뉴라고 생각해도 좋다. 1가지 요리만 고를 수도 있고, 몇 가지 기법을 골라서 결합해도 좋다. 시장의 환경이 달라지면 다른 메뉴를 골라야 한다는 것도 알게 될 것이다.

또한 매도의 시간 단위를 분명히 해둘 필요가 있다. 몇 달 동안 계속되는 포지션 매매를 할 것인가? 며칠 동안 지속되는 스윙 매매에 분석의 초점을 맞출 것인가? 아니면 실시간으로 시세판과 스크린을 보며 데이 트레이딩을 할 것인가?

데이 트레이딩을 한다면 컴퓨터 스크린 앞에 앉아서 언제든 매매를 결행할 수 있도록 손가락을 마우스 위에 올려놓고 있어야 한다. 늘 고배를 마시는 자들이 저지르는 최악의 실수는 실패한 데이 트레이딩을 장기 포지션으로 전환하는 것이다. 포지션 매매에 진입했다면 실시간으로 스크린을 보는 건 역효과를 낳는다. 실시간으로 스크린을 보면서 스윙매매를 하면 십중팔구 마음이 흔들려 포지션을 자주 청산하게 된다. 포지션 매매를 이런 식으로 하면 별것 아닌 신호를 보고 너무 빨리 청산해 큰 추세를 탈 기회를 놓치기 쉽다.

:: 3가지 매도 유형

주식을 매수할 때 평생 보유하다 상속자에게 물려줄 것인지 자문해보라. 아마 십중팔구 그렇지 않다고 대답할 것이다. 그렇다면 또 이렇게 물어보라. 어떤 경우에 이 주식을 팔 것인가?

● 어느 정도 주가가 올라야 '이만하면 됐다!'고 생각하고 수익을 거둘 것인가? 구체적으로 생각하고 있는 주가나 매도를 고려하는 가격 대가 있는가? 상승세가 기력이 빠져 차익 실현의 적기라는 걸 알려 줄 지표 패턴이 있는가? 시장에 진입하기 전, 이런 질문에 대답해야 한다!

● 매수 결정이 잘못되어 주가가 내리막길을 걸으면 어떻게 해야 할까? 어디까지 내려가야 매도를 결행할 것인가? 하락하는 주식을 보유하고 있을 때 이런 결정을 내리는 건 최악이다. 주가는 계속 하락하면서 거듭 과매도 신호를 깜박일 것이다. 하락할 때마다 마치 하락이 끝나고 반전이 임박한 것처럼 보일 것이다. 빨리 손절(손실 제한)하지 않고 계속 추세가 반전되기를 바라며 오랫동안 스스로를 기만하게 된다. 많은 트레이더가 더 이상 고통을 견딜 수 없는 지경이 되어서야 극심한 타격을 입은 채 넌더리가 나서 매도한다. 어떤 주가 수준에 주식을 처분할지 주식을 사기 전에 결정해야 한다!

● 마지막으로 주가가 기대한 대로 움직이지 않거나 차트나 지표 패턴이 미심쩍으면 주식을 팔고 싶을 것이다. 주가가 상승할 것이라고 전망했는데 어떻게 움직이면 전망이 어긋났다고 판단할 것인가? 나는 이를 '엔진 잡음 듣고 매각하기'라고 부른다. 경험이 쌓이면 이런 잡음이 잘 들리게 된다.

요약하면 매도는 크게 3가지 범주로 나눌 수 있다.

1. 시장가격보다 높은 목표가에 매도하기
2. 보호 스톱^{protective stop}(자산을 보호하기 위한 손절가—역주)을 사용해 시장 가격보다 낮은 가격에 기꺼이 매도하기
3. 시황이 변해 더 이상 보유하고 싶지 않아 목표가나 스톱에 이르기 전에 매도하기

이제 이들 매도 방식을 하나씩 자세히 살펴보자. 트레이딩은 아주 광대한 영역이어서 어느 누구도 모든 방식에 통달할 수는 없다. 많은 방식을 익히는 것도 좋지만 끌리는 방식 하나를 선택해서 능숙하게 활용할 수 있도록 훈련하라.

제04장
목표가에 매도하기

매수 후보를 골랐다면 몇 가지 질문을 던진다.

1. 수익 목표는? 이 주식은 얼마까지 오를 것인가?
2. 어디까지 떨어져야 매수 결정이 잘못되었다고 판단하고 손절할 것인가?
3. 이 주식의 위험보상비율reward-to-risk ratio(포지션에 진입했을 때 어느 정도의 수익이나 위험을 기대할 수 있는지를 나타내는 비율)은 무엇이며 잠재 수익과 리스크의 관계는 어떠한가?

프로 트레이더들은 언제나 이 3가지 질문을 던진다. 도박꾼들은 단 하나의 질문도 던지지 않는다.

첫 번째 질문부터 처리해보자. 주식의 수익 목표는?

스윙 매매에서 목표가를 정하는 방법은 이동평균이나 채널을 활용하는 것이다. 장기 매매의 수익 목표를 측정하려면 장기 지지와 저항 수준을 살펴야 한다.

포지션에 진입하는 것은 물살이 빠른 강에 뛰어드는 것과 비슷하다. 강가를 오르내리며 뛰어들 지점을 모색한다. 강가에서 머뭇거리다가 평생 한 번 뛰어들지도 못하고 모의 매매만 하는 사람도 있다.

강가에 있으면 안전하다. 젖을 염려도 없고 현금은 단기금융시장^{money market}(만기가 1년 미만인 시장으로 콜 시장, 어음 시장 등이 있다. 주식시장과 채권시장은 장기금융시장으로 분류된다—역주) 계좌에서 이자가 불어난다. 매매에서 사람이 전적으로 통제할 수 있는 것은 지극히 드물다. 사람이 통제할 수 있는 1가지가 있다면 언제 뛰어들지 결정하는 일이다. 괜찮은 지점을 찾기 전에 초조함이나 불안함에 떠밀려서 물에 뛰어들면 안 된다.

뛰어들 곳을 찾는 동안 물색해야 할 중요한 영역이 있다. 하류를 살펴서 바위 때문에 물살이 하얗게 부서지는 곳을 찾아야 한다. 위험한 급류에 휩쓸리기 전에 물에서 빠져나오기 좋은 곳을 찾아 멀리까지 물가를 살펴야 한다. 즉, 수익 목표가를 설정해야 한다.

매매에 입문했을 때 나는 그냥 진입해서 '때가 되면' 빠져나오겠다는 그릇된 생각을 하고 있었다. 수익 목표를 못 박아두면 잠재 수익이 줄어들 거라고 생각했다. 그러나 수익 목표를 확실히 정하지 않고 시장에 뛰어드는 아마추어는 골머리를 앓다가 나중에 방향감각을 잃어버리게 된다.

나는 《진입과 청산》에서 케리 로본Kerry Lovorn을 인터뷰했는데, 그에게 핵심을 찌르는 이야기를 들었다. "사람들은 돈을 벌고 싶어 하지만 시장에서 원하는 것이 뭔지 모릅니다. 매매를 한다면 뭘 기대하는 걸까요? 취직을 하면 급여가 얼마인지, 수당은 어느 정도인지, 그 일로 얼마나 돈을 받을지 압니다. 내 경우, 수익 목표가 있는 게 좋았어요. 가끔 너무 빨리 매도하게 되지만 말이에요."

내 일지에서 몇 차례의 매매를 골라 진입과 청산, 후속 연구 등을 보여주겠다. 이 장은 매도를 논하는 자리이므로 롱(매수) 포지션 청산을 중점적으로 다루고 진입 이유를 포괄적으로 언급하는 것으로 진입을 다루고자 한다.

먼저 이 책의 후속 차트에 관해 잠시 언급하겠다. 일부 차트를 보면 고점에서 청산해 대단해 보이지만 번 돈보다 잃은 돈이 더 많은 경우도 종종 보게 될 것이다.

초보들은 차트에 나타난 강력한 추세를 보면 넋을 빼앗긴다. 노련한 트레이더는 거대한 추세는 지나고 나서 되돌아봐야 비로소 분명히 보인다는 사실을 알고 있다. 모든 매매는 지나고 나서 봐야 제대로 보인다. 현재 시점에 내가 보는 미래는 불확실하고 가변적이며 불분명하다. 매매에 진입하는 것은 야생마에 올라타는 것과 같다. 로데오 문이 열리는 순간 말 등에서 50초만 버텨도 대단한 일로, 상을 타기에 충분하다. 장거리를 갈 때는 다른 말을 타야 한다. 장기 포지션 매도는 이 장의 후반부에서 논의하겠다.

앞으로 소개할 매매들은 나의 개인 매매 일지에서 뽑은 것인데, 몇 가지 특징에 유의하기 바란다. 나는 모든 매매를 3가지 측면에서 점수를 매겼다. 바로 진입과 청산의 질, 그리고 가장 중요한 전반적인 매매의 질이다. 나는 항상 매매 아이디어를 얻은 출처를 적어둔다. 늘 하는 연구에서 매매 아이디어를 얻기도 하고 스파이크 그룹Spike Group이 고른 종목이나 온라인 세미나에서 매매 아이디어를 얻기도 한다. 나는 총손익P/L을 추적하는 스프레드시트에 아이디어의 출처를 적는 칸을 마련하고 매매한 이유를 분명히 적어둔다.

이제 수익 목표를 설정할 때 쓸 수 있는 도구들을 살펴보자. 내가 선호하는 도구들은 다음과 같다.

1. 이동평균
2. 엔빌로프 또는 채널
3. 지지 영역과 저항 영역
4. 기타 방식들

:: 이동평균에 매도하기

20세기 전반, 저명한 기술적 분석가인 로버트 리어Robert Rhea는 강세장을 3단계로 설명했다. 첫 번째 단계에서는 주가가 이전 약세장의 극단적인 과매도 상태에서 회복해 심각한 저평가 수준에서 상승하면서 가치 수준을 회복한다. 두 번째 단계에서는 펀더멘털 개선을 반영해 주가가 상승한다. 마지막 세 번째 단계에서는 열광, 낙관주의, 탐욕으로 주가가 상승한다. '주가가 늘 상승했기 때문에' 사람들은 매수에 나선다. 다우이론을 대중화하는 데 크게 공헌한 리어는 몇 년 동안 지속되는 강세장에 대해 글을 썼다. 나는 더 단기적인 시간 단위에도 리어의 개념을 적용할 수 있을 거라고 생각했다.

앞서 이동평균이 가치에 관한 장기적인 합의를 반영한다고 설명했다. 주가가 이동평균 아래로 떨어져 이동평균을 끌어내리면? 약세 움직임이 진행된다. 주가가 하락을 멈추고 이동평균이 수평으로 누우면 하락세가 끝났을 가능성에 유의해야 한다.

시장은 양당 체제로 운영된다. 매도파가 힘을 잃으면 다음 선거에선 매수당이 승리를 차지하리라 예상할 수 있다. 매수당의 첫 번째 목표는 가치 수준까지 반등해 이동평균을 회복하는 것이다.

가치보다 낮은 가격에 사서 가치 영역에서 수익 목표를 설정하는 이런 방식은 주봉 차트에서 특히 효과적이다. 삼중창Triple Screen 매매 시스템의 경우 주봉 차트에서 전략을 결정하고 일봉 차트에서 매수와 매도 시점을

그림 4.1 익스트림 네트웍스EXTR(미국 소프트웨어 회사), **압축된 주봉, 이동평균**

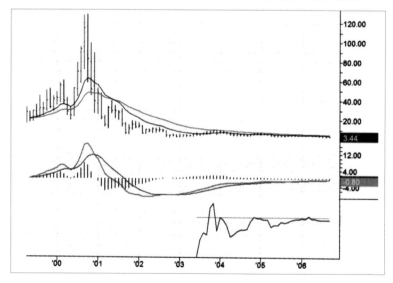

전술적으로 선택해 결행에 옮겨야 한다.

트레이더인 친구가 매매하는 주식에 관해 이메일을 보냈다. 케리는 그 주식이 최근 몇 년 동안의 저점을 이탈해 붕괴됐다가 다시 안정을 찾았다고 설명했다. 나는 한동안 보지 않았던 주식을 살필 때는 주봉 차트를 꺼내서 하나의 창에 주가 변화 추이가 모두 들어가도록 압축한다〈그림 4.1〉). 현재 주가가 과거 주가와 비교해 싼지 비싼지 한눈에 보려는 것이다. 고가가 120달러, 저가가 3달러 정도인 익스트림 네트웍스가 3.50달러 이하에서 거래되고 있었으므로 결론은 명백했다.

그런 다음 나는 주봉 차트를 열어서 지난 2~3년 동안의 주가를 검토했다〈그림 4.2〉). 과거 2~3년간의 주봉 차트를 보면 장기 주가와 지표 패턴을 식별할 수 있다. 〈그림 4.2〉를 보면 최근 익스트림 네트웍스의 주가가 장기 지지선인 4.05달러 아래로 떨어졌음을 알 수 있다. 주가 하락이 멈추고 추세는 하락세에서 횡보로 변했다. MACD-히스토그램과 강도 지수 모두 상승세를 그리며 강세 신호를 깜박였다. 나는 주봉에서 상승세가

그림 4.2 익스트림 네트웍스^{EXTR}, 주봉 차트

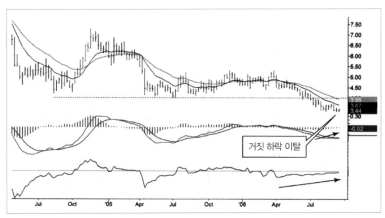

거짓 하락 이탈

그림 4.3 익스트림 네트웍스EXTR, 진입, 일봉 차트

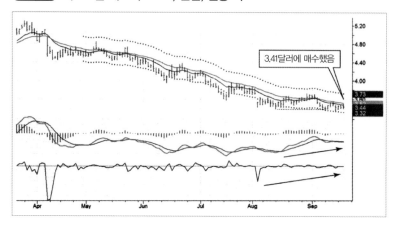

가치 구간까지 주가를 끌어올릴 거라고 판단했다. 가치 구간은 2가지 이
동평균 사이인 3.67~3.96달러였다.

일봉 차트의 오른쪽 가장자리(《그림 4.3》)에서 익스트림 네트웍스는 거짓
하락 이탈을 보여준다. 이는 기술적 분석에서 가장 강력한 강세 신호로
MACD 선들의 강세 다이버전스bullish divergence(주가는 약세를 보이나 지표는
강세를 보이는 주가와 지표의 괴리 현상—역주)가 이를 확인해준다. 덧붙여 강도
지수의 강세 다이버전스는 하락 이탈 시도가 아무런 힘이 없다는 중요한
메시지를 던지고 있다. 여기서 나는 손절가 3.31달러, 목표가 3.81달러
에 익스트림 네트웍스를 매수했다. 가장 최근의 종가와 목표가의 차이는

익스트림 네트웍스		날짜	상단 채널	하단 채널	일일 고가	일일 저가	점수
진입	3.45달러	2006-09-20	3.74달러	3.31달러	3.50달러	3.41달러	56%
청산							
P/L					매매		

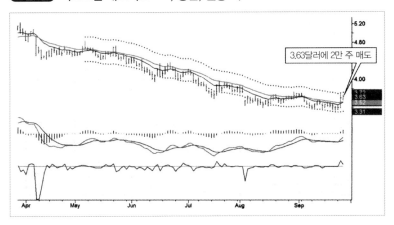

그림 4.4 익스트림 네트웍스^{EXTR}, 청산, 일봉 차트

익스트림 네트웍스		날짜	상단 채널	하단 채널	일일 고가	일일 저가	점수
진입	3.45달러	2006-09-20	3.74달러	3.31달러	3.50달러	3.41달러	56%
청산	3.63달러	2006-09-27			3.66달러	3.56달러	70%
P/L	0.18달러					매매	42%

37센트, 스톱은 종가보다 13센트 낮았다. 위험보상비율은 3:1로 아주 크지는 않지만 꽤 괜찮았다.

변동성이 적은 고요한 날 일봉의 하단에서 매수했는데, 진입 점수 56%인 훌륭한 진입이었다. 내가 익스트림 네트웍스를 매수한 다음 날 주가는 약세를 보였고 그다음 날에 신저점을 찍었다. 손절가를 가장 최근의 저점 바로 아래에 정한 사람들은 스톱(손절가)에 걸려 청산되는 벌을 받았을 것이다. 시장에는 이런 잡음이 있기 마련이므로 좀 더 여유를 두고 주가가 그 정도로는 떨어지지 않으리라고 생각되는 영역에 스톱(손절가)을 설정해야 한다.

그다음 주 익스트림 네트웍스는 상승해 단 하루 만에 거의 상단 채널선까지 치솟았다. 종가는 고점 부근에 형성되었는데 이튿날 가격대가 좁아지면서 더 이상 상승하지 않았다. 나는 이를 저항 신호로 판단하고 3.63 달러에 매도했다(〈그림 4.4〉).

나는 시장이 기꺼이 나에게 주려고 하는 것보다 더 오래 보유하지 않는 쪽을 선택했다. 나는 매도 목표가를 작업 설명서처럼 여긴다. 시장이 초강세를 보이면 원래 목표가를 넘어서 주가 흐름을 타려고 한다. 시장이 약하다 싶으면 더 일찍 빠져나온다.

거래일의 고점 부근에서 매도해 청산 점수는 70%로, 썩 훌륭한 편이었다. 매매 점수는 더 좋았다. 43센트 채널에서 18센트를 취해 매매 점수는 42%, A+ 매매였다. 가치보다 낮은 가격에 사서 고평가 수준 부근에서 매도했다.

매매 일지를 기록하는 게 정말 소중한 이유는 매매가 종료되고 한두 달 뒤에 다시 돌아볼 수 있기 때문이다(〈그림 4.5〉). 지나고 내면 더 잘 보이는

그림 4.5 익스트림 네트웍스^{EXTR}, 후속, 일봉 차트

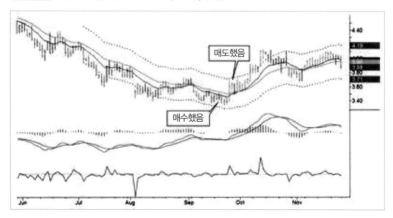

법이므로 자신의 매매를 재평가할 수 있다. 경험에서 계속 배운다면 내일은 오늘보다 더 나은 트레이더가 될 것이다!

되돌아보니 더 오래 보유해도 괜찮았을 것 같다. 하지만 매도 시점에 추가 상승할지 알 수 있는 확실한 방법은 없다. 저점과 고점을 정확히 맞히는 방법은 2가지다. 하나는 지나간 차트를 보고 모의 매매하는 것이며 하나는 거짓말하는 것이다. 실제로 돈을 걸고 하는 매매라면 내일 들어올 1달러 지폐보다는 지금 취할 수 있는 동전 한 닢이 더 소중하다.

자신에게 편한 매매 유형을 개발해 흔들림 없이 따라야 한다. 매매에서 후회는 좀먹고 녹슬게 하는 것이다. 오늘 돈 벌 기회를 놓쳤다고 자책하며 머리를 쥐어뜯으면 내일은 너무 무리하다가 망하기 쉽다.

이제 다른 매매를 살펴보자.

선물 시장의 장점은 시장이 몇 개밖에 없다는 것이다. 주식은 수천 종목이 넘지만 핵심적인 선물 시장은 수십 개에 불과해 주말 과제의 일부로 검토하기가 수월하다. 다음은 내가 금 시장에서 패턴을 인식하는 방

그림 4.6 금, 일봉 차트

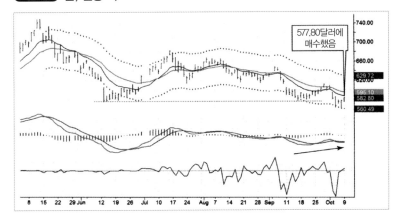

법이다.

일봉 차트(〈그림 4.6〉)의 오른쪽 가장자리에서 금값은 지지선 아래로 하락했지만 종가는 지지선을 상회했다. 거짓 하락 이탈은 기술적 분석에서 가장 강력한 강세 신호 중 하나다. 이것은 내가 운영하는 트레이더 캠프에 자주 오는 초청 강사인 데이비드 바이스David Weis에게 배운 것이다. 주봉(보이지 않음)과 일봉 차트 모두에서 임펄스 시스템에 파란불이 켜지면서 최악의 하락세가 끝났으며 매수해도 좋다는 신호가 깜박인다.

이에 앞서 며칠간 강도 지수가 급락하는 모습을 보라. 강도 지수가 이처럼 폭락하는 지점은 롱 포지션 보유자들이 공황 상태에 빠져 투매하는 영역을 나타낸다. 따라서 롱 포지션을 취하고 있으나 자금력이 약한 투자자들이 빠져나가 이제 전진을 위한 길이 훤하게 뚫렸다는 표시다. 9월과 10월의 저점 사이에 있는 MACD 선들과 MACD-히스토그램의 강세 다이버전스는 강력한 매수 신호를 보냈다. 나는 12월물 금을 2006년 10월 10일 577.80달러에 매수하고 목표가를 주봉의 가치 구간 부근인 630달러 위, 손절가를 최근 저점들 바로 아래에 정했다.

금		상단 채널	하단 채널	일일 고가	일일 저가	점수
진입	577.80달러	628달러	559달러	580.80달러	573.00달러	38%
청산						
P/L					매매	

진입일의 고점은 580.80달러, 저점은 573달러로, 진입 점수는 38%였다. 겨우 낙제를 면한 정도다. 내 목표는 이동평균을 지나 상단 채널까지 가는 것이었다.

그림 4.7 금, 청산, 일봉 차트

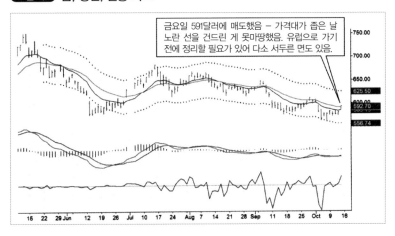

금요일 591달러에 매도했음 – 가격대가 좁은 날 노란 선을 건드린 게 못마땅했음. 유럽으로 가기 전에 정리할 필요가 있어 다소 서두른 면도 있음.

사흘 뒤인 10월 13일 금요일에 금 선물을 매도했다(〈그림 4.7〉). 기술적 관점에서 일봉 차트에서 금값이 느린 이동평균에 도달한 당일, 가격대가 아주 좁은 것이 못마땅했다. 가치 구간은 상승세와 하락세 모두의 자연스러운 저항선 구실을 한다. 가격대가 좁다는 것은 저항을 기대할 수 있는 영역에서 앞으로 나아갈 힘이 없다는 의미다. 심리적 측면에서 보면 시장과 전혀 관계없이 매도해야 할 이유가 있었다. 지극히 개인적인 이유로, 다음 주 유럽 여행을 갈 계획이어서 시장 포지션을 최소한으로 줄이고 싶었다. 시간 할애해 들여다봐야 할 일거리를 남겨두고 싶지 않았

금		상단 채널	하단 채널	일일 고가	일일 저가	점수
진입	577.80달러	628달러	559달러	580.80달러	573.00달러	38%
청산	591.00달러			594.20달러	587.60달러	52%
매매						19%

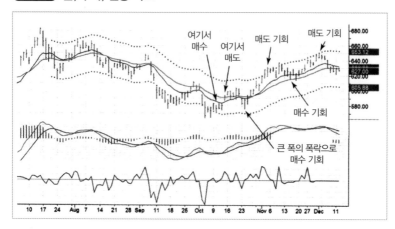

그림 4.8 금, 후속, 일봉 차트

다. 청산할 구실을 찾았던 셈이다.

청산 점수는 52%로, 그날의 평균가 바로 위에서 매도했다. 매매 점수
는 B-로, 채널 69달러에서 13.20달러를 취했다. 괜찮은 점수지만 더 좋
을 수도 있었기에 좀 아쉬웠다.

매매 일지가 없으면 청산한 뒤 그저 내 갈 길을 가면 그만이다. 매매 일
지가 있으면 얼마나 훌륭한 매매였는지 뒤돌아볼 수 있다. 두 달 뒤 금 시
장을 다시 한 번 둘러보자〈그림 4.8〉.

과거를 짚어볼 때는 지난 뒤에야 분명하게 보이는 강력한 추세에 휩쓸
리지 않도록 조심해야 한다. 청산하고 나흘이 지나자 금값은 고점에 도
달했다가 다시 진입 수준으로 하락했다. 일봉 차트를 보면 두 이동평균
사이의 가치 구간과 상단 채널선 부근의 고평가 영역 사이에서 두 번의
가격 변동이 있었다. 즉, 매매할 기회가 두 번 더 있었다. 나는 가치보다
쌀 때 매수해서 가치보다 높을 때 매도했다. 금 시장이 약세장에서 막 벗
어나기 시작했고 강세 쪽에 돈을 걸 때는 아주 신중해야 한다는 점을 고

려하면 매우 합리적인 매도였다. 미심쩍으면 빠져나와라!

:: 엔빌로프와 채널에서 매도하기

주봉 차트와 일봉 차트에서 이동평균이 약세장의 저점에서 반등하는
수익 목표 역할을 한다는 것을 살펴보았다. 강세가 확고히 자리 잡은 뒤
에는 이런 목표가를 보기 힘들다. 주가가 계속 상승하면 이동평균은 뒤
처진다. 따라서 지속적으로 상승세가 나타나는 기간에는 이동평균으로
효과적인 목표가를 정하기 어렵다.

적절한 목표가를 찾기 전에 주봉 차트의 중요한 패턴부터 살펴보자
(《그림 4.9》). 이 차트에는 기술적 분석에서 가장 강력한 신호 중 하나가 보

그림 4.9 **인포시스**INFY(인도 IT 서비스 회사), **주봉 차트**

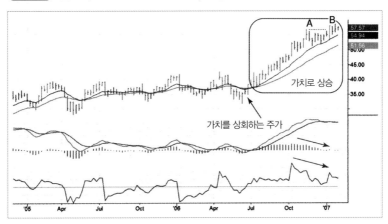

인포시스의 이 주봉 차트를 보면 2006년 가치 수준으로 상승했다. 주봉 이동평균이 목표가 역할을 해도
괜찮았을 것이다. 이후 강력한 상승세가 이어지고 주가는 몇 달 동안 가치를 계속 상회한다. 이런 장세에
서는 이동평균이 목표가가 될 수 없다. 상승세를 보이는 기간에는 청산 목표가를 설정하는 다른 도구를
찾아야 한다.

인다. 바로 주가와 주봉 MACD-히스토그램의 약세 다이버전스^{bearish} divergence(주가는 강세를 보이나 지표는 약세를 보이는 주가와 약세의 괴리 현상-역주)다. 고점 A 직후 MACD-히스토그램은 0 이하로 떨어지는데 나는 이를 '황소 등짝 부러뜨리기'라고 부른다. 주가는 신고점인 B 지점까지 상승했지만 MACD-히스토그램 지표는 더 낮아져서 고점은 거의 유명무실한 존재가 됐다. 이는 강세론자에 대한 요란한 경고였다. 다른 약세 신호들도 합세해 이 신호를 추인했다. 주가가 신고점을 돌파했지만 그걸로 끝. 뒷심이 없었다. 강도 지수는 약세 다이버전스를 보이고 MACD 선은 완전히 누워버렸다.

　일봉 차트인 〈그림 4.10〉을 보면 단기 움직임을 알 수 있다. 이런 상승세에서 주식을 매매하면, 즉 가치에서 매수하고 상단 채널선에서 매도

그림 4.10　**인포시스^{INFY}, 일봉 차트**

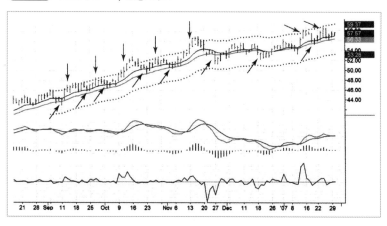

인포시스 주봉 차트에서는 주가가 몇 달째 이동평균을 상회하고 있지만 동일한 기간, 동일한 주식의 일봉 차트는 전혀 다른 양상을 보인다. 주가는 마치 보이지 않는 철로 위를 걷듯 주가 채널 안에서 지속적으로 상승하고 있다. 이런 질서정연한 패턴은 지속적인 상승세에서 전형적인 현상이다. 주가는 가치(이동평균들 사이)와 채널 상단선인 고평가 수준 사이에서 진동하면서 계속 상승한다.
주가가 이런 양상으로 상승하고 있으면 가치 구간인 두 이동평균 사이의 공간은 매수하기에 좋은 곳이다. 상단 채널선은 주가가 과매수된 영역으로 차익실현에 좋은 구간을 보여준다.

를 반복하면 현금 인출기에서 돈을 빼내는 듯한 기분이 든다. 이런 표현을 쓰는 게 꺼려지긴 한데, 왜냐하면 시장은 절대 그렇게 호락호락하지 않기 때문이다. 그러나 주가가 가치 구간 사이를 오르락내리락하는 반복 패턴을 지속적으로 보이면서도 계속 상승하고 고평가 영역 역시 계속 상승하는 일이 없지는 않다. 이런 패턴은 목표가를 설정하기 쉽다. 상단 채널선이 바로 목표가가 된다.

이동평균으로 가치를 판단할 수 있는데 이들 이동평균을 중심으로 채널이나 엔빌로프를 그리면 과매수 영역과 과매도 영역을 판단하는 데 유용하다. 이상적으로는 가치보다 싼값, 즉 이동평균 아래에서 사서 고평가 수준인 상단 채널선 부근에서 매도하는 게 좋다. 채널에서 얼마만큼을 취했느냐로 매매 점수를 매기게 되는데 30% 이상이면 A 등급이다.

매달 여는 온라인 세미나 기간에 제프 파커Jeff Parker라는 트레이더가 셀 제네시스를 살펴보라고 했다(〈그림 4.11〉). 나는 한 달에 한 번 온라인 세

그림 4.11 셀 제네시스CEGE(미국 의약품 제조회사), **압축된 주봉 차트**

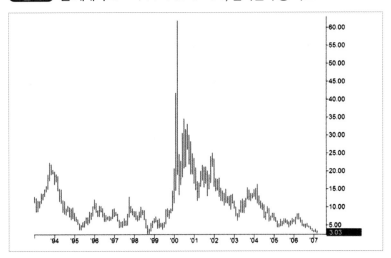

미나를 열고 일주일에 두 번씩 모임을 갖는다. 수십 명의 트레이더가 한데 모여 시장과 구체적인 종목들을 검토한다. 많은 참가자가 자신들이 고른 종목을 나한테 보여주면서 봐달라고 한다. 아주 마음에 드는 종목이 있으면 나는 다음 날 매수하겠다고 선언하는데 셀 제네시스가 바로 그런 경우였다.

셀 제네시스의 주봉 차트를 한 화면에 압축해보자. 행복했던 1990년대의 강세장에서 셀 제네시스 주가는 60달러를 넘어섰다. 그런 다음 붕괴해 몇 번 반등을 시도하지만 차트 오른쪽 끝에서는 3달러까지 폭락했다. 강세장의 고점 대비 95%나 빠진 것이다. 나는 90% 넘게 빠진 주식을 '타락 천사'라고 부르는데 이따금 이런 타락 천사들 중에서 매수 후보를 찾기도 한다. 〈그림 4.12〉, 〈그림 4.13〉은 셀 제네시스 진입을 보여준다.

다음 주 세미나가 열리자 우리는 셀 제네시스를 다시 검토했다. 셀 제

그림 4.12 셀 제네시스^{CEGE}, 주봉 차트

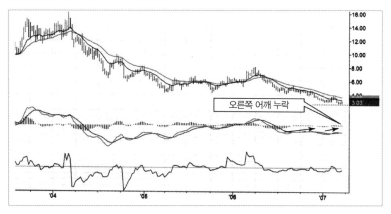

주봉 차트는 거짓 하락 이탈과 MACD-히스토그램의 강세 다이버전스가 함께 나타나는 강력한 조합을 보여준다. 오른쪽 끝에서 임펄스 시스템은 청색으로 변해 매수를 허락한다. 마지막 강세 다이버전스는 지표가 0 선 아래로 하락하지 않음을 의미하는 '오른쪽 어깨 누락' 패턴이었다. 이는 매도세의 기력이 다했음을 보여준다.

그림 4.13 셀 제네시스^{CEGE}, 진입, 일봉 차트

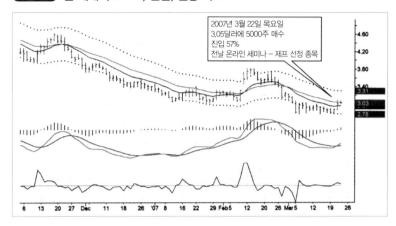

> 2007년 3월 22일 목요일
> 3.05달러에 5000주 매수
> 진입 57%
> 전날 온라인 세미나 – 제프 선정 종목

일봉 차트는 과매도 저점들에서 첫 반등이 벌써 일어났음을 보여준다. 일봉 차트에서 주가는 가치 구간 안에 있었다. 일봉 차트의 상단 채널선은 다음 반등 시 매력적인 목표가를 제시했다. 동시에 주봉 차트의 강세 패턴을 고려할 때 주가가 목표가를 넘어설 가능성도 상당했다.

그림 4.14 셀 제네시스^{CEGE}, 청산, 일봉 차트

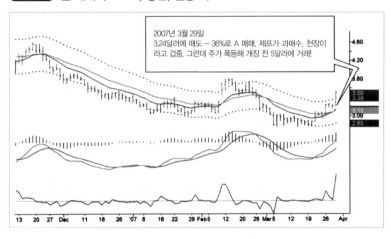

> 2007년 3월 29일
> 3.24달러에 매도 – 36%로 A 매매. 제프가 과매수, 천장이 라고 겁줌. 그런데 주가 폭등해 개장 전 5달러에 거래!

네시스를 고른 제프는 심한 과매수 상태라고 말했다. 주가가 상단 채널 선을 향해 치솟았지만 상단선을 건드리지는 못하고 이틀 동안 정체해 있었다. MACD-히스토그램은 과매수 수준에 도달했다. 당시 롱 포지션을 몇 개 보유하고 있었기 때문에 나는 이튿날 개장하자마자 셀 제네시스를 매도해서 보유 포지션을 일부 정리했다.

나의 청산 점수는 겨우 6%로, 내가 매도한 뒤 갑자기 주가가 폭등했다. 점수는 낙제였지만 매번 높은 점수를 받을 수는 없다. 중요한 건 평균 점수를 50% 이상으로 유지하는 것이다. 아무튼 나의 매매 점수는 A로, 주가 채널의 36%를 취했다.

내가 청산하고 며칠 뒤 제프가 전화를 걸어 너무 빨리 팔았다며 툴툴거렸다(〈그림 4.15〉). 나는 우스갯소리로 제프를 달랬다. 일찍 판 덕분에 고삐 풀린 추세에서 벌어들인 엄청난 돈으로 뭘 해야 할지 골치 썩을 일 없

그림 4.15 셀 제네시스CEGE, 후속, 일봉 차트

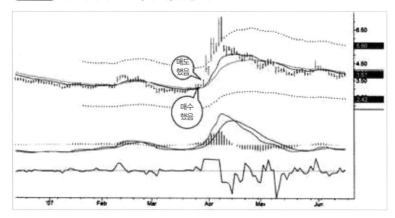

이 매매의 후속 결과는 희극과 고통이 뒤섞인 희비극이었다. 내가 매도한 뒤 주가는 폭등했다. 나는 나보다 하루 이틀 뒤에 매도해서 훨씬 더 큰 수익을 기록한 온라인 세미나 참가자 몇 명이 보낸 이메일을 받았다. 그 뒤에도 주가는 폭등에 폭등을 거듭했다.

으니 좋지 않으냐고 말이다. 아무튼 이 매매는 몇 가지 중요한 교훈을 주었다.

첫째, 이익 목표를 신뢰하고, 너무 일찍 팔지 않는 것이 중요하다. 둘째, 놓친 기회 때문에 자책해봐야 소용없다. 그러면 다음 매매에서 무모한 짓을 저지르기 쉽다. 나는 제프에게 말했다. 그런 대단한 종목을 고른 것만으로도 자기 자신을 대견하게 여기라고. 계속 좋은 종목을 매수하다 보면 대박을 안겨줄 종목들을 발견할 수 있을 것이다.

후속 차트인 〈그림 4.15〉에서 채널이 얼마나 넓어지는지 주목하라. 나는 최근 주가 데이터의 약 95%를 포함하는 채널을 자동으로 그려주는 오토 엔빌로프Autoevelope 프로그램을 사용한다. 주가가 상승하면 오토 엔빌로프도 넓어진다. 이것으로 1가지 사실을 상기할 수 있다. 즉, 매매에서는 결코 고정된 목표가를 정할 수 없다는 것이다. 목표는 언제나 움직인다. 그래서 게임이 어려운 것이다. 〈그림 4.15〉에서 나는 채널 벽 근처에서 차익을 실현했는데 며칠 뒤에 이 '벽'이 움직이는 게 아닌가!

잠시 주가가 폭등했던 셀 제네시스는 이후 다시 일일 가격대가 좁아지면서 제프와 내가 매수했던 바닥 근처로 되돌림해 다시 매력적인 매수 후보가 될 준비를 하고 있다.

💲 욕심 부리면 망한다

사람들은 좋은 게 있으면 더 많이 가지려고 한다. 더 넓은 집, 더 멋진 차, 심지어 배우자도 더 좋은 사람, 심지어 새 사람을 구하기도 한다. 파티에서 어느 부부와 얘기를 나누다가 나는 그만 그 자리에서 얼어붙고 말았다. 남편이 요직으로 승진했다면서 아내가 "알고 지내는 사람들의 격을 높이고 싶다"고 말하는 게 아닌가. 광고업계는 이런 분위기에 한통

속이 되어 더 좋은 물건을 사라고 부추긴다. 많은 이가 사육장에 갇힌 동물이 자기 꼬리를 잡으려고 빙빙 도는 것처럼 평생을 분별없는 경쟁에 눈이 멀어 보낸다. 이 끝없는 경주는 인간성을 메마르게 만든다.

시장의 진흙탕 경주도 마찬가지다. 사람들은 더, 더, 더 많이 거머쥐려고 애쓴다. 수익을 내는 것만으로는 성에 차지 않는다. 바닥에서 매수하거나 고점에서 매도하지 못해 돈을 조금이라도 놓치면 부아가 끓어오른다. 이렇게 속이 쓰리면 다음에는 너무 빨리 매수하거나 너무 늦게 매도하게 된다. 하지만 끊임없이 더 많이 가지려는 사람은 검증된 방식을 따르는 사람보다 대체로 실적이 좋지 않다. 시장이 주려는 것보다 더 많이 가지려는 자는 결국 훨씬 적은 돈만 손에 쥐게 된다.

매매에서, 그리고 인생에서 금과옥조로 받들어야 할 규범은 '이만하면 족하다'는 것이다. 어느 정도면 만족할지 결정하고 거기에 따라 목표를 정해야 한다. 목표를 따르다 보면 자신이 상황을 통제하고 있다는 느낌이 든다. 끊임없이 더 많은 것을 바라면 탐욕과 과시의 노예가 될 뿐이다. 족한 정도를 정해두면 자유를 얻을 수 있다.

오해하지 마시라. 청빈을 맹세하라는 것이 아니다. 나 역시 다른 사람들처럼 비즈니스 클래스, 멋진 집, 출력 빵빵한 차를 좋아한다. 내 말의 요점은 이렇다. 자신이 만족하고 즐거울 수 있는 수준을 정하라는 것이다. 평정심이라고는 없이 늘 부족하다고 생각하고 '더 많은 것'을 쫓는 것보다는 그 편이 훨씬 낫다.

'더 많은 것'이 절로 넝쿨째 굴러온다면? 1개월 동안 시장을 제대로 예측해내 엄청난 수익이 계좌에 쌓인다면? 대박을 치면 누구나 평정심을 잃는다. 더 많이 거머쥐려고 가랑이가 찢어지는 위험을 감수하다가는 대박이 쪽박으로 변하기 쉽다. 침착하게 평정심을 유지하려면 수익을 관리하는 자신만의 계획이 있어야 한다. 개인 배당 부분에서 이 문제를 다시 다루겠다.

늘 더 많은 것을 갈구하는 트레이더는 상단 채널선 부근에서 차익을 실현하는 것이 아주 못마땅할 수도 있다. 어떤 포지션은 목표를 초과해 돌

그림 4.16 밀, 일봉 차트

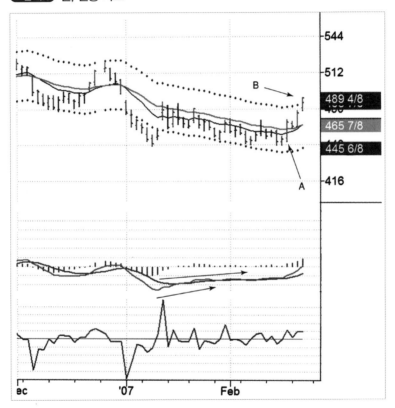

A. 주봉 차트와 일봉 차트의 강세 패턴들 – 매수하라.
B. 포지션의 3분의 1은 수익을 실현하고 나머지는 보유하라.

밀 차트를 보면 다수의 강세 다이버전스에 이어 저점 부근에서 매수했다. 가격 오름세에 가속이 붙어 상단 채널선 위를 뚫었다. 나 역시 당시(주봉 차트에 근거. 주봉 차트는 보이지 않음) 밀 가격 상승을 예측했기 때문에 일부만 수익을 실현했다. 내가 정한 규칙을 어기고 상단 채널선 위에서 매도하지는 않았다.

파하는데 어떤 포지션은 목표에 이르지 못한다.

채널은 절대불변의 수익 목표가 될 수 없다. 시장이 하락하기 시작할 때는 목표를 원래보다 낮추어도 아무 문제가 없다. 두 번의 매매 모두 상단 채널선에 미치지 못했다. 익스트림 네트워크는 살짝 목표가에 미치지 못했고 금은 크게 못 미쳤지만 둘 다 수익은 괜찮았다. 역설적이게도 조금 모자란 것을 수용하면 더 많은 것을 얻게 된다. 〈그림 4.16〉, 〈그림 4.17〉의 예를 보자.

그림 4.17 밀, 후속, 일봉 차트

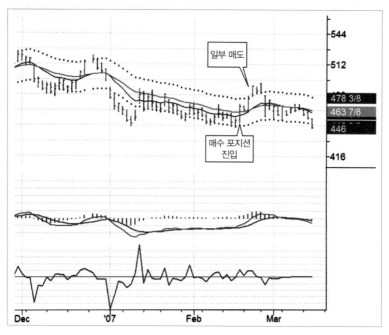

일부 포지션을 청산한 뒤 밀은 이틀 동안 탐욕에 대한 보상을 주었다. 가격은 여전히 상단 채널선 위를 상회했지만 그 뒤 붕괴됐다. 오픈 포지션의 수익이 날아가고 나는 허둥지둥 겨우 빠져나왔다. 내가 만약 욕심 부리지 않고 시장이 주는 것을 감사히 받았다면 이 거래에서 훨씬 큰 수익을 취할 수 있었을 것이다.

주가가 목표가를 넘어서서 계속 폭등하면 탐욕스러운 트레이더들은 짜증을 낸다. 청산해서 큰 수익을 남겼지만 청산한 뒤에도 시장이 계속

그림 4.18 설탕, 일봉 차트

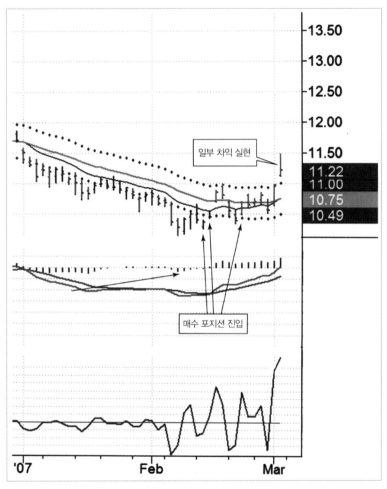

설탕 가격이 급락한 직후 급등했다. 이 차트는 일봉 전체가 상단 채널선 위로 뛰어오른 모습을 보여준다. 이런 엄청난 강세를 보자 나는 롱 포지션의 일부는 차익을 실현하고 나머지 3분의 2 포지션은 그대로 보유했다. 설탕 시장의 강세를 점친 내 예측을 뒷받침하는 설탕 가격의 강세를 보고 흥분해서 상단 채널 위로 뛰어오른 봉이 저점 부근에서 종가를 형성했다는 사실, 즉 약세가 의심되는 신호를 무시했다.

상승하면 머리를 쥐어뜯는다. 왜 내가 나왔을까 자책하면서.

또 다른 예를 살펴보자〈그림 4.18〉, 〈그림 4.19〉). 2007년 1월 나는 주봉 차트(보이지 않음)를 토대로 설탕 가격이 상승할 것으로 예측했다. 2007년 3월 계약에서 롱 포지션을 축적하기 시작해 마침내 수익을 거두었고 5월로 접어들었다.

물론 가격이나 주가가 상단 채널선을 돌파해 지속적으로 상단선을 따

그림 4.19 설탕, 후속, 일봉 차트

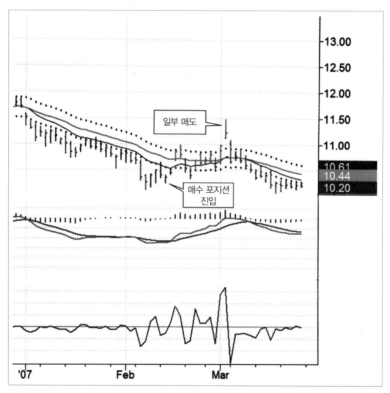

이튿날 설탕 가격은 붕괴했고 나는 허둥지둥 빠져나왔다. 만약 상단 채널선 위로 가격이 상승했을 때 포지션 전부를 매도했다면 이 매매에서 거둔 총수익은 훨씬 컸을 것이다. 일부만 수익을 취하는 바람에 엄청난 기회를 놓쳤다.

라 상승하면서 '선 위를 걷는' 현상은 얼마든지 볼 수 있다. 내가 말하려는 건 그게 아니다. 내 말은 '이만하면 족하다'가 '더 많이'보다 낫다는 것이다. '이만하면 족하다'라고 생각하면 차분하고 침착해진다. 차분한 마음은 장기적으로 더 큰 수익을 가져다준다.

이 문제는 제2장에서 이미 논의한 바 있는 중요한 논지와 연결된다. 바로 '자신을 존중하라'는 것이다. 매매할 때마다 돈을 벌 수는 없다. 어떤 때는 돈을 잃기도 하고, 어떤 때는 조금 전에 살펴본 것처럼 더 큰돈을 벌 기회를 놓치기도 한다. 나는 실수했다는 걸 깨달아도 머리를 치며 자책하지는 않는다. 대신 매매 일지에 항목을 만들고 분석해 실패에서 최대한 배우려고 노력한다. 나 역시 결점 있는 인간이라는 사실을 받아들이고 매매에서 배운 것이 있으면 그것으로 만족하며 생산적인 경험이라고 생각한다.

⑤ 상승세는 비틀거리게 마련이다

엔빌로프에 수익 목표를 설정했는데 상승 여력이 더 클 것 같으면 얼마나 더 오래 보유해도 될까? 내 경험으로 보아 오래 보유하는 건 좋지 않다. 그래도 상승세가 계속 이어져 원래 계획보다 조금 더 오래 보유하고 싶을 때가 종종 있다.

원래 예상했던 목표가보다 주가가 더 상승한다면? 나는 이런 방법이 마음에 든다. 주가가 신고점에 도달하는 데 실패한 첫날을 기다렸다가 그날 종가에 매도하거나 다음 날 개장 직후 매도하는 것이다.

매매에서는 늘 그렇듯이 이 경우에도 벼랑 끝까지 끌고 가진 말아야 한다. 상승세의 고점은 시장에서 가장 비싼 가격인데 이것을 노리다가 얼마나 많이 돈이 허공으로 사라졌는가. '신고점이 없을 때' 매도한다는 규칙의 원리는 단순하다. 아주 강력한 상승세가 더 이상 신고점을 찍지 못한다는 것은 열심히 달려오던 황소들(매수세)이 이제 숨이 차서 더 이상 올라가지 못한다는 것을 의미한다. 하지만 나는 오래전에 고점을 포기했다. 고점은 그만큼 대가도 크다는 것을 명심해야 한다.

〈그림 4.20〉은 10월에 시작된 야후의 상승세를 나타낸 것이다. 처음에는 다른 포지션과 다를 바 없이 움직였다. 가치 영역보다 낮은 수준에 주가가 있다가 상단 채널선까지 상승하고 다시 가치 수준으로 하락했다가 또 다시 상단 채널선까지 상승했다. 두 번째 반등에 이어 주가가 다시 하락하는 일 없이 매수세가 견고하며 매도세에 밀리지도 않았다. 11월 주가가 가치 영역을 건드린 후 상단 채널선까지 폭등했다. 하루 만에 상단 채널선에 이르더니 이튿날에는 더 상승했다. 반등한 지 사흘째 되는 날, 매수세는 자신감을 잃었는지 잠시 숨을 고르는 듯하다. 사흘째는 가격대가 좁고 거래량도 적어 강도 지수가 하락했다. 더 중요한 사실은 이번 상

그림 4.20 야후Yahoo!(미국 인터넷 서비스 업체), **일봉 차트**

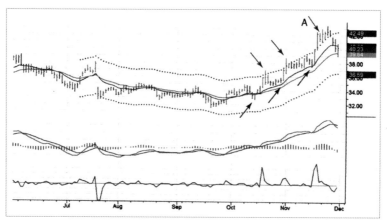

A. 신고점 달성에 실패한 첫 번째 봉.

승에서는 매수세가 주가를 신고점으로 끌어올리는 데 실패했다는 점이다. 이는 매도 신호다.

이후 며칠 동안 주가는 조금 더 상승했지만 큰 폭의 상승은 끝났다. '신고점 없는' 날 이후 사흘째 되는 날 주가는 가치 수준으로 하락하기 시작했다. 조금 일찍 파는 것이 늦게 파는 것보다 낫다. 앞날을 볼 수 있는 점쟁이라면 모를까 보통 사람은 좀 손해 보는 것 같아도 안전한 길을 택해야 한다. 땅을 치고 후회하는 일이 없어야 한다. 명심하라. '이만하면 족하다'는 금쪽 같은 명언이다.

:: 저항대에서 매도하기

주가가 극심한 과매도 수준에서 반등할 때면 이동평균이 목표가를 제공한다. 즉 이동평균을 목표가로 삼을 수 있다. 채널이나 엔빌로프는 단기 트레이더들에게 목표가를 제공한다. 이 도구들은 단기 변동을 포착하는 데 유용하지만 장기 포지션 트레이더들에게 이런 움직임은 보잘것없어 보인다. 세상이 급하게 돌아가고 너나할 것 없이 트레이더가 되었지만 예전에는 이런 장기 포지션 트레이더들을 투자자^{investor}라고 불렀다. 시간 단위를 몇 달 또는 몇 년으로 보는 장기 트레이더들은 더 큰 목표가 필요하다. 사슴 사냥꾼이 토끼 사냥꾼보다 더 큰 총을 쓰는 것이나 마찬가지다.

지지 영역과 저항 영역은 장기 매매를 위한 목표가를 제공한다. 대량 거래가 일어나는 주가 수준의 바로 위아래 영역이 지지 영역과 저항 영역이다.

기술적 분석 도구에 확신을 가지려면 기술적 분석 도구가 어떻게 작동하고 무엇을 측정하는지 이해해야 한다. 지지와 저항에 의존하려면 지지와 저항 이면의 현실을 이해해야 한다.

개별 주가는 매수자와 매도자 사이의 합의를 반영한다. 그러나 주가는 이 두 세력을 둘러싼 군중의 의견 역시 반영하고 있다. 만약 군중이 매수자나 매도자와 의견을 달리 한다면 누군가 끼어들었을 것이고 그 매매는 다른 주가 수준에서 이루어졌을 것이다.

특정 주가 수준에서 거래가 많다는 것은 그 수준이 가치라고 믿는 사람들이 많다는 의미다. 차트의 밀집 구역은 다수의 시장 참여자가 적절한 가치라고 생각하는 수준으로, 다수의 참여자가 그 가격에 기꺼이 매수하거나 매도한다.

어떤 차트를 보더라도 주가가 일직선으로 움직이는 일은 거의 없다. 주가는 마치 흙으로 만든 보에서 찰랑거리는 물처럼 일정한 범위 안에 머무른다. 그러나 일단 보가 무너지면 다음 웅덩이를 만날 때까지 주가는 치솟는다. 그런 뒤 오랜 시간에 걸쳐 웅덩이를 채우고 또 보가 무너지면 주가가 치솟는 과정이 되풀이된다.

각각의 틱tick(주식 매매에 사용되는 가격 표시 단위. 최소한의 가격 변동폭을 가리킨다−역주)이 매수자와 매도자 사이의 거래를 반영한다면 가격대trading range(특정 증권이나 주가 지수가 거래되는 가격의 범위로 최고가와 최저가의 사이−역주)는 수많은 매수자와 매도자 사이에 합의된 대체적인 가치를 반영한다. 주가가 가격대를 넘어서 도약하거나 가격대 아래로 떨어지면 아마추어들은 흥분한다. 이들은 돌파를 기대하고 신고점에서 매수하거나 이탈을 기대하고 신저점에서 매도한다. 반면 프로들은 대부분의 돌파나 이탈이 거짓이며 되돌림으로 이어진다는 사실을 알고 있다. 프로들은 역으로 매매하는 경향이 있어서 밀집 구역의 상단 가장자리에서 매도하고 하단 가장자리에서 매수한다. 아마추어가 이기는 일도 가뭄에 콩 나듯 있긴 하지만, 장기적으로 볼 때는 프로들이 하는 대로 따라서 매매하는 게 이득이다.

이런 주가 변동 때문에 차트 위에 가격대가 형성된다. 가격대란 지지와 저항을 나타내는 분명한 상단과 하단이 있는 수평 영역이다. 가격대는 수많은 매수자와 매도자 들이 거금을 투입하고 심리적으로 집착하는 곳이다. 가격대 내의 일일 평균 거래량을 가격대 내의 거래일수와 곱하고 그 값에 다시 그 기간 동안의 평균 주가를 곱하면 가격대에서 수십억 달러가 오간다는 것을 알 수 있다. 사람들이 돈에 울고 돈에 웃는다는 사실을 눈치 챘는가? 수십억 달러를 퍼부었다. 그런데 이 돈이 위태로워지면 군중이 행동을 취하려고 할까?

지지와 저항은 2가지 강렬한 감정 위에 형성되는데 바로 고통과 후회다. 가격대에서 매수한 사람들은 주가가 하락하면 고통스러워한다. 이들은 주가가 회복되어 '본전을 건지기'만을 학수고대한다. 이들이 고통을 못 이기고 매도하면 주가는 마치 뚜껑이 덮인 듯 더 이상 오르지 못한다. 가격대에서 공매도한 사람들 역시 되돌림을 기다린다. 이들은 더 많이 공매도하지 못한 것을 후회한다. 이들은 주가가 앞서 공매도한 수준으로 돌아오면 또 공매도해서 주가 상승을 억제한다. 고통과 후회는 주가 상승에 찬물을 끼얹어 주가가 가격대로 반등하지 못하게 한다.

대중적인 종목인 IBM과 유로 차트를 보면서 지지와 저항을 살펴보자. 2005년 IBM(〈그림 4.21〉)은 73~78달러 영역까지 하락해 3달 동안 이 범위에 머물다가 다시 상승했다. 이 영역에서 5억 주가 거래되었는데 총 거래액은 370억 달러에 이른다. 이 어마어마한 돈에 얼마나 많은 감정이 얽혀

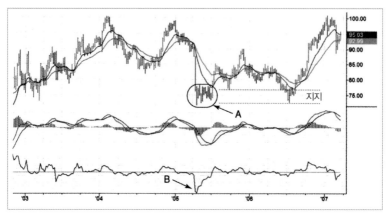

그림 4.21 IBM(미국 컴퓨터 회사), **주봉 차트**

A. 약 75달러에 5억 주가 거래되었다 – 이 가격대에서 약 370억 달러가 오갔다.
B. 강도 지수의 급락이 중요한 시장 바닥을 식별하는 데 도움이 된다는 것에 주목하라. 이 차트에서 급락에 따른 가파른 골짜기가 두 개 더 있는데 찾을 수 있겠는가?

있겠는가! 1년 뒤 IBM의 주가가 다시 이 영역으로 하락하자 더 빨리 승선할 기회를 놓쳐 후회하던 많은 매수자가 몰려왔다. 이들이 공급을 소진시켜 IBM 주가는 상승에 상승을 거듭했다.

주가가 엄청난 상승세를 보일 때는 수익 목표를 어떻게 설정해야 할까? 같은 차트에서 IBM의 주가 추이를 살펴보면 몇 년 동안 주가가 95~100달러 영역에 들어올 때마다 매도세가 몰려 주가를 끌어내렸음을 알 수 있다. 2004년 100달러 근처에서 매수한 가엾은 사람들을 생각해보라. 이들은 약세에서 전전긍긍하며 IBM이 다시 매수가를 회복해 '본전을 건질' 날만 기다렸다.

물론 '본전'이라는 것도 따지고 보면 본전이 아니다. 주식을 사지 않고 가만히 은행에 넣어두었으면 얻었을 이자, 화폐 가치 하락, 기회비용을 생각해보라. 롱(매수) 포지션에 짓눌려 더 좋은 기회에 집중할 수 없었던

심적 부담을 생각해보라. 이들 패배자는 주식이 매수가를 회복하기만 하면 수백만 주를 던지려고 벼르고 있다. 만약 여러분이 영리하게도 75달러 부근에서 매수했다면 상승세가 100달러 수준에서 멈추리라 예측했을까? 천장에 있는 이 저항 영역은 수익 목표로 설정하기에 아주 기분 좋은 수준이었을 것이다.

유로(〈그림 4.22〉)는 2001년 탄생하자마자 폭등해서 3년 사이에 85센트에서 1.36달러까지 치솟았다. 2005년 극심한 약세 다이버전스(차트의 적색 화살표)로 상승세가 꺾이고 가격이 하락했다. 2004년 저점 근처에서 지지선이 형성되어 이 수준까지 하락해 자금력이 약한 보유자들이 시장에서 떨어져 나갔다.

지지와 저항은 유리판으로 만든 게 아니다. 지지와 저항은 철조망 울타리와 비슷해서 매수세와 매도세가 기댈 수 있다. 사실 최상의 매수 신호 중 일부는 매도세가 가격을 지지선 아래로 살짝 끌어내린 뒤에 생성

그림 4.22 유로Euro, 주봉 차트

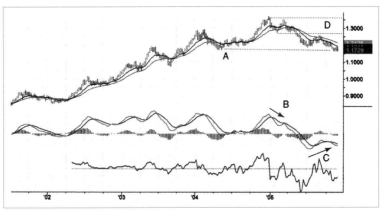

A. 지지   B. 약세 다이버전스   C. 강세 다이버전스   D. 저항 구간

된다. 이렇게 되면 손절가에 걸려서 자금력이 약한 보유자들이 퇴출되는데 그 뒤 매수세가 다시 시장을 장악하고 가격을 끌어올린다.

〈그림 4.22〉 오른쪽 가장자리에서 강세 다이버전스가 나타난다. 마지막 봉은 청색으로 바뀌었다. 임펄스 시스템이 청색으로 변하면 매도세가 빠져나가고 매수세가 유입되고 있다는 신호다.

여기서 롱(매수) 포지션에 진입하면 목표가는 어디일까? 2005년의 천장으로 밀집 구역인 1.3~1.5달러 사이에서 저항을 예측할 수 있다.

통화는 거의 하루 24시간 내내 움직이므로 매매하기가 지극히 어렵기로 악명 높다. 내가 곤히 잠든 사이 지구 반대편에 있는 사람들이 내 호주머니에서 돈을 마구 빼간다. 며칠 또는 몇 주 동안 지속되는 가격 움직임을 포착하려는 스윙 트레이더라면 통화는 멀리하는 게 상책이다. 통화는 데이 트레이더나 장기 포지션 트레이더에게 맡겨라. 이들은 장기 추세로 움직이는 통화의 견고한 경향을 이용해 수익을 얻는다.

그림 4.23 유로^{Euro}, 후속, 주봉 차트

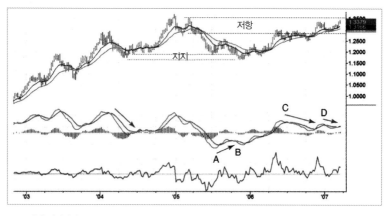

A-B. 강세 다이버전스   C-D. 약세 다이버전스

유로 후속 차트인 〈그림 4.23〉을 보자. 〈그림 4.23〉에는 여러 가지 신호가 보인다. MACD 강세 다이버전스, 거짓 하락 이탈, 주봉 차트에서 청색으로 변하는 임펄스 시스템 등등. 이 신호들은 B 영역에서 서로를 추인하면서 유난히 강력한 매수 신호를 보낸다. 여기서 유로를 매수해 롱 포지션에 진입했다면 수익이 컸을 것이다. 매수 신호로 합리적인 장기 수익 목표를 설정할 수 있었는데, 바로 2005년 천장 가격대 안의 저항 수준이다.

C 지점에서 유로는 저항 수준을 건드리고 주춤거리며 몇 달 동안 횡보를 거듭한다. 동시에 MACD – 히스토그램은 C 지점에서 1년 신고점을 찍어 매수세가 역대 최강이라는 사실을 보여준다. 이처럼 지표 신고점을 동반하는 주가 수준은 또 다시 상승할 가능성이 있다.

바로 2006년 말, 2007년 초가 그랬다. 그런데 이 경우 MACD – 히스토그램은 다른 메시지를 보내고 있었다. MACD – 히스토그램의 약세 다이버전스는 상승 움직임이 끝나가고 있음을 경고했다.

지지와 저항을 살피면 장기 추세에서 목표가격을 적절하게 설정할 수 있다. 장기 목표의 가장 큰 장점은 멀리 있지만 도달 가능한 목표에 집중할 수 있다는 것이다. 이렇게 하면 주가나 지표의 단기 움직임에 휩쓸리지 않고 장기 움직임을 탈 수 있다.

장기 목표가 있으면 좋은 점이 또 있다. 바로 미리 결정해둔 영역에서 매도할 수 있다는 것이다. 시장의 군중도 마찬가지지만 많은 트레이더가 고점 부근에서 매수한다. 목표가는 목표에 도달했을 때를 알려준다. 목표가를 정해두면 언제 수익을 취하고 집으로 가서 느긋하게 휴가를 즐기고 다음 매매를 준비해야 할지 알 수 있다.

심리적 측면에서 보면 단기 스윙매매보다는 장기 추세매매가 훨씬 더 어렵다. 단기 매매한다면 매일 시장을 살피고 스톱(손절가)과 수익 목표가를 조정하고 포지션을 축적하고 일부 포지션의 수익을 취하거나 모두 청산하면서 부지런히 움직여야 한다. 이런 매매 형태는 자신이 상황을 전부 주도하고 있는 기분이 들므로 많은 사람이 만족스러움을 느낀다. 하지만 장기 매매는 심리가 다르다. 몇 주, 심지어 몇 달 동안 손 놓고 있기 일쑤다. 단기 고점과 바닥이 뻔히 보이는데도 장기 목표에 도달하기 전에는 아무것도 하지 않고 참아야 한다. 이래서 주가 목표를 정하는 게 중요하다. 주가 목표가 있으면 참기 쉽다.

지지와 저항에 근거해 수익 목표를 설정하는 것에 대한 논의를 마무리하면서 내 매매 일지에서 한 건의 매매를 더 살펴보려고 한다〈그림 4.24〉. 이 매매는 심리적인 문제뿐만 아니라 기법에 대해서도 시사하는 바가 크다. 이 매매를 보면 단기 매매보다 장기 포지션을 보유하는 일이 훨씬 힘

그림 4.24 **스트레이츠 트레이딩**STTSY(싱가포르 기초금속 생산회사), **월봉 차트**

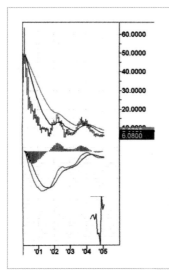

2004년 월례 온라인 세미나 도중 스트레이츠 트레이딩이 눈에 띄었다. 원래 종목 코드는 STTS였는데 STTSY로 변경되었다. 캘리포니아 주 출신으로 직장을 그만두고 전업 트레이더가 된 재키 패터슨은 아주 활발히 세미나에 참여한다. 재키는 종목을 고르는 솜씨가 좋았는데 그가 고른 종목 중에서 스트레이츠 트레이딩이 가장 흥미진진했다.
스트레이츠 트레이딩은 컴퓨터 칩 테스팅 기업으로 행복했던 시절인 1990년대 강세장에서 60달러에 거래된, '타락 천사들' 중 하나였다. 물론 주가가 하락을 멈춘 뒤 매수할 생각이었다. 저렴할 때 매수하는 것은 괜찮지만 내리막길에 있을 때 매수하는 것은 금물이다. 주봉 차트를 보니 썩 구미가 당겼다. 60달러를 넘던 주가는 6달러 아래로 하락했다가 17달러로 반등했다. 또 다시 5달러 아래로 하락한 뒤 반등해 16달러 부근까지 상승했다. 이런 움직임은 비록 가치의 90%가 날아갔지만 결코 죽지는 않겠다는 의지를 분명히 보여준다. 약세장에서 살아남은 주식은 다음 강세장을 위한 최고의 매수 후보가 된다.

들다는 사실을 알 수 있다. 또한 단순한 수익 목표 설정을 넘어서 매매 관리와 관련된 몇 가지 중요한 문제들을 살펴볼 수 있다.

주봉 차트(〈그림 4.25〉)의 오른쪽 가장자리를 확대해보면 더더욱 흥미롭다. 스트레이츠 트레이딩의 주가는 지난 6개월 동안 5.50달러, 5.40달러, 5.37달러에 세 번 저점을 형성했다. 이 패턴은 지지세가 견고하다는 의미다. 주가가 저점보다 조금 더 내려가더라도 하락세에 가속이 붙지 않고 오히려 되돌림해서 다시 올라온다. 일순간의 눈속임은 주식 보유자들을 겁먹게 만들어서 주식을 팔도록 만들기 위해 큰손들이 주가를 떨어뜨릴 때 나타난다. 큰손들의 목적은 주가를 떨어뜨려 헐값에 사들이는 것이다.

마지막 하락기에는 매도세가 너무 약해 MACD − 히스토그램이 0 이상을 유지했다. 차트 맨 아래에 있는 강도 지수는 세 번의 급격한 하락을 보

그림 4.25 스트레이츠 트레이딩STTSY, **주봉 차트**

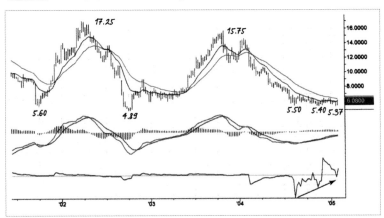

차트 오른쪽 끝에서 스트레이츠 트레이딩은 다시 6달러 밑으로 하락했다. 6달러를 하회하는 주가 수준은 아주 강력한 지지 구간으로 떠올랐다. 차트를 보면 16달러 부근 구간에서 아주 강력한 저항이 뚜렷이 보인다. 스트레이츠 트레이딩은 이 수준까지 상승할 때마다 마치 천장에 부딪힌 듯 다시 바닥으로 굴러 떨어진다.

이는데 하락 폭이 점점 작아져서 매도세가 약해지고 있음을 확인해준다.

차트 오른쪽 끝에서 임펄스 시스템이 청색으로 변하면서 매수를 망설이게 만드는 마지막 요소가 제거된다. 나는 5.99달러에 1만 주를 매수했다. 스트레이츠 트레이딩 주가가 16달러가 될 때까지 보유하려고 계획했는데 2년쯤 걸리리라 예상했다. 나는 이 매매로 10만 달러의 수익을 기대했다.

주가가 예상대로 움직이자 6.13달러에 5000주를 더 매수했는데 몇 주 뒤 재빨리 5000주를 6.75달러에 털어 주당 62센트의 수익을 거두었다. 원래 계획은 장기간 보유하는 것이었지만 이렇게 하면 금방 진입하고 청산하는 것보다 훨씬 스트레스가 심하다.

스트레이츠 트레이딩은 기세 좋게 8.16달러까지 상승한 뒤 매도세 때문에 다시 매수가로 하락했다. 나는 처음에 세운 계획이 옳다고 확신하고 계속 보유했다. 스트레이츠 트레이딩은 다시 반등해 이번에는 8.85달

그림 4.26 스트레이츠 트레이딩^{STTSY}, 주봉 차트

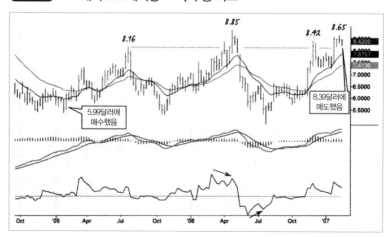

러까지 상승했다. 주봉 강도 지수의 약세 다이버전스를 비롯해 차트에 적색 화살표로 표시한 천장을 알리는 신호가 여러 개 보였다(〈그림 4.26〉). 나는 목표가인 16달러에 집중하면서 이를 악물고 참았다. 이번 하락으로 평가이익paper profit(자산을 계속 보유해 생기는 자산가치의 증가분. 회계장부상으로 만 생기는 이익이므로 미실현이익이라고도 한다-역주) 3만 달러가 삽시간에 증 발했고 스트레이츠 트레이딩이 진입가를 밑돌면서 포지션은 졸지에 마 이너스가 되었다. 나는 '캥거루 꼬리' — 봉 하나가 저점을 향해 하락하는 것 — 같은 미세한 강세 신호들에 주목하면서 원래 계획을 고수했다. 강 도 지수 역시 차트에서 녹색 화살표로 표시된 부분처럼 강세 다이버전스 를 보였다. 스트레이츠 트레이딩은 다시 반등해 이번에는 8.42달러까지 상승했다. 하지만 장기 보유는 점점 재미가 없어졌다.

이 기간 나는 다른 주식들을 여러 차례 스윙 매매했다. 단기 매매가 훨 씬 재미도 있고 수익도 컸다. 나는 장기간 보유하는 법을 익히고 싶었기 에 스트레이츠 트레이딩 외에도 장기 포지션 종목을 몇 개 더 보유하고 있었다. 그런데 스트레이츠 트레이딩 포지션은 점점 골치가 아파졌다. 노동과 인내심에 대한 보상은커녕 8~9달러 영역으로 반등했다가 다시 매수가로 하락하는 일이 거듭되자 짜증이 났다.

스트레이츠 트레이딩을 매수한 지 2년 뒤인 2007년 2월, 주가는 8.65달 러로 상승해 전고점인 8.42달러를 살짝 상회했다. 여기서 상승세는 주춤 했고 주간 가격대는 좁아졌다. 이는 주가 하락에 앞서 종종 나타나는 신 호다. 스트레이츠 트레이딩을 계속 보유하는 게 버겁게 느껴져 8.29달러 에 1만 주 매도 주문을 냈다. 목표 수익은 10만 달러였지만 2만 4000달러 에도 미치지 못하는 수익을 거두었다. 중간에 일부 매매한 것까지 합치면 수익은 2만 7000달러 정도였다. 하지만 오르락내리락하는 주가를 계속 지켜봐야 하는 힘든 일에서 해방돼 홀가분했다. 포지션을 청산하고 난 뒤에도 습관처럼 주가를 주시했는데《그림 4.27》 놀라운 광경을 목격했다.

스트레이츠 트레이딩 주식을 매도해 한숨 돌리고 며칠 지나자 주가가 폭등하기 시작했다. 2주 뒤에는 약 12달러에 거래되었다. 대부분의 지표가 신고점에 도달하면서 엄청난 강세 신호를 보냈다. 지표들은 주가가 잠시 하락하더라도 매수세가 워낙 강하므로 12달러가 최종 고점이 아닐 거라고 예고했다. 주가는 더 오를 듯했고 처음 목표가인 16달러가 곧 현실이 될 듯했다.

내가 다시 매수했을까? 천만의 말씀! 2년 동안의 생고생은 끝났다. 주가가 큰 폭으로 무섭게 상승한 것에 비하면 내가 거둬들인 수익은 보잘것없었다. 조금 더 참고 견뎠더라면 훨씬 더 많은 돈을 벌 수 있었는데 말이다. 그렇다면 이걸 왜 보여주느냐고? 여기서 배울 거리가 있을까? 물론이다. 아주 많다. 순서에 상관없이 열거해보겠다.

그림 4.27 스트레이츠 트레이딩STTSY 후속, 주봉 차트

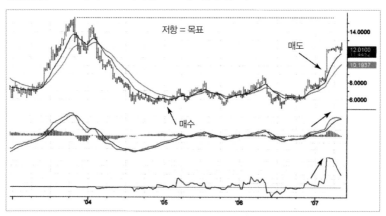

1. 우선 진입은 탁월했다. 중요한 바닥을 제대로 포착했고 제때 실행에 옮겼다. 둘째, 수익 목표도 적절했다. 비록 분석한 결과를 바탕으로 충분한 수익을 끌어낼 만큼 오래 보유하지는 못했지만 말이다.

2. 이번 매매로 내게는 기질상 단기 매매가 적합하다는 사실을 확인할 수 있었다. 장기 보유를 익히기로 결심했다면 장기 포지션에 단기 매매 요소들을 추가해 적용해야 한다. 앞으로 장기 매매를 하게 되면 처음부터 끝까지 보유할 핵심 포지션core position을 구축해야겠다고 다짐했다. 핵심 포지션은 규모가 작아서 스트레스가 적을 것이다. 또한 장기 매매와 동일한 방향으로(롱이면 롱, 숏이면 숏) 더 큰 규모로 단기 매매 포지션을 구축할 것이다. 〈그림 4.26〉을 다시 보면 상승기에 추가 매수해서 상단 점선에서 형성된 천장에서 매도하고 주가가 하단 점선 근처인 원래 매수가 영역으로 하락할 때마다 다시 매수해야 했다.

3. 이 매매로 나 자신을 존중하는 것이 중요하다는 걸 새삼 깨달았다. 심리는 중요한 매매 도구다. 실수했다고 너무 빨리 빠져나온다든지 자책하는 건 컴퓨터를 손바닥으로 때리는 꼴이나 마찬가지다. 컴퓨터를 매질한다고 해서 성능이 좋아지지는 않는다. 내 목표는 실수를 벌하는 게 아니라 실수를 통해 배우는 것이다.

4. 마지막으로 가장 중요한 교훈이다. 바로 전문가들도 실수한다는 것이다. 나 역시 지금도 실수를 저지른다. 중요한 건 매매 일지를 쓰지 않거나 자금 관리 규칙을 어기는 것 같은 나쁜 실수를 피하는 것이

다. 이런 실수만 피한다면 작은 실수들에 집중할 수 있다.

포지션에 진입할 때마다 2가지 목표를 정해야 한다. 바로 돈을 버는 것과 더 훌륭한 트레이더가 되는 것이다. 첫 번째 목표는 실패하더라도 두 번째 목표는 꼭 이루어야 한다. 매매에서 무언가 배우지 못한다면 돈도 잃고 시간도 낭비하는 셈이다. 이번 매매에서 나는 스프레드시트와 매매 일지에 꾸준히 메모했다. 이렇게 하면 경험에서 교훈을 끌어낼 수 있다. 방대하고 풍성한 매매 교훈에 비하면 현금으로 얻는 수익은 그저 미미할 뿐이다.

지금도 나는 장기 포지션을 몇 개 보유하고 있다. 내가 볼 때 7달러에서 20달러 이상까지 상승할 수 있는 미국 산업주가 있다. 1달러를 살짝 상회하는 수준에 거래되는 나스닥 종목은 더 흥미진진하다. 1990년대에는 약 100달러에 거래되던 종목으로, 이 타락 천사는 99% 넘게 주가가 빠졌다. 나는 1달러 이하의 주식을 대량 보유하고 있는데, 2년 뒤면 주가가 20달러까지 상승하리라 기대하고 그때까지 보유할 참이다. 두 종목 모두 절대 건드리지 않을 핵심 포지션으로 두고 있고, 계속 추세 방향대로 활발히 매매할 단기 포지션을 그보다 더 큰 규모로 보유하고 있다. 스트레이츠 트레이딩 거래에서 얻은 교훈은 지금도 도움이 되고 있다.

제05장

스톱(손절가)에 매도하기

주식을 매수하는 것을 결혼에 비유하면 손절가를 정하는 것은 혼전 계약서에 서명하는 것과 같다. 행복한 관계가 좌초할 경우 혼전 계약서가 고통을 없애주지는 않지만 골치 아픈 다툼과 이별 비용을 줄일 수는 있다. 행복한 매수자였는데 사랑하는 주식이 슬그머니 빠져나가 매도자와 동침한다면? 이별은 다 고통스럽다. 서로 다정하게 손을 잡고 있을 때 누가 얼마를 가질지 미리 결정해놓는 게 상책이다.

손절가는 현실을 살피고 깨닫게 해준다. 누구나 자신이 매수한 주식을 사랑하고 기대도 클 것이다. 그런데 만약 일이 어긋난다면? 이전에 산 주식들은 모두 결과가 좋았는가? 아니면 한두 종목은 그렇지 못했는가? 한

두 종목 이상인가? 많은가? 그렇다면 손절가가 필요하다는 생각이 들지 않는가? 차트를 살피고 포지션이 뜻한 대로 움직이지 않으면 어디에서 빠져나올지 결정해둬야 한다.

수익이 나는 포지션이라도 보호 스톱을 설정해 두어야 한다. 그래야 주식이 반대로 움직일 때 매도할 수 있다. 일부 트레이더는 빠르게 움직이는 주가를 뒤쫓는 추격 스톱trailing stop(주가가 상승하면 스톱을 높이거나(매도) 주가가 하락하면 스톱을 낮추는(매수) 방식-역주)을 사용해 고삐 풀린 추세를 타기도 한다.

일단 포지션에 진입하면 치명적인 '소유 효과ownership effect(직접 소유함으로써 생기는 심리적 애착과 만족감-역주)'가 발동되어 언제 매도할지 결정하기가 더 어렵다. 언제 매도할지는 진입하기 전에 결정하는 게 최선이다.

옷장에 걸려 있는 유행 지난 낡은 재킷을 생각해보라. 도저히 버릴 수 없다. 내 거니까. 오랫동안 갖고 있었으니까. 낡은 재킷은 옷장을 차지하는 것 말고는 손해를 끼치지 않는다. (물론 마음의 공간을 차지할 수도 있다. 쓸모없는 물건을 갖고 있으면 조그만 죽은 공간이 생기고 이런 공간이 많아지다 보면 전체적으로 볼 때 죽은 공간은 꽤 넓어진다) 아무튼 옷장에 걸어놓는다고 해서 임대료를 내야 하는 것은 아니다. 반면 계좌의 죽은 매매는 아주 돈이 많이 들고 엄청난 손실을 끼치기도 한다.

단 하나의 포지션만 잘못되어도 계좌에는 큰 구멍이 생긴다. 이런 포지션이 많으면 계좌는 바닥나버리고 만다.

부작용은 또 있다. 스톱을 쓰지 않고 잘못된 포지션을 계속 보유하고 있으면 제대로 된 매매를 하기 힘들어진다. 치통이 있으면 계획을 세우기 어렵듯, 손실이 나는 포지션이 있으면 여기 신경이 쓰여서 딴 일을 할 수 없다. 괜찮은 매매 기회를 파악하기 어렵다. 진입 방향과 반대로 움직이는 포지션이 있으면 온통 거기에 신경이 가서 새로운 매매 기회를 찾을 수 없다. 손실이 나는 포지션을 그대로 두면 돈 잃고 속 버리고 다른 기회도 놓치기 쉽다.

스톱이 없는 매매 시스템은 시스템이라고 할 수 없다. 한마디로 말이 안 된다. 이런 시스템으로 매매하는 것은 안전띠 없이 자동차 경주에 나서는 것이나 다름없다. 몇 번 우승할 수는 있지만 사고가 한 번 나면 바로 죽을 수도 있다.

스톱은 현실과 연결된 끈이다. 수익을 거머쥐는 달콤한 꿈에 빠진 사람들에게 스톱은 하락할 가능성을 살피도록 만든다. 스톱이 있으면 꼭 필요한 질문을 하게 된다. 리스크를 감수할 만한 잠재 수익인가?

모든 매매는 자산을 보호하는 스톱을 설정해야 한다. 단순한 규칙을 따르라. "스톱을 어디에 설정할지 정확하게 알기 전에는 진입하지 않는다." 포지션에 진입하기 전에 결정해야 한다. 스톱과 더불어 위험보상비율을 측정하는 수익 목표도 정해야 한다. 목표가 없는 매매는 도박판의 칩이나 다름없다.

20년 전 내 친구 하나가 힘든 일을 겪고는 브로커로 일하기 시작했다. 나는 친구에게 계좌 하나를 맡겼는데 내가 주문할 때마다 스톱을 말하지 않으면 전화를 끊지 않았다. 그는 펀드 매니저로 크게 성공했는데 그렇게 훈련된 절제력을 지닌 브로커는 만나본 적이 없다.

그렇다면 스톱을 옮기는 건 어떨까? 시장도 변하고 주가도 변하고 주식에 대한 전망도 역시 변한다. 당초 예상한 것보다 더 상승하리라고 예측하게 될 수도 있고 더 하락하리라고 예측하게 될 수도 있다. 아니면 전망이 더 불확실해질 수도 있다. 위험보상 전망이 변하면 스톱을 옮겨야한다. 어떻게 옮길 것인가? 모든 것이 허용된 시장, 그 무엇보다 돈을 잃는 자유가 허용된 시장에서 어떤 규칙을 정해 스톱을 옮길 것인가?

스톱을 옮길 때 절대적으로 중요한 규칙은 오로지 진입한 방향으로만 움직여야 한다는 것이다. 롱 포지션에 진입하면서 시가보다 낮은 지점에 스톱을 설정했다면 스톱을 상향 조정하는 것은 가능하지만 절대로 하향 조정해서는 안 된다. 숏 포지션에 진입하고 시가보다 높은 지점에 스톱을 설정했다면 스톱을 하향 조정하는 것은 가능하지만 절대로 상향 조정해서는 안 된다. 스톱은 일방통행이다. 스톱을 좁힐 수는 있지만 절대 넓히면 안 된다.

상승할 것으로 예측하고 주식을 매수했다고 하자. 하락을 예측했다면 주식을 매수하지 않았을 것이다. 주가가 하락한다면 판단이 잘못되었다는 것이다. 실수를 만회하려고 스톱을 더 벌리는 건 이중으로 실수하는 꼴이다.

지금까지 논의한 내용을 요약해보자.

- 스톱을 설정해야 한다. 스톱이 없는 매매는 도박이나 다름없다.
- 진입하기 전에 스톱을 어디에 설정할지 결정해야 한다(위험보상비율이 나쁘면 그 매매는 결행하면 안 된다).
- 스톱을 바꿀 때는 반드시 진입 포지션과 같은 방향으로 움직여야 한다.
- 누구나 하드 스톱을 사용해야 한다. 전문가인 재량 트레이더에게만 소프트 스톱이 허용된다. 이에 대해서는 뒤에서 다시 논의하겠다.

여기에 조금이라도 미심쩍은 점이 있으면 이 장을 다시 한 번 읽어보라. 동의한다면 이제 스톱 설정하는 법으로 넘어가겠다.

스톱에 관해 언급할 중요한 팁이 하나 있다. 스톱을 건드린 뒤 시장에 재진입해도 아무 문제가 없다는 것이다. 초보들은 대개 어떤 종목을 한 번 건드려보고 뜨거운 맛을 보면 다시는 돌아보지 않는다. 반면 프로들은 하나의 종목을 여러 번 매수하거나 공매도한다. 마치 미끌미끌한 물고기를 잡으려고 여러 번 시도한 끝에 마침내 손에 잡듯 말이다.

:: 철의 삼각지

스톱을 활용하는 주된 목적은 주가가 뜻한 바와 반대 방향으로 움직일 때 손실을 미리 결정한 양만큼 제한하려는 것이다. 두 번째 목적은 평가 이익을 보호하려는 것이다. 손실을 통제하는 것이 스톱의 핵심 목적이므로 스톱을 설정하는 것은 자금 관리와 불가분의 관계에 있다.

리스크 관리 과정은 대개 다음의 세 단계로 이루어진다.

1. 차트 분석을 토대로 스톱을 설정한다. 그런 다음 계획한 진입가와 스톱 수준의 거리를 측정해 주당 리스크를 계산한다.
2. 자금 관리 규칙을 활용해 1회 매매에 허용 가능한 최대한의 리스크를 계산해 리스크의 규모를 결정한다.
3. 2번의 금액을 1번의 금액으로 나누어 몇 주나 매매할 수 있는지 판단한다.

나는 이를 리스크 통제의 철의 삼각지라 부른다. 첫째 면은 주당 리스크, 둘째 면은 매매당 총 허용 리스크, 셋째 면은 둘째 면에서 나온 것으로 최대 매매 규모다. 매매 규모는 문제가 되지 않는다. 문제는 리스크다.

트레이더는 IBM, 이베이, 대두를 실제로 거래하지는 않는다. 트레이더는 돈과 리스크를 거래한다. 따라서 리스크를 토대로 포지션 규모를 정해야 한다.

20달러짜리 주식을 1000주 매수하고 17달러에 스톱을 설정한 경우와 40달러짜리 주식을 2000주 매수하고 39달러에 스톱을 설정한 경우를 비교해보자. 규모와 비용은 두 번째 포지션이 더 크지만 리스크는 두 번째 포지션이 더 적다.

위에 간략히 설명한 세 단계를 다시 한 번 살펴보고 실제 매매 사례를 보자.

1. 주당 리스크를 계산하라.

18달러에 거래되는 주식을 매수하기로 결정했다고 가정하자. 차트를 분석해보니 주가가 17달러 아래로 하락하면 강세 시나리오는 끝날 것으로 판단된다. 16.89달러에 스톱을 설정하기로 했다. 그렇다면 주당 리스크는 1.11달러다. 슬리피지slippage(주문을 넣은 가격보다 더 불리한 가격에 매매가 체결되어 발생하는 비용. 가격 급등 같은 호가 갭이 생길 경우 주로 발생한다—역주)가 발생하면 리스크는 더 커지지만 1.11달러면 합리적인 수준이라고 할 수 있다.

2. 매매당 달러 리스크를 계산하라.

매매 계좌에 5만 달러가 있고, 앞서 설명한 대로 2% 자금 관리 규칙을 따른다고 가정하자. 그렇다면 매매당 최대 리스크는 1000달러다. 계좌

금액에 비해 꽤 큰 리스크다. 이 경우 많은 사람이 리스크를 1% 이하로 제한할 것이다.

3. 매매당 리스크를 주당 리스크로 나누어라.

이렇게 하면 매매할 수 있는 최대 주식 수를 구할 수 있다. 매매당 허용되는 최대 리스크가 1000달러고 주당 리스크는 1.11달러라면 매매 가능한 최대 주식 수는 900주 이하다. 매매당 허용되는 최대 리스크 1000달러에는 수수료와 슬리피지도 포함된다는 사실을 명심하라. 매매당 허용되는 최대 리스크를 모두 감수해야 한다는 법은 어디에도 없다. 리스크한도를 넘어서서 매매하는 것은 금지되지만 한도 이하로 매매하는 건 얼마든지 가능하다.

18달러에 거래되는 주식이 크게 오를 것으로 예상한다면 어떨까? 아마 여유를 좀 둬서 15.89달러에 스톱을 설정하고 싶을 것이다. 이 경우 주당 리스크는 2.11달러가 된다. 매매에 허용되는 최대 리스크는 동일하므로 매수 가능한 최대 주식 수는 470주로 줄어든다.

컴퓨터 앞에 앉아서 매의 눈으로 이 주식을 감시하고 있다면 17.54달러에 스톱을 설정할 것이다. 주당 리스크는 불과 46센트다. 허용되는 최대 리스크는 여전히 1000달러이므로 이때는 2170주를 매매할 수 있다.

스톱을 설정하는 것은 수익 목표와 밀접한 관련이 있다. 거두기 원하는 잠재 수익을 감안해 감수할 수 있는 리스크의 크기를 결정해야 한다. 대체로 나는 위험보상비율이 3:1 이상인 종목에 끌린다. 위험보상비율이 2:1 이하면 진입하기가 꺼려진다.

스톱을 활용하는 것은 트레이딩에 있어 필수적인 요소다. 다양한 스톱의 종류를 논의하기 전에 2가지 중에 하나를 선택해야 하는데 이 선택은 아주 중요하다. 스톱으로 시장가주문을 사용할지 지정가주문을 사용할지 선택해야 한다. 또한 소프트 스톱과 하드 스톱 중 어느 것을 선택할지도 살펴보아야 한다.

:: 시장가주문 또는 지정가주문

모든 주문은 크게 둘로 나눌 수 있는데, 바로 시장가주문^{market order}(가장 유리한 시가에 매매가 체결되도록 요청하는 제도-역주)과 지정가주문^{limit order}(특정 가격 이상일 때만 매도, 또는 특정 가격 이하일 때만 매수할 것을 요구하는 주문-역주)이다. 시장가주문은 브로커가 최고가라고 생각하는 주가에 체결되는 주문으로 실제로는 어떤 가격이든 상관없고 종종 최악의 가격에 체결되기도 한다. 시장가주문의 대안은 지정가주문이다. 지정가주문은 특정 가격에 체결을 요구하는 것으로 특정 가격이 아니면 결코 체결되지 않는다. 지정가주문을 쓰면 슬리피지를 피할 수 있다.

시장가주문은 체결이 보장되지만 가격은 보장되지 않는다. 지정가주문은 가격이 보장되지만 체결은 보장되지 않는다. 하나의 매매에서 2가지를 동시에 다 가질 수는 없기 때문에 둘 중 하나를 선택해야 한다. 자신에게 더 중요한 것이 무엇인지 결정해야 한다. 체결인가 아니면 슬리피지를 피하는 것인가? 상황에 따라 이 결정은 달라질 수도 있다.

19달러짜리 주식을 1000주 매수했는데 주가가 17.80달러까지 떨어지면 상승세가 끝날 것으로 판단했다고 가정해보자. 브로커에게 전화하거나 웹사이트에 접속해 17.80달러에 1000주를 매도하는 역지정가주문^{stop}

order(매매 상한 또는 하한을 정해 주문하는 방법. 매수일 경우 상한가를 정해 일정 가격 이하로 매수하고 매도일 경우 하한가를 정해 일정 가격 이상으로만 매도하도록 주문한다-역주)을 내되 취소될 때까지 유효한 주문을 낸다. 대체로 역지정가 주문은 MIT 주문MIT order, market if touched order(시장가주문과 지정가주문이 혼합된 방식으로 처음 매매에는 지정가주문을 적용하고 그 이후부터는 시장가주문으로 전환하는 방식-역주)으로 시가보다 낮은 가격에 주문을 낸다. 스톱을 17.80달러에 설정하면 주식이 17.80달러에 거래되는 순간 1000주를 매도하는 시장가주문이 된다. 이제 포지션을 보호하기 위한 안전망이 완성된 것이다.

시장가주문은 종잡을 수 없다. 조용한 시장에서는 17.80달러에 주문이 체결될 수 있다. 가끔 운이 좋으면 17.80달러를 건드린 뒤 주가가 뛰어 17.81달러나 17.82달러에 체결될 수도 있다. 그러나 그럴 확률은 많지 않다. 실제로는 대부분 그 반대 양상이 벌어진다. 주가 급락기에는 주가가 17.80달러에 머무르지 않는다. 17.80달러에 MIT 스톱을 설정해두어도 주문이 체결될 시점에는 주가가 17.75달러가 되는 일이 비일비재하다. 이 슬리피지만으로 1000주에 50달러 손해를 보게 된다. 이는 수수료의 몇 배에 이르는 비용이다.

오직 조용한 시장에서만 주가가 고르게 움직인다. 그러다 갑자기 장이 요동치면 주가는 몇 단계 수준을 건너뛰면서 널뛰기한다. 17.80달러에 MIT 주문을 하더라도 그 가격에 체결된다는 보장이 없다. 주가가 급락할 때는 슬리피지를 감당해야 할 수밖에 없다. 악재가 생기면 16달러 이하로 급락하는 경우도 있다.

스톱이 수익을 보호하거나 손실을 줄이는 만병통치약은 아니지만 그래도 지금으로서는 최선의 방책이다.

슬리피지에 질린 일부 트레이더는 지정가주문으로 전환한다. 나는 진입할 때와 목표가에 차익을 실현할 때 거의 언제나 지정가주문을 사용한다. 지정가주문은 사실 이렇게 선언하는 것이다. "나는 내 길을 가련다. 절이 싫으면 중이 떠나는 거지." 나는 내게 적합한 수준에서만 거래하고 진입이든 차익 실현이든 슬리피지를 용납하지 않는다. 지정가주문 때문에 진입할 기회를 놓쳐도 불만이 없다. 앞으로 매매할 기회는 얼마든지 있으니까. 지정가주문을 활용해 진입하려고 했는데 실패하더라도 잃을 건 없다.

보호 스톱을 설정하면 사정은 완전히 달라진다. 청산할 기회를 놓치면 주가가 폭락할 때 속수무책이 된다. 몇 푼 아끼려고 지정가주문을 이리저리 바꾸려고 하다가는 큰 손실을 볼 수도 있다. 문제가 생기면 실랑이는 관두고 바로 도망쳐야 한다. 나는 진입과 차익 실현에는 지정가주문을 사용하지만 스톱을 쓸 때는 MIT 주문으로 바꾼다.

:: 하드 스톱과 소프트 스톱

하드 스톱hard stop이란 시장에 내는 주문이다. 소프트 스톱soft stop은 마음속에 숫자를 정해두고 시장이 그 수준에 도달하면 행동에 옮기는 것이다. 여기서 소프트 스톱을 논하고 싶지는 않다. 소프트 스톱은 프로 트레이더나 준 프로 트레이더들에게 적합한 주제로 초보들이 오해하고 남용할까 봐 두렵다. 초보들에게 소프트 스톱은 스톱이라고 할 수 없기 때문이다.

어떤 TV 광고가 생각난다. 무알콜 음료 광고인데 오토바이를 타고 가파른 경사를 오르내리는 광경을 보여준다. 광고 하단에는 대문짝만 한 흰색 자막으로 경고가 나간다. "재주를 부리는 사람들은 훈련된 프로들입니다. 집에 있는 어린이들은 절대 따라하지 마세요!" 소프트 스톱 역시 마찬가지다.

소프트 스톱이 위험하면 아예 빼지 그랬느냐고? 하드 스톱이 너무 경직되었다고 느끼며 더 높은 수준의 전문성을 획득하려는 사람들에게도 이 책이 도움이 되길 바라서였다. 독자 여러분이 현명하게 판단하리라 믿고 선택을 맡긴다.

다시 한 번 말하지만, 하드 스톱은 누구나 써도 된다. 하지만 소프트 스톱은 프로 트레이더나 준 프로에게만 허용된다는 것을 명심하기 바란다.

어떤 방식을 써서 스톱을 설정하든 결국 숫자를 결정하는 문제로 귀결된다. 다음 거래일에 스톱을 어느 수준에 정할 것인가? 이 숫자를 하드 스톱으로 할 것인가, 소프트 스톱으로 할 것인가?

하드 스톱은 시장에 구체적인 주문을 내는 것으로 실제로는 브로커에게 주문을 내게 된다. 하드 스톱의 큰 장점은 시장에서 눈을 떼도 된다는 것이다. 개장 시간 내내 컴퓨터 앞에 계속 앉아 있을 수 없거나 그때그때 결단 내리는 게 싫은 사람에게는 완벽한 대책이다. 초보들은 전문지식도 부족하고 그때그때 결정을 내릴 만한 절제력도 없으므로 반드시 하드 스톱을 설정해야 한다.

시스템을 이용하는 프로 트레이더들은 하드 스톱을 사용하지만 프로 재량 트레이더는 하드 스톱 또는 소프트 스톱을 사용한다. 프로 트레이더는 스스로 연구하고 스톱을 결정하고 기록 시스템에 기입한다. 이들은 굳이 브로커에게 주문하지 않는다. 지켜보고 있다가 주가가 자신이 정한 수준 부근에 근접하면 빠져나오거나 스스로 판단해 조금 여유를 주기도 한다.

소프트 스톱을 사용하려면 강철 같은 자제력과 예리함이 있거나 하루 종일 컴퓨터 앞에 앉아 자리를 지킬 수 있어야 한다. 하루 종일 컴퓨터 앞에 있다가 시장이 스톱 수준을 건드릴 때 즉시 거래를 실행할 수 없다면 소프트 스톱은 꿈도 꾸지 말아야 한다. 철두철미한 규율과 훈련 역시 필수다. 두려움에 사로잡힌 채 시장이 자신의 예상과 반대로 움직이면 혹시나 하는 기대를 하면서 다시 시장이 회복하기만을 바라는, 즉 요행만을 바라는 초보라면 절대로 소프트 스톱을 쓰면 안 된다.

소프트 스톱은 하드 스톱에 비해 융통성이 크기 때문에 장점이 많다. 시장이 스톱을 향해 하락하기 시작하면 조금 더 일찍 빠져나와도 된다. 이 경우 손실을 더 빨리 끊어버리고 더 많은 돈을 지킬 수 있다. 반면 적은 거래량으로 하락하면 거짓 움직임을 알아채고 주식을 좀 더 보유해 회복할 기회를 잡을 수도 있다. 노련한 프로들은 소프트 스톱의 이런 융통성으로 혜택을 누릴 수 있지만 초보에게 분에 넘치는 자유는 독이 될 뿐이다.

최소한 1년 동안 수익을 내기 전에는 소프트 스톱을 사용할 권한이 없다. 1년 동안 수익을 냈더라도 서두를 필요는 없다. 컴퓨터 앞에 붙어 있기 힘들 때는 계속 하드 스톱을 쓰도록 한다.

스톱 수준을 결정하는 과정은 하드 스톱이나 소프트 스톱이나 모두 동일하므로 이 장에서는 더 이상 둘을 구별하지 않겠다. 스톱을 설정하는 방식, 스톱을 설정하는 지점, 스톱을 설정하는 시기에 대해서만 논하겠다. 전문 지식의 수준에 따라 하드 스톱을 쓸지 소프트 스톱을 쓸지 결정하라.

:: 잘못된 자리

스톱에 관한 최악의 오해는 롱 포지션의 경우, 가장 최근의 저점 바로 아래 설정해야 한다고 믿는 것이다. 이 방법은 단순하고 크게 고민할 필요가 없어서 한때 주식시장을 휩쓸었다. 나 역시 초기에는 이 방법에 낚였고 다른 사람에게도 권했다. 현실의 뜨거운 맛을 보기 전까지는 말이다.

이런 스톱의 문제점은 시장이 이중 바닥을 그릴 때 두 번째 바닥이 첫번째 바닥보다 조금 낮은 경우가 빈번하다는 점이다. 내가 가진 차트 중에서 이런 패턴을 보이는 차트만 해도 책 한 권 분량은 된다. 가장 최근의 저점 바로 아래 수준은 아마추어들이 손절하고 빠지는 지점으로, 프로들

[그림 5.1] 컴퓨웨어CPWR(미국 솔루션 회사), **일봉 차트**

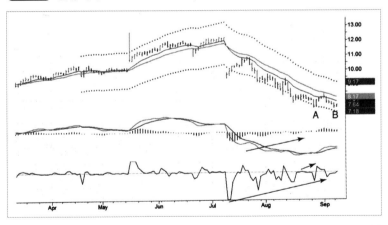

좋은 매매 기회는 서서히 다가오는 경향이 있는데 바로 컴퓨웨어가 그런 경우였다. 7월과 8월에 주가가 미끄러지면서 여러 번 강세 다이버전스를 보이고 마침내 8월 MACD 선들이 강세 다이버전스를 보였다. 8월 A 지점에서 저점인 7.46달러에 도달했다. 매수하고 '마지막 저점보다 1센트 아래' 스톱을 설정한 사람은 9월 주가가 잠시 B 지점인 7.44달러로 하락했을 때 스톱에 걸려 퇴출되었다. 차트 오른쪽 끝에서 드는 의문은 "여기서 매수하면 어디에 스톱을 설정할 것인가?"이다.

은 이 수준에서 매수하는 경향이 있다.

주가가 바닥에 접근할 때마다 나는 저점이 더 낮춰질 수도 있다고 생각하고 긴장한다. 주가가 신저점으로 하락하지만 지표는 신저점보다 위에 있으면 강세 다이버전스로, 주가가 살짝 반등하기를 기다린다. 주가가 첫 번째 바닥 수준 위로 상승하면 매수 신호가 켜진다. 두 번째 바닥이 첫 번째 바닥보다 약간 더 아래 있고 두 번째 바닥에서 강세 다이버전스가 나타나는 이런 현상은 거짓 하향이탈로, 나는 이를 가장 강력하고 신뢰할 만한 매매 신호 중 하나라고 생각한다〈그림 5.1〉, 〈그림 5.2〉).

해마다 수많은 사람이 마지막 바닥보다 조금 아래 스톱을 설정하는데 이런 것을 보면 참 심란하기 그지없다. 스톱에 걸릴 가능성이 가장 높은 바로 그 자리에 왜 스톱을 두는 걸까? 프로들이 매수하는 주가 수준에 왜

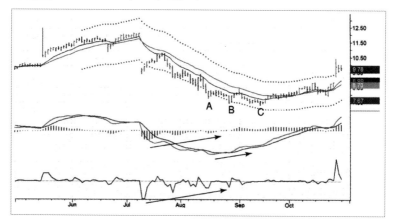

그림 5.2 컴퓨웨어CPWR, 후속, 일봉 차트

시장은 전속력으로 달릴 힘을 축적하는 사이 때때로 종잡을 수 없이 움직이기도 한다. 컴퓨웨어는 잠시 7.32달러(C 지점)까지 하락해 경솔하게도 마지막 저점 바로 아래 스톱을 설정한 이들을 응징했다. 이 지점에서 초보들은 손절매하고 도망갔지만 프로들은 주식 쇼핑에 나섰다.
프로들이 이처럼 아마추어들을 낚는 것은 범죄일까? 아니다. 일부 프로가 준비 없고 공포에 휩싸인 아마추어들과 반대로 매매했을 뿐이다.

굳이 매도하려는 걸까?

군중은 단순함을 갈구한다. 마지막 저점보다 1센트 낮은 곳에 스톱을 설정하는 것은 아주 단순한 일로, 누구나 할 수 있다. 트레이딩을 다루는 수많은 책도 이렇게 하라고 부추긴다.

프로 트레이더들은 대중이 스톱을 마지막 저점보다 1센트 낮은 수준에 설정하는 것을 이용한다. 프로들이 차트 보는 것을 막는 법규는 없다. 프로들은 밀집 구역의 가장자리 바로 아래에 수많은 스톱 뭉치가 있음을 알고 있다.

주가가 주요 저점 수준을 향해 하락할 때 거래량은 줄어드는 경향이 있다. 모든 이의 눈이 이 주식을 주목하지만 행동에 나서는 사람은 많지 않다. 지지세가 주가를 떠받칠지 여부를 지켜보며 기다리기 때문이다. 매도 주문은 적고 매수 주문도 아주 적어서 주가는 하락해 전저점 아래까지 떨어진다. 이 영역에서 많은 프로가 움직인다.

주가가 하락해 어중이떠중이들의 포지션이 스톱에 걸려 청산될 때 프로들은 헐값에 주식을 사 모은다. 시장에 매물이 대량 쏟아지면 하락세에 가속이 붙어 오합지졸들은 서둘러 손절하는데, 그러면 주가는 더 떨어지겠지만 실제 이런 경우는 드물다. 대개 스톱 때문에 매도되는 주식 수는 그다지 많지 않다. 매물이 소진되면 하락세는 멈추고 프로들이 뛰어들어 저점보다 싼 가격에 주식을 마구 먹어치우기 시작한다. 주가는 잠시 급락했지만 다시 가격대로 반등한다. 이 같은 급락 사태는 프로들의 낚시질이 남긴 흔적이다. 프로들은 수많은 아마추어를 겁먹게 만들어 헐값에 매물을 내놓도록 한다. 혹시 이런 일을 당한 적 없는가?

스톱을 어디에 설정해야 할까? 〈그림 5.3〉부터 〈그림 5.6〉까지 다시 보면서 몇 가지 실례를 살펴보기 바란다.

그림 5.3 S&P500, 일봉 차트

2007년 2월 S&P500지수가 잠깐 급락해 채널을 이탈하지만 임펄스 시스템이 파란색으로 변한 것으로 보아 바닥을 찾은 듯하다.

그림 5.4 S&P500, 후속, 일봉 차트

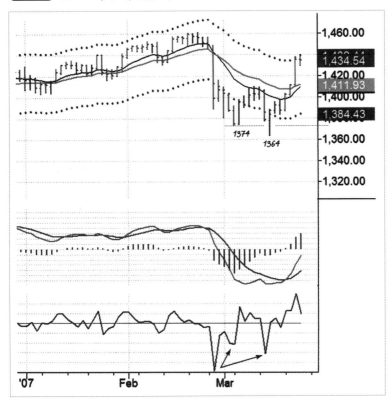

주가는 힘껏 반등해 상단 채널선을 건드렸다. 수많은 초보에게는 안됐지만 주가는 첫 저점 아래로 하락했다가 급등했다. 초보들의 반등 예측은 정확했지만 스톱을 좁게 설정했다면 수익 대신 손실을 보았을 것이다.

마지막 저점보다 1센트 아래 스톱을 설정하면 손실 나는 포지션이 되기 쉽다. 그렇다면 대안은? 몇 가지 해결책을 살펴보자.

그림 5.5 해리스 앤 해리스^{TINY}(미국 벤처캐피털 회사), 일봉 차트

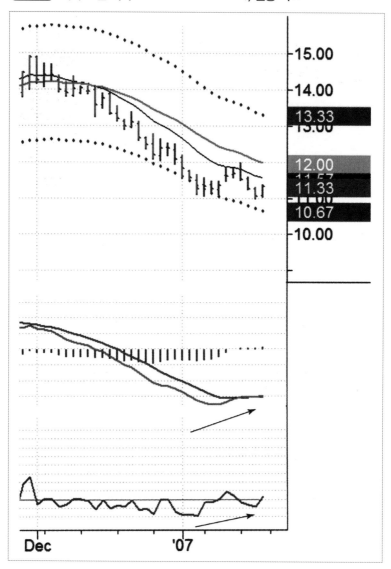

초보는 해리스 앤 해리스의 이중바닥을 보고 이렇게 말한다. "이야, 다이버전스 좀 봐. 매수하고 가장 낮은 저점보다 한 틱 아래 스톱을 설정해야겠어."

그림 5.6 해리스 앤 해리스^{TINY}, 후속, 일봉 차트

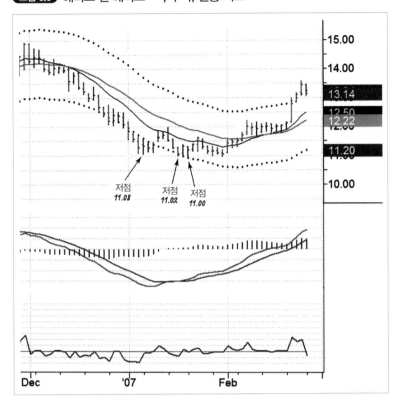

해리스 앤 해리스는 유망 업종으로 가슴을 들뜨게 만드는 기술적 패턴을 보이고 있었다. 1월 초에 바닥을 다진 뒤 약 25% 상승했다. 문제는 마지막 저점보다 1센트 낮은 곳에 스톱을 설정하고 때 이르게 매수한 자들을 쫓아낸 뒤에야 주가가 상승했다는 것이다. 그 저점은 11.02달러였고 주가가 잠시 11달러로 하락하자 스톱을 미숙하게 설정한 경우는 스톱에 걸려 청산되었다.

:: 슬리피지 줄이기 – 1센트 더 좁게

차트를 보면 경솔한 트레이더들이 어디쯤에 스톱을 설정할지 짐작할 수 있다. 대중은 스톱을 쓸 때 아주 뻔히 보이는 수준에 설정하는 경향이 있다. 롱 포지션에 진입할 때는 지지선 바로 아래, 숏 포지션에 진입할 때는 저항선 바로 위에 스톱을 때린다. 주식시장에서는 다수를 따르지 않는 편이 낫다. 이렇게 뻔한 수준을 따르는 것 말고도 다른 대안이 몇 가지 있다.

스톱을 좁게 잡으면 주당 리스크는 줄일 수 있지만 속임수 신호 whipsaw(추세 없는 횡보장에서 주가 등락으로 기술적 지표들이 보내는 잘못된 매매 신호–역주)가 발생할 위험이 커진다. 스톱을 너무 멀리 놓으면 속임수 신호가 발생할 위험은 감소하지만 스톱에 걸렸을 때 주당 손실이 더 커진다. 2가지 방식 모두 장단점이 있다. 잘 따져보고 둘 중 하나를 선택한다. 시장에서 해야 하는 수많은 선택이 그렇듯 이 결정 역시 자신의 기질에 따라 좌우된다.

나는 쓴맛을 보고서야 스톱을 활용하는 나름의 방법을 서서히 확립해 나갔다. 처음에는 스톱을 사용하지 않았으나 몇 번 시장에서 고배를 마신 뒤 스톱을 써서 자산을 보호해야 한다는 것을 깨달았다. 스톱을 쓰게는 되었지만 설정 방식은 아마추어나 다름없었다. 즉, 롱 포지션일 때는 최근 저점보다 한 틱❶ 아래, 숏 포지션일 때는 한 틱 위에 설정했다. 물

---

❶ 내가 이전에 쓴 책들을 보고 틱(tick)이 무엇인지 묻는 사람들이 많아서 놀랐다. 검색하는 게 서투른 사람들을 위해 설명하겠다. 틱은 특정 거래 수단에 허용된 최소한의 가격 변동폭이다. 현재 미국 주식의 경우 한 틱은 1센트다. 옥수수 한 틱은 8분의 1센트, 설탕 한 틱은 100분의 1 센트다. 브로커라면 매매하고 싶은 시장의 틱 규모가 적힌 소책자를 갖고 있을 것이다.

론 속임수 신호 때문에 스톱에 걸려 청산되는 일이 비일비재했다.

설상가상으로 여느 때처럼 최근 저점보다 한 틱 아래 스톱을 설정했을 때 슬리피지가 아주 커질 위험성이 있다는 걸 깨달았다. 내가 스톱을 설정해둔 수준까지 주가가 하락해 매도 주문을 냈는데 주문 체결을 확인받았을 때는 벌써 몇 틱 아래까지 주가가 떨어진 뒤였다. 내가 스톱을 설정해둔 수준에 수많은 사람들이 스톱을 설정했기 때문에 일단 스톱을 건드린 뒤 주가가 쭉 미끄러진 것이다. 내 주문을 포함해 수많은 매도 주문이 시장에 넘쳐나 일시적으로 매도세가 매수세를 압도했다.

내가 할 수 있는 일이 있었을까? 손실의 고통이 나를 일깨웠다. 나는 스톱을 좁히기로 결심하고 최근 저점보다 한 틱 아래가 아니라 실제 저점 수준에 스톱을 설정했다. 많은 차트를 검토한 결과 주가가 정확히 전저점까지 하락해 더 이상 한 틱도 떨어지는 일 없이 그대로 머무는 경우는 극히 드물었다. 대개는 저점을 훨씬 상회하는 수준에 머무르거나 저점보다 훨씬 아래로 떨어졌다. 즉, 저점보다 한 틱 아래 스톱을 설정한다고 해서 안전하진 않았다. 나는 한 틱 아래가 아닌 실제 저점에 스톱을 설정했다.

이런 방식을 적용한 뒤 슬리피지를 대부분 제거할 수 있었다. 주가는 거듭 전저점까지 떨어져 거기 머물렀다. 수많은 매매가 이뤄졌지만 주가 움직임은 그리 크지 않았다. 그런 다음 주가는 과거 저점보다 한 틱 더 하락한 뒤 풍선이 터지듯 순식간에 몇 틱 하락했다.

나는 전저점 수준이 프로들이 포지션을 재정비하는 영역이라는 사실을 깨달았다. 그 수준에는 슬리피지가 거의 없었다. 주가가 전저점보다 한 틱 아래로 떨어지면 그곳은 많은 대중이 스톱을 설정하는 영역으로 슬리피지가 빈번하고 커졌다. 이것을 깨닫고 나는 정확히 전저점 수준에 스톱을 설정하기 시작했다. 그러자 슬리피지가 크게 줄었다. 나는 오랫동안 이 방식을 쓰다가 나중에는 스톱을 더 좁게 설정하게 되었다.

:: 닉의 스톱 – 하루 더 좁게

2003년 트레이더 캠프에서 닉 그로브Nic Grove라는 트레이더를 만났다. 닉도 다른 사람들처럼 다른 일을 하다가 트레이딩에 입문했다. 호주에서 자란 닉은 가업인 부동산 관련 일을 하다가 조경사로 독립했다. 쉰이 되자 따분한 일상에 지쳐 회사를 정리하고는 파리로 가서 작은 아파트를 임대하고는 불어를 배우기 시작했다. 그러다 소일거리를 찾던 차에 우연찮게 트레이딩을 알게 되었다. 내 책을 읽은 것을 계기로 캠프에 왔고 우리는 친구가 되었다.

강세장에서 닉과 나는 같이 종목을 연구하고 매수했는데 잠시 이동평균 수준으로 하락하는 종목을 사들였다. 우리는 상단 채널선으로 반등할 때까지 보유할 목적으로 매수했고 스톱을 꽤 좁게 잡았다. 대부분 스톱을 설정하는 영역을 찾은 다음 저점 좌우를 감싸는 봉들을 살피자고 제안했다. 그런 다음 닉은 그 두 봉 중 더 낮은 봉보다 조금 아래 스톱을 설정했다. 그림을 보면 더 이해하기 쉽다. 〈그림 5.7〉부터 〈그림 5.12〉를 참고하기 바란다.

이처럼 좁게 설정하는 스톱은 특히 단기 스윙 매매에 적합하다. 바닥을 포착하려는 것은 위험하다. 이처럼 아주 좁은 스톱은 꿈꿀 시간을 허락하지 않는다. 이런 스톱은 시장에 이렇게 말한다. "결행하든지 아니면 닥치고 있어."

그림 5.7 케어마크^{CVS}(미국 의약 · 스케어 회사) **일봉 차트**

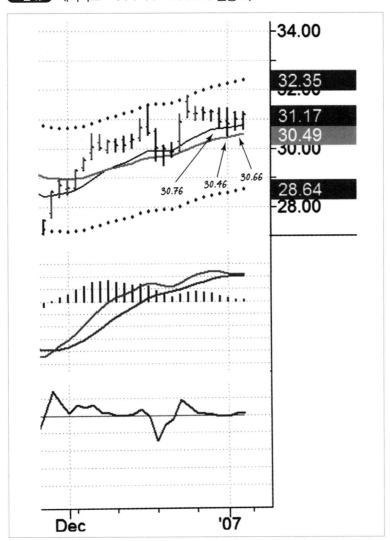

케어마크의 주봉 차트(보이지 않음)는 상승세를 보였다. 이 일봉 차트를 보면 주가는 두 이동평균 사이에 있는 가치 구간으로 하락했다. 하락 시 최저가는 30.46달러였다. 좌우에 있는 두 개 바는 30.76달러와 30.66달러로 저점을 높였다. 케어마크를 매수한다면 닉의 스톱은 이 좌우에 있는 저점들 중 더 낮은 곳보다 조금 아래 두어야 한다. 두 저점 중 더 낮은 저점은 30.66달러이므로, 나 같으면 어림수를 피해 30.64달러 또는 그보다 낮은 30.59달러에 스톱을 설정할 것이다.

그림 5.8 케어마크^{CVS}, 후속, 일봉 차트

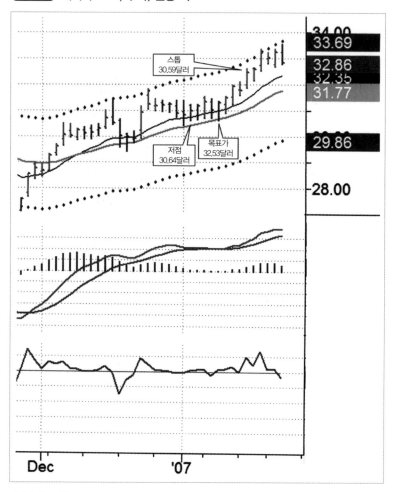

케어마크는 며칠 더 가치 구간을 배회하다가 상승해서 상단 채널선에 있는 목표가에 도달했다. 두 번째 최저점 아래 있는 스톱은 결코 건드리지 않았다.

그림 5.9 금, 일봉 차트

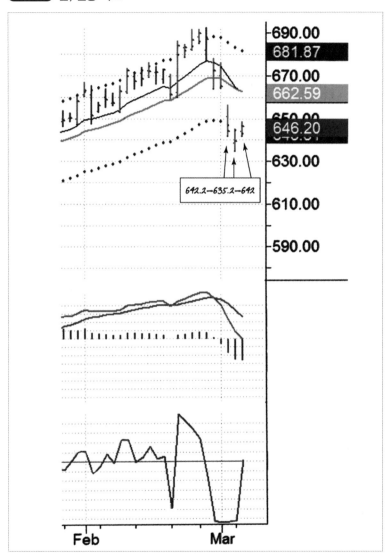

금은 주봉 차트(보이지 않음)에서 강세를 보이고 있었지만 악재가 터지면서 하락했다. 금값은 하단 채널 선 아래로 하락해 심한 과매도 영역으로 들어갔다. 하락 시 저점은 635.20달러로, 이 값의 좌우에 있는 저점은 642.20달러와 642달러였다. 나라면 두 저점 중 더 낮은 가격보다 조금 아래 스톱을 설정할 것이다. 어림수를 피해 아마 641.90달러 또는 641.40달러에 스톱을 설정할 것이다.

그림 5.10 금, 후속, 일봉 차트

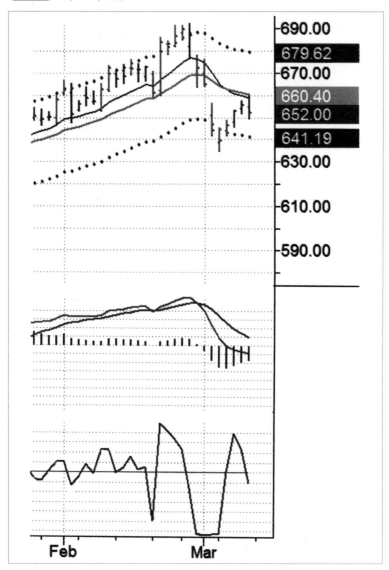

금값은 두 이동평균 사이의 가치 구역인 659.80달러로 상승해 정체된 양상을 보였다. 스톱을 건드리지는 않았지만 금값은 가치 수준으로 더 이상 상승할 것 같지 않아 이제 수익을 실현해야 할 듯하다.

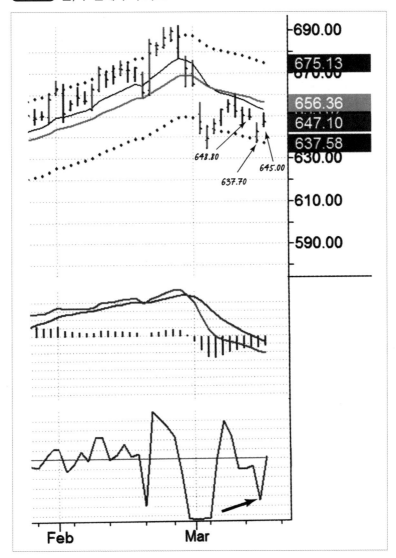

그림 5.11 금, 두 번째 후속 차트

금값이 두 번째로 하단 채널선을 이탈했다. 두 번째 하락은 첫 번째 하락보다 약해서 강도 지수는 강세 다이버전스를 보였다. 차트 오른쪽 끝의 금값은 다시 매수하기에 아주 적합해 보인다. 하락 시 최저점은 637.70달러였고 좌우에 있는 저점은 648.80달러와 645.00달러였다. 나라면 좌우 저점들 중 더 낮은 저점보다 조금 아래인 644.40달러에 스톱을 설정하겠다.

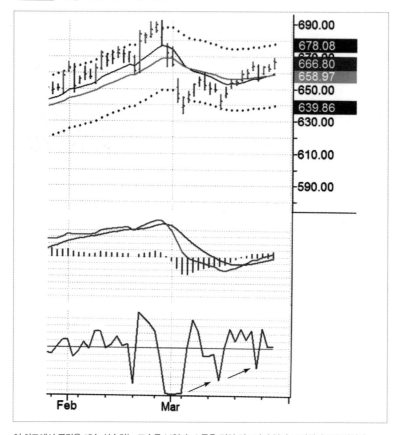

그림 5.12 금, 세 번째 후속 차트

이 차트에서 금값은 계속 상승하는 모습을 보인다. 스톱을 전혀 건드리지 않아 포지션이 보호되었다.

:: 넓은 스톱을 사용할 때

포지션 보유 기간이 어느 정도냐에 따라 진입가에서 어느 정도 떨어져 스톱을 설정할지가 결정된다. 대체로 보유 기간이 짧을수록 스톱이 좁아지고 보유 기간이 길수록 스톱이 넓어진다.

모든 시간 단위에는 장단점이 있다. 장기 매매의 핵심적인 장점 중 하나는 생각하고 결정할 시간이 충분하다는 것이다. 장기 매매와 정반대 극단인 데이 트레이딩을 한다면 생각하느라 머뭇거리다가 그대로 명줄이 끊어질 것이다. 장기 매매는 생각하고 결정할 여유가 넉넉하지만 이런 호사를 누리기 때문에 진입가와 스톱의 거리가 멀어지는 위험을 감수해야 한다. 3시간보다 3개월 사이에 주가는 훨씬 더 크게 변화하게 마련이다. 트레이더는 움직이는 표적을 쏘아야 하는데 시간이 길어질수록 표적은 더 많이 움직인다.

초보 트레이더라면 데이 트레이딩에는 손대지 않는 게 상책이다. 극도로 빠른 스피드가 요구되는 이 게임에서 아마추어들을 섬멸 당하기 일쑤다. 이제 막 입문한 트레이더들에게는 장기 추세매매도 권하지 않는다. 작은 규모의 매매를 여러 번 해보고 매매 일지를 기록하고 진입과 청산을 연습하는 것이 배움의 왕도다. 경험을 쌓으려면 활발한 행동을 취할 기회가 많아야 하는데 장기 매매에는 이런 기회가 드물다.

스윙 매매는 매매를 배우기에 적합한 영역이다. 중간중간 조금씩 손실을 봐도 1년 동안 자산이 상승세를 보이면 나아지고 있다는 증거다. 그런 다음 영역을 넓혀야 한다. 이 시점에 장기 매매를 배우려고 마음먹는다면 스톱을 넓게 써야 한다. 그래야 속임수 신호를 피할 수 있기 때문이다. 논리적으로 합당한 스톱 지점은 단 한 곳뿐이다. 바로 주가가 거기까지는 가지 않으리라고 생각하는 수준이다.

주가가 상승할 것으로 예측하고 롱 포지션에 진입했다. 그렇다면 주가가 그 정도까지는 내려가지 않으리라고 보는 곳, 즉 시세 아래 스톱을 둔다. 추세가 반전될 경우에만 주가가 도달할 그 수준에 스톱을 둔다.

그림 5.13 코카콜라^{KO}(미국 음료 회사), **월봉 차트**

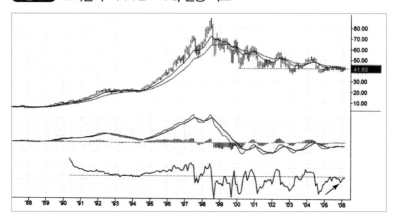

아주 긴 장기 매매(보통 이런 매매를 투자라고 부른다)에 돌입할 때면 월봉 차트부터 분석해야 한다. 이 코카콜라 차트는 20년 동안의 월봉을 모아놓은 것이다. 강세장으로 주가가 4달러 미만(분할 조정)에서 오가다가 1998년 약 90달러까지 상승했다. 40달러 아래 영역이 강력한 지지선으로 부상해 2001년 이후 네 차례의 하락이 이 지지선에서 멈추었다. 차트 오른쪽 끝에서 월봉 임펄스 시스템이 적색에서 청색으로 변하면서 매수를 허락한다.

그림 5.14 코카콜라^{KO}, **주봉 차트**

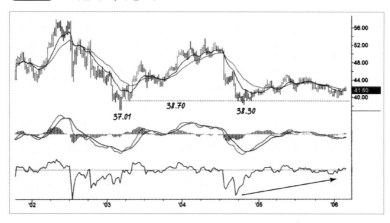

단기 시간 단위의 추세는 장기 시간 단위의 추세보다 앞서 변한다. 주봉 차트는 벌써 상승 반전이 진행되고 있다. 강도 지수의 강세 다이버전스는 바닥을 확인하고 주가는 이미 이동평균 위로 상승했다. 이 차트는 매수 결정을 지지한다. 주가는 가치에 충분히 근접해서 여기서 매수할 수 있다. 목표가를 설정할 때 장기 차트를 검토한다. 약 60달러 수준, 고점까지 절반가량 다시 올라간 지점이 합리적인 목표가인 듯하다. 스톱은 어떻게 정해야 할까?

가장 최근의 저점은 38.30달러이고 그다음 저점(닉의 스톱)은 38.75달러다. 이 수준에 스톱을 설정하면 주당 3달러가 넘는 리스크를 지게 된다.

그림 5.15 코카콜라^{KO}, 후속, 주봉 차트

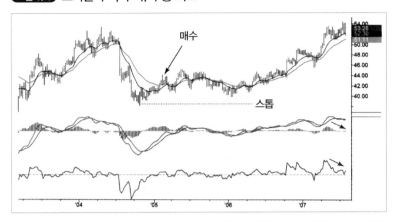

인내심, 말도 마시라! 만약 우리가 논의한 수준에서 코카콜라를 매수했다면 추세가 진행될 때까지 무려 1년은 기다려야 했을 것이다. 주가는 진입 수준 밑으로 하락했지만 스톱은 건드리지 않았다. 차트 오른쪽 끝에서 주가는 2004년 고점을 막 돌파했다. 몇 가지 지표가 약세 다이버전스임을 알려준다. 원래 목표가인 60달러까지 보유해야 할까, 아니면 여기서 수익을 실현해야 할까? 이는 장기 트레이더들이 고민해야 할 일종의 딜레마다.

상승세를 식별하고 롱 포지션에 진입했다고 하자. 그렇다면 스톱은 일상적인 주가 변동을 넘어서는 수준에 속해야 한다. 즉, 상승세는 사소한 주가 등락보다 더 큰 폭으로 움직이므로 스톱이 넓어야 한다.

삼중창^{Triple Screen}의 원칙은 장기 차트에서 전략을 결정하고(〈그림 5.13〉) 단기 차트에서 전술적 계획을 수립하는 것이다(〈그림 5.14〉). 월봉 차트에서 매수 신호가 켜지면 주봉 차트에서 진입 수준을 결정한다.

10만 달러 규모의 매매 계좌를 운용하면서 2% 규칙을 따른다고 하자. 우리가 논의한 수준에 스톱을 설정한다면 최대 매매 규모는 600주다.

장기 포지션의 스톱은 넓어야 하지만 매매 규모가 너무 작아질 정도로 넓어서는 안 된다. 프로 트레이더들은 1가지 포지션을 여러 번 시도해본다는 사실을 명심하라.

코카콜라의 후속 주가 동향을 살펴보자(〈그림 5.15〉).

넓은 스톱은 장기 매매의 특징이다. 유념해야 할 것은 스톱의 넓이가 넓어질수록 매매 규모는 작아져야 한다는 것이다. 그래야 탄탄한 자금 관리의 원칙인 철의 삼각지 안에 머무를 수 있다.

:: 스톱 옮기기

'철의 삼각지'는 포지션 규모와 보호 스톱을 연결한다. 철의 삼각지 덕분에 명확한 스톱을 마음에 두고 매매에 진입할 수 있다. 그러나 시간이 흐르면서 선택에 직면하게 된다. 1가지 선택은 스톱과 수익 목표가를 원래대로 그냥 놔두는 것이다. 또 1가지 선택은 스톱을 옮겨서 평가이익의 일부를 보호하는 것이다. 물론 스톱은 한 방향으로만 움직여야 한다. 매수일 경우 위쪽으로, 공매도일 경우 아래쪽으로만 움직여야 한다. 포지션을 더 단단하게 움켜쥐어야지 결코 느슨하게 늦추면 안 된다.

진입 방향으로 스톱을 옮기는 추격 스톱Trailing stop을 쓰는 트레이더도 있다. 처음에는 전통적인 스톱을 이용해 진입했다가 주가가 목표가에 근접하면 시장이 더 움직이리라 예상하는 경우도 있다. 추세가 원래 목표가보다 더 움직일 것 같다면 차익실현 주문을 취소하고 추격 스톱으로 전환한다. 이렇게 하면 주가가 역행해 스톱을 건드리기 전까지 최대한 포지션을 끌고 갈 수 있다. 이처럼 추격 스톱으로 전환하려면 매매 시작 시점에 한 것처럼 계산을 해야 한다. 단, 이번에는 그야말로 실제적인 리스크와 잠재 수익을 비교해야 한다. 목표가에서 추격 스톱으로 전환할 때는 수익의 일부를 기꺼이 포기할 수 있어야 한다.

매매에 관련된 것들이 다 그렇듯 추격 스톱에도 빛과 그림자가 있다. 빛은 추세가 목표가를 넘어 움직일 때 추가 수익을 얻을 수 있다는 점이다. 그림자는 추세가 반전될 때 수익의 일부를 빼앗길 수 있다는 점이다.

추격 스톱을 설정하는 데는 다양한 기법이 존재한다.

● 여러 개의 봉 중 저점을 추격 스톱으로 사용한다. 예를 들어, 지난 3개 봉의 저점들 중 가장 낮은 저점으로 계속 스톱을 옮긴다(하지만 절대 매매 방향과 반대로 움직여서는 안 된다).

● 아주 짧은 단기 이동평균으로 주가를 추적해 단기 이동평균 수준을 추격 스톱으로 이용한다.

● 샹들리에 스톱Chandelier stop을 사용할 수도 있다. 샹들리에 스톱은 시장이 신고점을 기록할 때마다 고점에서 일정 거리 안으로 스톱을 옮기는 것이다. 즉, 고점에서 특정 가격대 또는 ATRaverage true range(트루 레인지True Range의 이동평균으로, 전일 종가와 금일 종가 사이 가격의 최대 범위를 말한다–역주)을 토대로 한 숫자만큼 안으로 옮기는 것이다. 주가가 신고점을 찍을 때마다 스톱을 고점에서 그 거리 안으로 옮겨 마치 천장에 샹들리에를 매다는 것처럼 스톱을 설정한다(상세한 내용은《나의 트레이딩 룸으로 오라: 알렉산더 엘더의 신(新) 심리투자기법》을 참고하라).

● 파라볼릭 스톱Parabolic Stop을 사용할 수 있다(아래 설명을 참고하라).

● 안전지대 스톱SafeZone Stop을 사용할 수 있다(아래 설명을 참고하라).

● 변동성 – 감소$^{Volatility\text{-}Drop}$ 스톱을 사용할 수 있다(아래 설명을 참고하라. 매매에 관한 문헌으로는 이 책에서 최초로 언급됐다).

● 시간 스톱$^{Time\ Stop}$을 사용해 일정 시간 동안 주가가 움직이지 않으면 청산한다. 예를 들어, 데이 트레이딩에 진입하고 주가가 10~15분 동안 움직이지 않으면 기대한 대로 움직이지 않을 게 분명하므로 빠져나오는 게 상책이다. 며칠 동안 포지션을 보유하는 스윙매매에 진입했는데 1주일이 지나도록 주가가 움직이지 않는다면 분석이 틀렸다는 증거이므로 빠져나오는 것이 가장 안전한 길이다.

추격 스톱에 흥미를 느낀다면 다른 방식들처럼 시험해보아야 한다. 규칙을 적고 차트 위에서 시험해보라. 차트상에서 시스템이 통한다면 실제 돈으로 직접 실행하고 그 결과를 매매 일지에 기록하라. 수익이 나든 손실이 나든 큰 문제가 없도록 매매 규모를 작게 해서 시험하라. 그런 다음 새로운 접근법에 통달할 때까지 계속 연습하라. 새로운 방식에 확신이 서기까지 돈 버는 일은 나중으로 미뤄라.

파라볼릭 스톱

1976년 J. 웰레스 윌더 주니어$^{J.Welles\ Wilder,\ Jr.}$가 개발한 것으로, 주가의 변화뿐만 아니라 시간의 흐름에도 반응한다는 것이 특징이다. 이 시스템은 매일 시장 가까이 스톱을 옮긴다. 덧붙여 주가나 상품 가격이 매매 방향으로 새로운 극단값에 도달할 때마다 가속이 붙는다.

내일의 손실제한=오늘의 손실제한+AF×(EP-오늘의 손실제한)

- AF = 가속 계수^{acceleration}
- EP = 트레이딩 극점$^{extreme\ point}$. 트레이더가 롱 혹은 숏 포지션을 취한 이후 시장이 도달한 최고 혹은 최저가. 롱 포지션을 취했다면 롱 포지션을 취한 이후 최고가, 숏 포지션을 취했다면 숏 포지션을 취한 이후 최저가.

매매 첫날의 AF는 0.02다. 이는 손실제한이 EP와 원래 손실제한 사이 거리의 2%만큼 움직인다는 의미다. AF는 시장이 신고점을 기록하거나 신저점을 찍을 때마다 0.02씩 증가해 최대 0.20까지 도달할 수 있다.

패자들은 반전을 바라고 손실이 나는 포지션에 집착하기 때문에 파산에 이른다. 파라볼릭 시스템은 트레이더들이 이렇게 우유부단하게 미적거리지 않고 철칙에 따라 움직이도록 해준다.

파라볼릭 시스템은 추세를 보이며 달아나듯 빠르게 움직이는 시장에서 특히 유용하다. 파라볼릭 시스템은 추세를 보이는 시장에서는 적중률이 높지만 추세가 없는 시장에서는 속임수 신호가 발생한다. 따라서 주가가 추세를 보일 때는 큰 수익을 내지만 추세가 없는 횡보장에서는 손실로 계좌를 갉아먹는다. 따라서 파라볼릭을 자동 트레이딩 시스템으로 이용하면 안된다.

《심리투자 법칙》에서 요약 발췌

:: 안전지대 스톱

안전지대 스톱은 주식시장의 신호와 잡음^noise^(얻고자 하는 신호가 아닌 무의미하거나 불필요한 신호-역주) 개념을 토대로 한다. 주가 추세가 신호라면 역추세 움직임은 잡음이다. 공학자들은 잡음은 줄이고 신호는 통과하도록 거르는 장치를 만들었다. 시장의 잡음을 식별하고 측정할 수 있다면 잡음 수준 밖에 스톱을 설정하면 된다. 신호가 추세를 식별하는 한 최대한 길게 포지션을 유지할 수 있다. 이 개념은 《나의 트레이딩 룸으로 오라: 알렉산더 엘더의 신(新) 심리투자기법》에서 상세히 다루었으며, 몇 가지 매매 프로그램에서도 적용되고 있다. ❶

추세를 식별하는 방식은 다양하다. 22일 이동평균 기울기 같은 단순하고 직접적인 방식도 있다. 상승세일 경우 전일 저점 아래로 튀어나온 일중 가격대를 잡음으로 규정한다. 하락세일 경우 전일 고점 위로 튀어나온 일중 가격대를 잡음으로 규정한다. 모든 '잡음' 돌출을 측정하려면 과거 어느 정도까지 검토할지 판단해야 한다. 회고 기간은 현재 매매와의 연관성을 잃지 않도록 짧아야 하는데 일봉 차트라면 약 1달간 과거 데이터 정도면 된다(그림 5.16). 《나의 트레이딩 룸으로 오라: 알렉산더 엘더의 신(新) 심리투자기법》에서 관련 내용을 인용하겠다.

추세가 상승하고 있다면 회고 기간 동안의 모든 하락 돌출을 표시하고 돌출 폭을 모두 더하여 돌출한 수로 총합을 나눈다. 이렇게 하

---

❶ 'elder.com'에는 안전지대(SafeZone)를 비롯해 트레이드스테이션(TradeStation), 메타스톡(MetaStock), 이시그널(eSignal), TC2007, 스톡파인더(StockFinder) 등 인기 있는 프로그램들을 담은 엘더-디스크가 있다.

그림 5.16 디어^{DE}(미국 농기계 제조회사), 안전지대, 일봉 차트

추세추종 시스템은 강력한 추세가 지속될 때면 빛을 발한다. 추세가 없는 시장에서는 속임수 신호로 이어진다. 차트 중앙의 안전지대에서 디어의 강력한 상승 움직임을 포착했다. 이 지점이 추격 스톱이 가장 효과적으로 작동하는 곳이다. 왼쪽 끝과 오른쪽 끝처럼 비교적 추세가 보이지 않는 구간에서는 추세추종 방식이 속임수 신호를 여러 번 냈다. 이 차트가 던지는 메시지는 분명하다. 강력한 추세가 지속될 때만 추격 스톱을 사용하라.

면 선택한 회고 기간 동안의 평균하향돌출^{Average Downside Penetration}이 산출된다. 이 수치는 현재의 상승세에서 잡음의 평균 수준을 나타낸다. 스톱을 이 수준보다 더 가까이 설정하는 것은 자멸하는 길이다. 평균 잡음 수준보다 훨씬 멀찍이 떨어져 스톱을 설정해야 한다. 평균하향돌출을 2부터 시작하는 계수로 곱하되 2보다 더 큰 숫자로 실험해보라. 어제의 저점에서 연산 결과를 차감한 곳에 스톱을 설정하라. 오늘의 저점이 어제의 저점보다 낮으면 스톱을 더 낮추면 안 된다. 롱 포지션의 경우 스톱을 올리는 것만 허용되고 더 낮추는 것은 결코 허용되지 않기 때문이다.

하락세는 반대로 계산하면 된다. 22일 이동평균선으로 하락세를 식별하면 회복 기간 동안의 모든 상향 돌출을 세서 평균상향돌출

Average Upside Penetration을 구한다. 이 연산 결과에 2로 시작하는 계수를 곱한다. 숏(공매도) 포지션에 진입한다면 전일 고점보다 평균상향 돌출×2 지점에 스톱을 설정하라. 시장의 고점이 낮아질 때마다 스톱을 낮추되 절대 스톱을 올리면 안 된다.

다른 방식과 마찬가지로 안전지대 역시 인간의 독립적인 사고를 대체하는 기계적 도구는 아니다. 안전지대를 구하려면 회고 기간을 정해야 하고 정규분포에 곱할 계수도 선택해야 한다. 대체로 계수를 2~3 사이로 하면 안전하지만 직접 시장 데이터를 조사해서 정한다.

:: 변동성 – 감소 추격 스톱

추격 스톱을 즐겨 사용하는 트레이더로 케리 로본Kerry Lovvorn이 있다. 케리의 방식은 주가가 유리한 방향으로 움직일 때는 포지션을 유지하고 최근의 극단값에서 되돌림하기 시작한 직후 빠져나오도록 고안되었다.

나는 주가가 목표가를 건드릴 때까지는 추격 스톱을 쓰지 않는다. 목표가에 도달하면 그 포지션은 임무를 다한 셈이지만 시장이 추가 수익이 나는 방향으로 움직일 수도 있다. 시장이 목표가에 도달하면 나는 선택의 기로에 선다. 기분 좋게 수익을 취하고 다음 매매로 넘어갈 수도 있다. 그런데 목표가를 너무 보수적으로 설정했다면 시장의 움직임에 더 큰 수익이 잠재되어 있을 수도 있다. 누적된 수익을 모두 다시 토해내고 싶지는 않겠지만 약간의 리스크를 감수하고 이 움직임의 수명이 아직 남았는지 여부를 알아볼 의향은 있다. 나의 결정은 시장 추세의 수명을 알아보는 데 얼마만큼의 수익을 기꺼이 내놓을 것이냐에 달려 있다. 추격 스톱의 난점 역시 다른 스톱과 동일하다. 바로 어디에 설정하느냐다. 스톱을 너무 좁게 설정하느니 차라리 그냥 청산하는 게 낫다.

시장은 한 번 흐름을 타면 상상을 초월할 정도로 멀리 간다. 추격 스톱을 설정하면 어디까지 가서 빠져나올지 시장이 결정하도록 만들 수 있다.

추격 스톱을 사용하는 것을 내 방식대로 말하면 다음과 같다. "이봐. 시장이 나한테 더 줄 수도 있다고? 그렇다면 나는 이만큼 내놓을 의향이 있어." 돈에 비유한다면 추격 스톱은 게임에 참여하기 위해 지불해야 하는 돈이다. 추격 스톱은 새로운 매매에 진입할 때 계산하는 것과 유사하다. 즉, 보상에 비해 리스크가 얼마만큼이나 따르는지 측정하는 것이다. 질문은 동일하다. 얼마를 기꺼이 지불할 것인가? 추격 스톱으로 전환하려고 마음먹었다면 얼마나 더 갈지는 시장이 결정하도록 맡긴 것이다.

내 방식의 추격 스톱을 나는 변동성 감소volatility-drop라고 부른다. 장세가 미친 듯 출렁이며 엄청난 모멘텀을 갖고 움직이면 나는 기꺼이 머무른다. 진입할 때 오토 엔빌로프를 이용해 목표가를 설정했다고 하자. 엔빌로프의 평균 너비는 2.7 표준편차다. 목표가에 도달한 이후 추격 스톱으로 전환하려면 1 표준편차만큼 더 좁게, 그러니까 1.7 표준편차에 추격 스톱을 설정한다. 정상적인 엔빌로프의 경계선을 따라 움직임이 계속되는 한 나는 포지션을 고수한다. 그러나 종가가 더 좁은 채널 안에서 마감하면 즉시 빠져나온다. 프로그래머라면 이것으로 일중 또는 장마감 때 자동화하는 프로그램을 만들 수 있을 것이다.

원래 목표가에서 차익을 실현할지 아니면 추격 스톱으로 전환할지 어떻게 판단하는가?

목표가에 도달했는데 약세 신호가 보이면 나는 추격 스톱을 쓰지 않는다. 높은 거래량으로 저점 부근에서 마감하는 통통한 봉이 나타나는 등 부정적인 주가 움직임이 보이면 목표가에서 수익을 취하고 유유히 사라진다. 그러나 시장이 고점과 저점을 점점 높이면 나는 시장을 따른다. 시장은 아름다운 여인 같아서 사람들이 자신을 뒤쫓아오게 만든다. 대부분의 경우 목표가에 다다르면 결정을 내리는데, 시장의 움직임이 충분히 긍정적이면 추격 스톱으로 전환한다.

얼마나 자주 목표가에서 추격 스톱으로 전환하는가?

내 경우 전체 매매의 3분의 2 정도를 추격 스톱으로 전환한다. 그러나 이 방식이 언제나 통하는 건 아니다. 때로는 추격 스톱을 설정한 뒤 5분 만에 스톱에 걸려 나오기도 한다. 절반 정도는 추격 스톱이 원래 스톱보다 조금 더 많은 수익을 준다. 고삐 풀린 움직임에서 큰 수익이 발생하기도 하는데 이런 경우는 드물다.

다른 시장 도구도 마찬가지지만 추격 스톱 역시 누구에게나 맞는 것은 아니다. 내 경우 추격 스톱이 결정을 내리는 데 도움이 된다. 청산해야 할지 아니면 좀 더 끌고 가야 할지 결정하기 어려운 사람들에게는 추격 스톱이 유용하다. 추격 스톱을 쓰면 결정권은 시장으로 넘어간다. 이런 이유로 나는 추격 스톱을 즐겨 사용한다.

〈그림 5.17〉은 진입을 보여준다. 주봉(보이지 않음)은 중립적이었다. 일봉은 가격대가 좁았다. 나는 이런 패턴을 '스퀴즈 플레이(야구에서 3루 주자를 불러들여 한 점을 짜내기 위한 번트 작전을 가리키나 여기서는 좁고 혼잡한 가격대 안에서 수익을 취하는 매매 작전을 의미한다—역주)'라고 부르며 돌파를 포착하려고 한다. 나는 솟아오른 최근의 MACD – 히스토그램을 보고 상향 돌파를

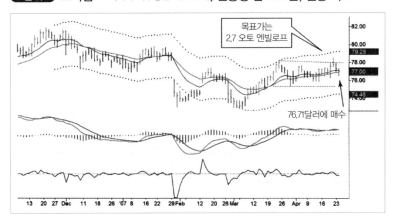

그림 5.17 쓰리엠^{MMM}(미국 사무용품 제조회사), **변동성 감소 스톱, 일봉 차트**

목표가는
2.7 오토 엔빌로프

76.71달러에 매수

그림 5.18 쓰리엠^{MMM}, **변동성 감소 스톱, 후속, 일봉 차트**

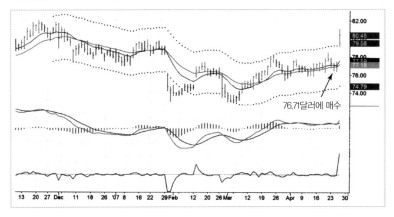

76.71달러에 매수

예측했고, 스퀴즈 안에서 롱 포지션을 취했다.

이틀 뒤 쓰리엠은 스퀴즈를 돌파해 목표가인 채널 상단의 80.83달러를 웃돌았다〈그림 5.18〉. 이는 아주 강력한 움직임으로, 봉 전체가 채널보다 위에 있다. 나는 즉시 추격 스톱으로 전환해 차트 위의 1.7 표준편차에 두 번째 오토 엔빌로프를 그렸다. 쓰리엠 종가가 더 좁은 채널 안쪽에

그림 5.19 쓰리엠^{MMM}, 변동성 감소 스톱, 두 번째 후속, 일봉 차트

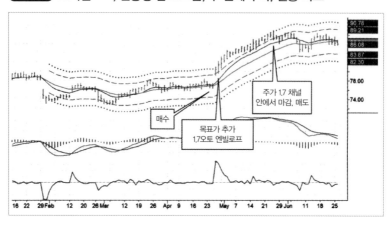

서 마감하면 팔 작정이었다(〈그림 5.19〉).

  쓰리엠은 몇 주 동안 더 '선을 타다가' 결국 위축되더니 더 좁은 채널 안
에서 종가를 형성했다. 5월 24일 87.29달러에 청산했는데 원래 목표가인
80.63달러를 훨씬 초과하는 수준이다. 지나고 나서 뒤돌아보면 오토 엔
빌로프가 얼마나 달라 보이는지 유념하라. 청산 무렵에 보면 진입이 훨
씬 달라 보인다. 오토 엔빌로프는 마지막 100개 봉의 움직임을 토대로 형
성되는데 시장의 변동성이 커지면 오토 엔빌로프는 점차 넓어진다.

  케리의 변동성－감소 전술은 유용한 매매 도구로 중요한 메시지를 전
달한다. 추격 스톱은 일정 기간 동안에만 적합하다는 것이다. 시장이 조
용하고 질서정연할 때는 원래의 수익 목표와 스톱을 고수하는 게 낫다.
시장이 강력한 움직임을 보이면 추격 스톱으로 전환해도 무방하다.

제06장
'엔진 잡음'에 매도하기

매일 다니던 길을 운전한다고 상상해보라. 가속 페달을 밟을 때마다 달그락거리는 잡음이 점점 커지면서 귀에 거슬리기 시작한다. 계속 운전할 것인가? 잡음이 별것 아니어서 곧 사라지리라 생각하며 계속 페달을 밟을 것인가? 아니면 차를 멈추고 내려서 살펴보겠는가?

잡음이 커지면서 힘이 점점 떨어지기 시작하면 엔진에 이상이 있을지도 모른다는 신호다. 운이 좋으면 별일 아닐 수도 있다. 차 밑에 나뭇가지 같은 엉뚱한 이물질이 걸려서 제거하면 쉽게 해결할 수 있는 문제일 수도 있다. 하지만 차에 심각한 문제가 생겼을 수도 있다. 이 경우, 위험 신호를 무시하고 계속 운전하다가는 크게 다칠 수도 있다.

잠깐 볼일을 보러 가는 것처럼 가볍게 생각하고 매매에 진입할 수도 있다. 매매 여정이 별일 없이 순조로울 수도 있지만 만약 잡음이 요란하고 후드 밑에서 연기가 피어오른다면 계속 가서는 안 된다. 가속 페달에서 발을 떼고 차를 세운 뒤 밖으로 나와 무슨 일인지 살펴봐야 한다.

모든 포지션을 반드시 목표가까지 보유해야 되는 것은 아니다. 시장의 소리에 귀를 기울여야 한다. 시장은 원하는 것보다 더 줄 수도 있고, 덜 줄 수도 있다. 트레이더는 무슨 일이 벌어지는지 예의주시하다가 엔진 고장이 의심되면 빠져나와야 한다.

시스템 트레이더와 재량 트레이더는 여러 가지 면에서 다르다. 시스템 트레이더의 경우 스톱이 분명하게 결정되어 있다. 시스템이 주는 수준에서 차익실현 주문과 함께 스톱이 설정되어 있다. 따라서 시스템 트레이더는 하루 종일 컴퓨터 화면을 들여다보지 않아도 된다. 재량 트레이더의 게임 방식은 다르다. 재량 트레이더 역시 목표가와 손절가가 있지만 분석을 통해 행동 경로를 변경해야겠다는 판단이 들면 시장에서 더 빨리 빠져나오거나 조금 더 오래 머무르기도 한다.

매매 중간에 이처럼 경로 변경이 허용되는 것에 대해 사람마다 받아들이는 의미가 다르다. 시스템 트레이더인 내 친구들은 이런 자유가 부담스럽다고 한다. 반면 재량 트레이더들은 해방감을 느낀다. 계획이 있다. 손절가도 있다. 누가 그걸 부정하랴. 그런데 선택의 자유도 있다. 시장의 움직임이 마음에 들지 않으면 손절가를 좁히거나 더 빨리 수익을 거둘 수도 있다. 시장의 움직임이 마음에 들면 수익 목표를 지나친 뒤에도 더 오랫동안 보유해서 원래 계획보다 더 많은 돈을 거둬들일 수도 있다.

재량 트레이더가 중간에 출구 전략을 바꾸는 몇 가지 상황을 살펴보자. 나는 이런 출구 전략을 '엔진 잡음'이라 부른다. 명심하라. 원래 목적지가 있었는데 운전하는 도중 엔진의 잡음 때문에 차를 멈추는 경우이므로 '엔진 잡음'에 대응하여 매도하는 건 상당한 경험이 필요하다. 초보라면 이 장을 건너뛰고 좀 더 숙련된 뒤에 다시 읽도록 한다.

:: 모멘텀 약화

주가 동향이 지지부진하면 수익을 취하고 한 발 물러서서 관망하면서 재매수할 기회를 엿보면 된다. 주가 상승 움직임이 주춤하면서 횡보세를 보이면 오픈 포지션에 의심을 가져야 한다. 트레이딩 관련 서적에는 시장 모멘텀을 측정하는 방법이 상세하게 설명되어 있다. 아래 사례에선 대중적인 지표인 MACD - 히스토그램을 사용해 모멘텀을 측정했다(〈그림 6.1〉).

오래전의 차트를 보면 매수 신호와 매도 신호가 또렷하게 보이지만 오른쪽 가장자리로 갈수록 신호들이 희미해진다. 그때그때 실시간으로 추세와 반전을 식별하기는 어렵다. 차트 오른쪽 끝에는 거의 언제나 서로 상충하는 신호들이 존재하는데, 결단을 내려야 할 지점은 바로 이곳이다. 가치 근처에서 매수하고 고평가 영역에서 매도하는 단기 매매 접근법이 현명한 것도 바로 이런 이유 때문이다.

가치 수준에서 매수하고 가치보다 높은 수준에서 매도할 계획인데, 이 접근 방식을 바꾸게 만드는 것은? 영리한 단기 트레이더는 MACD - 히스토그램과 주가 사이에 다이버전스가 보이면 상단 채널선에 도달하기 전에 매도한다. 주가가 상단 채널선까지 오를 수도 있고 아닐 수도 있지만, 당장 취할 수 있는 수익을 거머쥐고 한 발 물러서서 상황을 재평가하

그림 6.1 애플AAPL(미국 IT 회사), **일봉 차트**

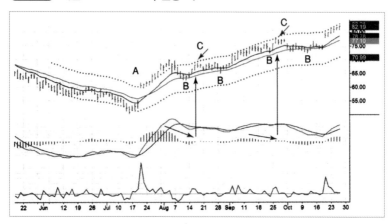

A. 돌파 갭 – 새로운 상승세의 시작   B. 가치로 되돌림 – 매수하라!
C. 다이버전스 – 매도하라

애플의 긴 하락세는 상승 갭과 함께 종말을 고했다. 이 돌파 갭은 확고한 상승 반전을 알렸다. 따라서 이후에는 매수하는 편이 현명하다. 상승세에 대처하는 1가지 방법은 가치 구간으로 되돌림할 때 매수하고 고평가 영역인 상단 채널선 위로 상승할 때 매도하는 것이다.

는 것이 현명하다. 이 차트는 2가지 지표 모두 약세 다이버전스를 보이고 이어 주가가 가치 구역으로 되돌림하는 양상을 보여준다. 이런 되돌림으로 롱 포지션을 구축할 절호의 기회가 생긴다.

롱 포지션의 움직임이 마땅찮으면 2가지 방법이 있다. 단기 매매라면 원래 계획보다 적은 수익을 감내하고 청산하는 것이다. 장기 매매라면 포지션 전체를 매도하지 않고 핵심 포지션을 남겨두고 일부만 수익을 취한 뒤 주식을 더 낮은 가격에 재매수할 기회를 엿보아야 한다. 이 기법을 활용하면 수익을 더 끌어올릴 수 있다. 매매 일지를 펼쳐서 2가지 접근법을 설명하겠다.

:: 단기 매매에서 '엔진 잠음' 듣고 청산하기

단기 매매에서 내가 선호하는 정보통 중 하나로 스파이크 그룹이 있다. 스파이크 회원들은 주말마다 수십 개의 단기 매매 종목을 고르는데 나는 거의 매주 그 종목들 중에서 다음 주에 매매할 종목을 고른다. 그 주에 마음에 든 종목은 리코였다. 짐 라우슈콜프^{Jim Rauschkolb}는 〈그림 6.2〉에 보이는 스파이크 제출 양식에서 리코를 추천했다. 롱 포지션에 진입할 경우 리스크는 25센트, 예상 수익은 주당 57센트였다(〈그림 6.3〉, 〈그림 6.4〉).

내 청산 점수는 69%로, 해당일 가격대의 상단 3분의 1에서 매도해 꽤 높은 점수를 얻을 수 있었다. 전체 매매 점수는 일봉 차트에서 내가 취한 채널의 백분율로 따지면 18%로, 그저 수수한 정도였다. 20%가 'B'에 해당하므로 18%는 B- 정도다. 이 종목은 스파이크 선정 종목 중 그 주의 동메달을 차지했다. 그러니까 아주 어려운 시황에서 세 번째로 우수한 종목 선정이었다. 나는 자동으로 청산하지 않고 내 판단에 따라 매도해

그림 6.2 리코^{IKN}(미국 사무용품 제조회사) **매매 계획**

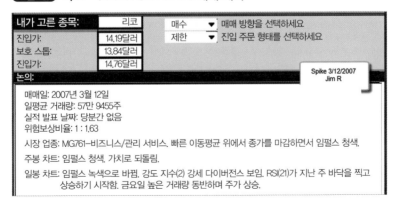

그림 6.3 리코IKN, 진입

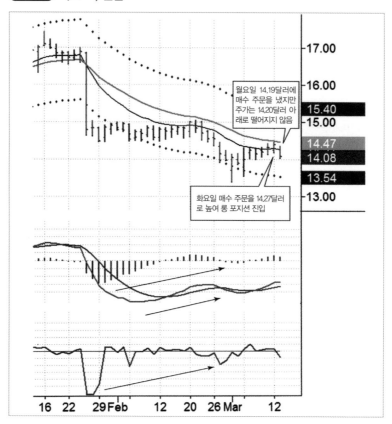

> 월요일 14.19달러에
> 매수 주문을 냈지만
> 주가는 14.20달러 아
> 래로 떨어지지 않음

15.40

14.47
14.08

13.54

> 화요일 매수 주문을 14.27달러
> 로 높여 롱 포지션 진입

나는 월요일 14.19달러에 리코 매수 주문을 냈다. 14.19달러는 이 종목을 고른 스파이크 회원이 매수를 권고한 바로 그 지점이었다. 이날 강세를 보인 리코의 저점은 14.20달러였다. 내 매수 주문은 체결되지 않았지만 마감 이후 나는 주가가 더 오르리라 예측했다. 일중 차트의 지지와 저항을 살핀 뒤 나는 이튿날 매수 주문의 주가를 14.27달러로 높였다. 얼마 지나지 않아 시장은 진입가를 올리는 것이 현명하지 못한 행동임을 깨우쳐주었다. 리코는 하락했고 매수 주문이 체결된 뒤 종가는 그날 저점 부근인 14.08달러에 형성되었다. 그날 바의 상단 3분의 1에 매수하는 바람에 내 진입 점수는 고작 31%였다.

리코	매수	날짜	상단 채널	하단 채널	일일 고가	일일 저가	점수
진입	14.27달러	2007-03-14	15.4달러	13.54달러	14.37달러	14.05달러	31%
청산							
P/L					매매		

176

그림 6.4 리코^{IKN}, 청산

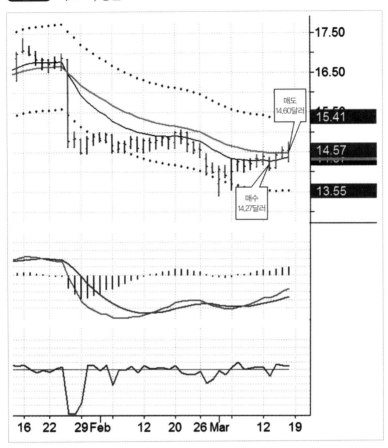

3월 16일 금요일, 리코는 전일 저점을 탈출한 뒤 상승해 장기 이동평균(노란 선)보다 위로 상승했다. 주말이 다가오자 나는 기다리지 않고 주가가 가치보다 높을 때 수익을 실현하기로 마음먹었다. 나는 리코를 14.60달러에 매도했다.

리코	매수	날짜	상단 채널	하단 채널	일일 고가	일일 저가	점수
진입	14.27달러	2007-03-14	15.4달러	13.54달러	14.37달러	14.05달러	31%
청산	14.60달러	2007-03-16			14.75달러	14.27달러	69%
P/L						매매	18%

서 수익을 확보했다.

이 매매에는 특별한 것이 없는데 바로 그 점 때문에 보여주고자 한다. 매일같이 이뤄지는 매매에서 신나는 일은 드물다. 짜릿한 손맛을 보는 매매는 극히 희박하다. 합리적인 매매 아이디어가 있어서 깔끔하게 청산하고 나오면 진입 시 약간 삐걱거렸고 생각한 대로 주가가 움직이지 않았더라도 결국 계좌에 약간의 수익이 떨어지고 자산은 살짝 상승곡선을 그리게 된다. 이것이 바로 매매로 생계를 유지하는 방법이다.

:: 장기 매매에서 임의 판단으로 청산하기

2007년 1월, 나는 친구에게 이메일을 받았다. 친구는 포드 주가가 크게 오를 것이라고 했다. 당시 포드는 사상 최대의 분기 손실 발표를 앞두고 있었는데 제라르 드 브륀Gerard de Bruin은 신임 CEO가 전세를 역전시킬 것이라며 그렇게 보는 이유를 늘어놓았다. 내 친구는 은퇴한 펀드매니저로, 펀더멘털을 토대로 종목을 골랐다. 나는 그의 판단을 존중해 포드 주식을 눈여겨보았다〈그림 6.5〉, 〈그림 6.6〉).

내가 매매 정보를 어떻게 대하는지는 이미 설명했다. 정보란 그저 조사하게 되는 촉매제 역할을 할 뿐이다. 정보를 얻으면 직접 조사해보아야 한다. 나는 펀더멘털 분석가들이 주는 정보를 좋아한다. 내가 하는 작업은 주로 기술적 분석으로, 종목을 다양한 측면에서 볼 수 있기 때문이다.

나는 포드 주식을 대량 매수해서 포지션을 축적한 다음 몇 년 동안 보유하기로 했다. 잠정 목표가는 20달러 부근으로, 고점의 절반에 해당했

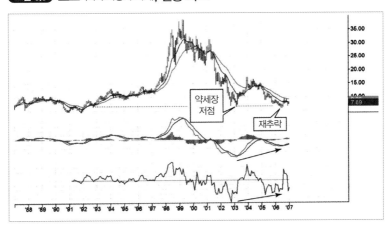

그림 6.5 포드「(미국 자동차 회사), **월봉 차트**

포드의 20년간 월봉 차트를 재빨리 훑어보면 강세장의 천장은 40달러 부근이다. 그 뒤로 끔찍한 약세장이 이어져 2003년 6달러까지 하락했다. 그러나 포드 주가는 이내 반등해 2006년 저점보다 조금 더 낮은 수준까지 서서히 하락했다. 나는 강력한 강세 다이버전스를 동반하며 저점을 살짝 낮추는 패턴을 좋아한다. 내 친구인 펀더멘털 분석가가 포드의 기업 장래가 밝다는 의견을 내놓은 데다 월봉 차트가 발전적이어서 주봉 차트를 들여다볼 때가 되었다고 판단했다. ❶

다. 이 계획은 장기 전망이 필요하므로 나는 어떤 반등에도 꿈쩍하지 않았다. 1월 말의 반등에도 마찬가지였다. 나는 기다렸다가 단기 하락기에 포지션을 더 축적할 요량이었다.

내 계획은 지금도 그대로 유지되고 있다. 나는 하락 시 계속 매수하고 반등할 때 일부 포지션을 매도하고 이어지는 하락에 재매수하고 있다. 오래전 싼 값에 매수한 핵심 포지션은 유지하면서 최근에 매수한 비교적 비싼 주들은 계속 매도하고 있다. 〈그림 6.7〉은 이 게임의 첫 3단계를 보

---

❶ 심리도 이를 확증했다. 그해 겨울 나는 주식에 관심이 있는 젊은이를 리무진 운전사로 고용했는데 이 청년은 내가 누군지 알지 못했다. 나는 인심 좋게 포드 주식을 사 모으고 있다고 귀띔해주었다. 그는 깜짝 놀랐다. 당시 포드의 펀더멘털에 관한 얘기라고는 온통 나쁜 소식뿐이었으니 그럴 만도 했다. 청년은 나를 홱 돌아보았다. 나는 꽁꽁 얼어붙은 고속도로에서 차가 미끄러질까 봐 겁이 났다. 역투자자는 대중이 증오하는 주식을 즐겨 산다.

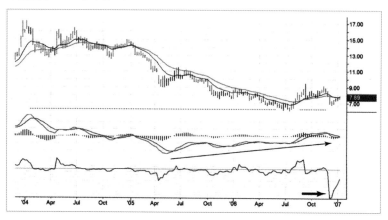

그림 6.6 포드^F, 주봉 차트

주봉 차트가 2006년 바닥에서 여러 지표의 강세 다이버전스를 확증했고 강력한 매수 신호 하나를 더 추가했다. 바로 차트 위에 화살표로 표시된 주간 강도 지수의 급격한 하락세다. 이런 폭락은 수많은 매도자가 주식을 포기하고 시장에 엄청난 매도 거래량을 내놓고 있다는 것을 의미한다. 강도 지수의 급락은 보유자들이 '구토가 날' 지경에 이르러 이전 보유 포지션들을 내던질 때 나타난다. 자금력이 약한 개인 투자자들이 사라지고 자금력이 좋은 보유자들만 남으면 비로소 주가는 상승을 준비한다(이 신호는 바닥에서는 잘 들어맞지만 천장을 식별하는 데는 유용성이 떨어진다).

여주며, 〈그림 6.8〉은 4단계를 보여준다.

이 장기 포지션은 2가지 데이터의 조합으로 구축되는데 바로 펀더멘털 정보와 강력한 기술적 신호들이다. 매수 작전과 매도 작전의 성공 여부는 엔진의 잡음에 계속 귀를 기울이고 있다가 엔진이 조금이라도 털털거리는 소리를 낼 때 즉시 매도하느냐 여부에 달려 있다. 엔진 소리가 괜찮으면 나는 더 낮은 수준에서 재매수한다. 그동안 핵심 포지션은 장기간 유지한다.

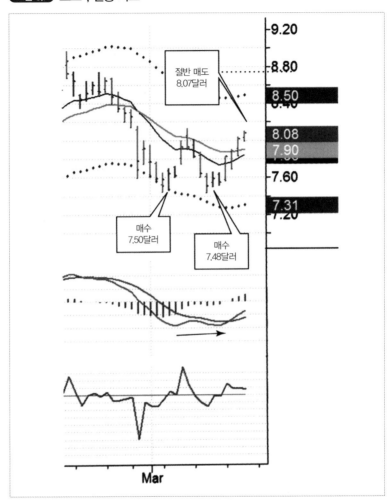

그림 6.7 포드^F, 일봉 차트

나는 첫 포지션을 7.50달러에 매수했는데, 이는 내가 축적하려는 총 포지션의 5분의 1 정도였다. 두 번째 에는 7.48달러에 매수했다. 둘 다 강도 지수가 0 이하로 떨어진 일봉 차트의 하단 채널선 부근에서 매수 했다. 빠른 반등이 두 바닥 사이를 가르고 있다. 두 번째 바닥에서 두 번째 반등이 있었지만 나는 강도 지 수의 약세 다이버전스와 MACD-히스토그램의 약한 과매수 위치를 확인하고는 반등이 저항에 부딪히리 라 우려했다. 두 포지션 중 더 비싼 쪽을 8.07달러에 매도해 계획을 실천했고, 주가가 지지선인 7.50달러 까지 다시 하락하면 포지션 규모를 두 배로 해서 재매수하겠다는 계획을 세웠다. 이 차트에는 포드 작전 의 세 번째 단계, 즉 7.50달러와 7.48달러에 매수, 그리고 8.07달러에 절반 매도가 표시되어 있다.

그림 6.8 포드ᶠ, 후속, 일봉 차트

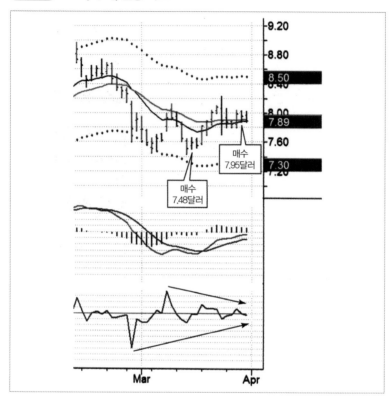

내가 매도한 다음 날 포드 주가는 살짝 상승했다가 주춤했지만 하락하지는 않았다. 상승은 멈추었지만 내림세로 돌아서지는 않았다. 나는 장기적인 안목으로 포드 주가가 상승할 것으로 예측했다. 하락을 거부하는 주식은 올라가고 싶어 한다. 상승세를 놓칠 위험이 하락세에 물리는 위험보다 더 크다고 보고 매수 주문을 새로 냈다.

나는 8.07달러에 매도한 뒤 동일한 수의 주식을 7.95달러에 매수했다. 지금 포드 주가는 9달러를 훨씬 상회하고 있는데, 하락할 때마다 롱(매수) 포지션을 계속 축적하고 상승하면 일부 포지션의 수익을 취할 계획이다.

:: 기업실적 발표 전에 매도하기

펀더멘털 관련 정보는 대부분 주가에 반영되어 있다. 나는 펀더멘털

펀드매니저들에게 이렇게 말하곤 한다. 당신들은 날 위해 일하는 것 같다고. 그들이 연구한 바를 토대로 매수하거나 매도할 때마다 주가 패턴이 형성되는데 기술적 분석가들은 이 패턴을 알아볼 수 있다. 펀더멘털 분석을 하려면 최소한 그 종목이 어느 업종에 속한 것인지 정도는 알아야 한다. 주식 역시 사람과 마찬가지로 떼를 지어 움직이는 경향이 있다. 강세 업종의 주식을 매수하고 약세 업종의 주식을 매도해야 한다.

펀더멘털 정보의 문제점 하나는 정보가 꾸준히 유입되지 않고 불쑥 시장에 유입된다는 것이다. 펀더멘털 정보 한 덩어리가 어떤 종목의 주가를 뛰게 만들 수도 있다. 특히 기업이 실적을 발표할 때 흔히 이런 일이 일어난다.

결국 기업의 실적이 주가를 좌우하므로 실적은 매우 중요하다. 주식을 매수한다는 것은 미래의 이익과 배당금에 대한 값을 지불하는 셈이다. 따라서 많은 애널리스트, 펀드 매니저, 트레이더가 추적하는 기업의 수익을 면밀히 살펴야 한다.

기업을 면밀히 관찰하는 사람들에게 기업실적 발표는 결코 놀라운 일이 아니라는 사실을 명심해야 한다. 첫째, 기업실적만 주시하고 예측하는 사람들은 벌써 하나의 직업군으로 자리 잡은 상태다. 노련한 프로들은 대개 미래를 제대로 예측하는 경향이 있다. 이 사람들에게 돈을 주고 정보를 사는 사람들은 대체로 실제 실적 보고서가 나오기 전에 주식을 매수하거나 매도한다. 영리한 매수자가 벌써 매수했거나 영리한 매도자가 벌써 매도했기 때문에 실적 보고서를 발표했다고 해서 주가가 급등하는 주식은 드물다. 프로들은 실적 발표 때 나올 내용을 미리 알고 있고 주가는 앞으로 발표될 실적 발표에 대한 군중의 기대를 반영하는 경향이 있다. 실적 보고서가 뉴스를 타고 방송에 보도될 때는 이미 별로 놀랄 일이 없다.

실적 발표에 주가가 급등하지 않는 또 다른 이유는 보고서 초안이 공식 발표에 앞서 종종 유출되기 때문이다. 나는 주식시장에 내부자거래의 거래량이 사람들이 생각하는 것보다 훨씬 많다고 믿는다. 미 증권거래위원회SEC가 혐의자들을 포착해서 내부자거래로 투옥하더라도 빙산의 일각을 쳐낸 것일 뿐이다. 단지 탐욕스럽고 어리석은 자들만 체포된다. 컨트리클럽에서 친목을 나누면서 정보를 주고받는 교활한 유형은 평생 걸리지 않고 내부정보로 이득을 취한다. 나는 트레이딩에 입문한 지 불과 몇 년 만에 이 사실을 깨달았다. 두 상장기업의 임원이었던 어떤 남자를 알고 지냈다. 그는 회사 친구들끼리 주고받는 내부정보를 토대로 매매한다면서 자랑했는데, 이 얘기를 듣고 나서 시장에 떠도는 뉴스들에 회의를 품게 되었다. 어중이떠중이나 뉴스에 신경을 쓰지 고급 정보를 다루는 사람들은 뉴스 따위는 거들떠보지도 않는다.

벨기에 트레이더인 파스칼 빌랭Pascal Willain은 《진입과 청산 전략》 인터뷰에서 내부자거래에 관해 이렇게 이야기했다. "개꼬리 3년 묵어도 족제비 털 안 된다는 말이 있죠. 내부자거래는 기업의 경영 방식 및 사업 종류와 연관 있습니다. 큰 계약에는 참여자가 많고 협상하는 데도 대개 몇 주가 걸립니다. 아무래도 정보가 유출될 가능성이 크죠. 기업은 경영 방식이나 사업 종류를 바꿀 수 없습니다. 과거에 정보를 유출했다면 앞으로도 계속 유출할 겁니다. 이래서 나는 지난 1년 동안 기업에 관한 뉴스를 살펴보고 기업이 움직이기 전에 신호가 있었는지 여부를 봅니다."

나처럼 기업의 비밀을 지키는 능력에 회의를 품는 사람들은 실적 발표 기간 내내 롱이든 숏이든 포지션을 그대로 보유하는 경향이 있다(〈그림 6.9〉, 〈그림 6.10〉). 실적 관련 뉴스는 이미 유출되어 가치가 떨어졌으므로 실

그림 6.9 시스코 시스템스^{CSCO}(미국의 IT 서비스 회사), **일봉 차트**

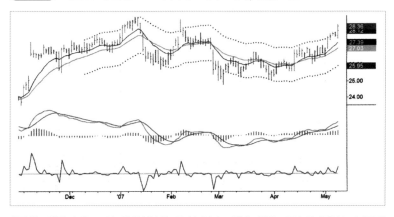

실적 발표 하루 전 시스코 시스템의 일봉 차트를 살펴보자. 고점과 저점이 모두 높아지면서 느리지만 꾸준히 상승세가 진행되고 있다. 차트 오른쪽 끝에서 주가는 고평가 구간인 상단 채널선 위로 상승했다. 롱 포지션을 보유하고 있다고 가정하자. 오른쪽 끝에서 어떻게 하겠는가? 매도하겠는가 아니면 수익 발표까지 기다리겠는가?

그림 6.10 시스코 시스템스^{CSCO}, 후속(7월 8일까지), **일봉 차트**

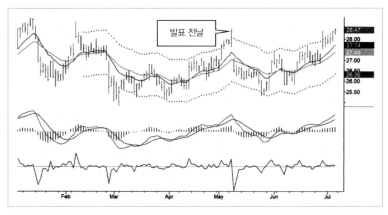

실적이 발표되자 주가는 잠시 하락하다가 이내 회복했다. 두 달 뒤를 보면 1가지 분명한 메시지를 알 수 있다. 수익 발표에 상관없이 상단 채널선 위인 고평가 구간에서는 파는 것이 현명하다.

적 발표 전의 추세가 지속되리라 예측할 수 있다. 반면 시스템을 굳게 신뢰하는 트레이더들은 더 신중하게 처신해 실적 발표 전에 포지션을 청산하고 빠져나오는 모습을 보인다.

내 경험으로 보아 실적 발표의 영향을 의심하는 것은 현명한 행동이다. 기업 정보는 유출되고, 내부자거래는 계속 이루어지고, 실적 발표는 되풀이된다. 하지만 가끔은 의심론자도 뜨거운 맛을 볼 때가 있다. 〈그림 6.11〉에서 〈그림 6.13〉까지 리서치인모션의 차트를 살펴보자. 이 차트들을 보면 최근 실적 발표 직전에 강력한 매도 신호가 제공됐음을 알 수 있다.

부정은 많은 사람이 생각하는 것보다 더 널리 퍼져 있지만 더 강력한 힘을 가진 것은 정직이다. 여기서 우리가 얻을 교훈은 이것이다. 안전한 쪽에 서고 싶다면 실적 발표 전에 포지션을 마감하라.

그림 6.11 리서치인모션RIMM(미국 블랙베리 단말기 제조회사), **주봉 차트**

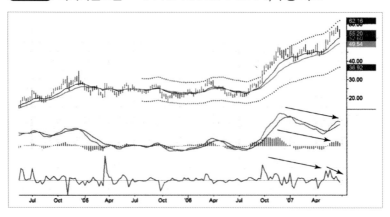

주봉 차트에서 모든 지표가 근사하게 약세 다이버전스를 보인다.

그림 6.12 리서치인모션^{RIMM}, 일봉 차트

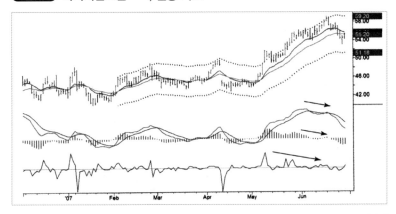

일봉 차트 역시 약세 다이버전스를 보이며 주봉 차트의 메시지를 추인했다. 공매도가 멋지게 들어맞아 수익이 불어나고 있다. 차트 오른쪽 끝 목요일이 되자 환매할지 아니면 수익 발표에 공매도할지 결정하기가 어려웠다. 한편 포지션은 수익 목표인 하단 채널선에는 아직 도달하지 않았지만 그 길을 향해 가고 있는 듯하다. 주가는 수요일 저점에서 뒷걸음질 치는 듯했다.

그림 6.13 리서치인모션^{RIMM}, 후속, 일봉 차트

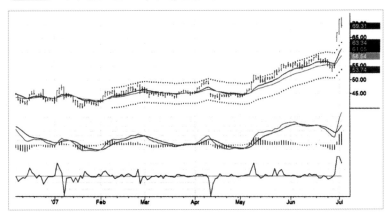

"아야!" 정직하게 기업 정보를 유출하지 않으면 어떤 일이 벌어지는지 참으로 충격적이다! 리서치인모션은 삼연타를 날려버렸다. 수익은 전망치를 뛰어넘었고, 다음 분기 수익 전망치를 올렸으며, 3:1로 액면분할(주식 액면가를 분할해 주식 총수를 늘리는 것. 3:1 분할이면 3만 원짜리 주식 1주를 셋으로 나누어 1만 원짜리 3주를 만드는 것이다-역주) 한다고 발표했다. 시장은 깜짝 놀랐고 주가는 급등했다. 주가는 약세 다이버전스를 부정하고 갭을 보이며 급등해 사상 최고가를 기록했다.

:: 시장은 종을 울린다

가뭄에 콩 나듯 아주 드문 일이기는 하지만 시장이 장기 추세의 종말을 알리는 조종을 울리기도 한다. 시장의 소음 한가운데에서는 종소리가 잘 들리지 않는다. 대부분의 사람이 종소리를 듣지 못하는 가운데 현명한 트레이더만이 종소리에 반응한다.

시장의 종소리를 들으려면 많은 경험이 필요하며, 이 신호에 따라 행동하려면 강한 확신을 가지고 있어야 한다. 시장이 종을 울리는 경우는 아주 드물기 때문에 늘 촉각을 곤두세우고 있어야 한다. 귀를 활짝 열고 정신을 바짝 차리고 있어야 이 신호를 감지할 수 있다. 초보들에게는 당연히 어려운 일이다. 시장의 종소리가 들린다면 진지한 트레이더에 가까워졌다는 증거다. 맨 처음 시장이 내 눈앞에서 종을 울렸을 때 나는 지난 다음에야 그 사실을 알아챘다. 대박의 기회는 달아났지만 이 일은 내 귀가 더욱 예민해지는 계기가 되었다.

1989년 나는 아시아로 날아갔다. 보잉 747기는 아늑하고 편안했다. 저녁을 먹고 기내의 불이 꺼지자 승객들은 대부분 잠들었다. 하지만 나는 태평양을 횡단하는 첫 비행이라 그런지 살짝 긴장해 잠을 이룰 수 없었다. 나는 복도로 나가서 쉰 살쯤 되어 보이는 일본항공 승무원과 이야기를 나눴다. 그는 종전 이후 가난 속에서 교육도 못 받고 어렵게 자란 얘기를 했다. 국영 항공사 비즈니스 클래스 수석 승무원 자리에 오르기까지 엄청난 노력이 필요했다며 그 자리에 오른 자신을 무척이나 대견해했다.

한창 수다를 떨다가 그는 일본 주식시장에서 매매가 활발히 이뤄지고 있다고 했다. 일본 주식시장은 20년째 상승하고 있었다. 그는 주식에 투자해 월급보다 더 많은 돈을 벌었다며 조기 은퇴할 계획이라고 했다. 벌써 저택을 지을 태평양 섬까지 알아놓았다고 했다. 그 사람을 화나게 하는 건 단 하나! 부모와 함께 살면서 유부남인 자신처럼 부양할 가족도 없는 사무직 여성들이 자신보다 더 많은 돈을 주식시장에 투자해 자기보다 더 많은 수익을 올렸다는 사실이었다!

몇 달 뒤 일본 주식시장은 요동치더니 곤두박질쳤다(〈그림 6.14〉). 이런 움직임이 나타난 첫 해, 주식시장 시가총액의 절반이 증발했는데 이는 끔찍한 약세장의 시작일 뿐이었다. 나는 고점 바로 근처에서 공매도할 기회를 놓쳤다. 이 일을 계기로 미래를 예고하는 이런 심리적 신호를 다시는 놓치지 말아야겠다는 귀한 교훈을 얻었다.

상궤를 벗어난 하나의 사건이나 일련의 사건들, 즉 시장의 법칙에서 벗어난 듯한 그런 사건을 발견할 때 시장의 종소리가 들린다. 사실, 중력의 법칙이 사라지지 않듯 시장의 법칙 역시 결코 사라지지 않는다. 버블

그림 6.14 닛케이 주가지수

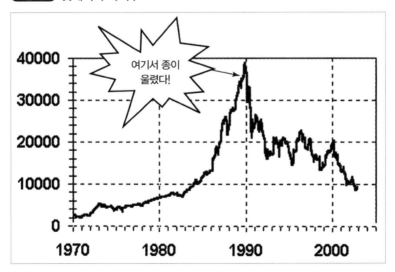

(거품) 기간 동안 마치 통상의 법칙이 더 이상 적용되지 않는 것 같은 착각이 들 뿐이다. 이는 시장의 법칙이 잠시 적용되지 않은 것에 불과하다.

주식이라면 낫 놓고 기역자도 모르는 사람 — 그 승무원이 나에게 직접 한 말이다 — 이 주식으로 잘나가는 직장에서 받는 연봉보다 더 많은 돈을 버는 것은 결코 정상적인 일이 아니다. 사무직 여성들이 그 승무원보다 주식으로 더 많은 돈을 버는 것도 역시 정상은 아니다. 시장은 아마추어들의 호주머니에 돈을 채워주기 위해 존재하지 않는다. 문외한과 신참들이 큰돈을 벌기 시작하면 시장은 고점에 가까워진 것이다.

지금 와서 승무원과 나눴던 대화를 곰곰이 생각해보면 누군가 종을 들고 다가와 귀에다 대고 흔든 셈이었다. 어서 팔고 공매도해! 경험이 부족해 한 귀로 듣고 한 귀로 흘리고 말았지만 말이다.

버나드 바루치Bernard Baruch는 20세기 초의 유명한 주식 투기업자다. 1929년 주식시장 대폭락 사태에 수많은 동료가 파산했지만 바루치는 아슬아슬하게 위기를 피할 수 있었다. 1929년 어느 날 사무실을 나서는데 자기 신발을 닦아주던 구두닦이가 그에게 어떤 주식을 사라며 정보를 주었다고 한다. 바루치는 그 소리를 듣고 시장의 신호를 알아챘다. 사회의 밑바닥에 있는 사람들까지 주식을 사고 있다면 더 이상 살 사람이 없을 것임을 말이다. 그는 주식을 팔기 시작했다. 시대도 다르고 국적도 다르지만 내가 만난 일본인 승무원도 내게 똑같은 신호를 보냈다.

내가 경험한 또 다른 심리적 신호도 있다. 트레이더 박람회와 쇼를 몇 년째 다니다 보니 주식시장의 수준과 전시자들이 나눠주는 무료 사은품의 양과 질은 반비례한다는 사실을 깨달았다. 주식시장이 고점에서 비등할 때 회사들이 나눠주는 물건을 다 담으려면 쇼핑백이 필요할 정도다. 1987년 시장이 고점을 찍기 한 달 전 시카고거래소 한 곳은 고급 선글라스를 나눠줬는데 테에 이런 글귀가 새겨져 있었다. "미래가 너무 눈부셔. 선글라스를 껴야지."

트레이드 쇼의 사은품의 질과 양은 대중의 심리를 반영한다. 시장이 상승하면 대중은 행복해하고 사람들은 돈을 펑펑 쓰고 돈이 넘쳐나는 회사들은 더 많은 사은품을 나눠준다.

2007년 2월 24일, 나는 뉴욕 트레이더 엑스포에 갔다. 주식시장은 4년 가까이 상승하고 있었다. 시장은 7개월 동안 머뭇거림 없이 수직 상승하고 있었다. 트레이드 쇼에서 주는 사은품 역시 풍성했다. 나는 스키모자, 야구모자, 목도리, 티셔츠 여러 벌 등을 건졌다. 하지만 가장 큰 선물은 나스닥 부스에서 기다리고 있었다. 나스닥 거래소에서 공짜로 돈을 나눠주고 있었다(《그림 6.15》).

그림 6.15 시장 고점에서 뿌린 공짜 돈

조그만 광고지를 붙인 플라스틱 통 안에 달러화 지폐가 돌돌 말려 넣어져 있었다. 나는 내 눈을 믿을 수 없어서 진짜 돈이 맞느냐고 물었더니 직접 확인하라고 했다. 나는 통을 열어서 빳빳한 신권을 꺼냈다. 두 개 가져도 되느냐고 묻자 그러라고 했다. 같이 간 친구 역시 두 개를 받았다. 그날 오후 수업에서 나는 학생들에게 주식시장이 천장에 도달했고 교실 바로 밖 전시관에서 요란한 매도 신호가 울리고 있다고 말했다.

마침 월요일이 공휴일이어서 화요일에 더 많이 공매도했다. 지표들은 한 달째 매도 신호를 깜박이고 있었다. 공짜 돈은 누군가 종을 울리는 것 같았다. 상승세로 적정 목표가를 훌쩍 넘어섰다. 공짜돈은 상승세가 비정상적으로 날뛰고 있다는 것을 보여주었다. 나는 롱 포지션을 거의 모두 청산하고 숏 포지션을 축적했다. 주식, 주식지수 선물을 공매도하고

그림 6.16 S&P500, 주봉 차트, 2007년 2월 24일 박람회 전

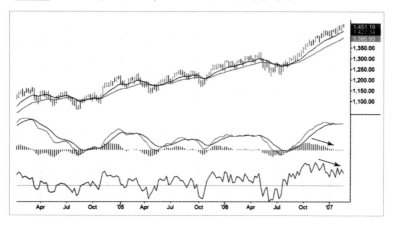

그림 6.17 S&P500, 후속 주봉 차트

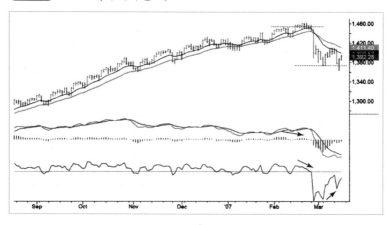

지수 풋옵션도 매수했다. 오래 기다릴 필요도 없었다. 시장은 트레이드쇼 다음 날 하루 상승하더니 이내 곤두박질쳤다. 공매도할 절호의 기회였다(〈그림 6.16〉, 〈그림 6.17〉).

시장은 물정 모르는 대중의 호주머니에서 돈을 빼내 현명한 소수의 계좌로 흘려 보내는 펌프 같다. 주식 판은 마이너스－섬 게임으로 패자가 잃은 돈보다 승자가 얻는 돈이 더 적다. 수수료, 슬리피지, 비용 등 온갖 명목으로 어마어마한 돈을 뜯어가기 때문이다. 이런 이유로 시장에는 돈을 번 사람보다 돈을 잃은 사람이 더 많다.

아마추어들은 지속적인 추세에서 롱 포지션으로만 수익을 번다. 롱 포지션이라는 일방통행은 규칙이 아니라 예외에 가깝다. 너도 나도 매수에 나설 때 돈을 버는 건 정상이 아니다. 결국 다수는 돈을 잃고 소수만이 돈을 번다. 시장이 종을 울리면 일탈 행동이 너무 길게 끌었고 힘의 균형이 지나치게 한쪽으로 치우쳐 수많은 트레이더가 처참한 몰락을 앞두고 있다는 의미다.

시장을 진지하게 연구하고 마음을 열어야 이런 신호들을 보고 듣는 방법을 배울 수 있다. 이런 신호들을 듣고 이해하고, 신호들에 반응하기 시작하면 더 이상 초보가 아니다. 이런 신호들에 반응하기 시작할 때 시장의 게임에 능숙한 소수의 트레이더가 된 자신을 발견하게 될 것이다.

:: 신고점 - 신저점 지수로 매매하기

개별 종목을 매매하든 주가지수 선물을 매매하든 시장의 추세를 확인하고 다가오는 반전을 경고할 지표가 있어야 한다. 지표가 주식시장이 방향을 선회할 것이라는 신호를 깜박이면 보유 주식의 기술적 신호들에 특히 유의해야 한다.

내가 보기에 최고의 주식시장 선행 지표는 신고점–신저점 지수New High-New Low, NH-NL다. 신고점NH은 강세 선도주들로, 특정일을 기준으로 지난 52주 동안 고점을 기록한 주식들이다. 신저점NL은 약세 선도주들로, 특정일을 기준으로 지난 52주 동안 저점을 기록한 주식들이다. 신고점 주와 신저점 주의 상호작용은 추세의 강세와 약세에 대한 탁월한 정보를 제공한다.

신고점–신저점 지표를 구축하기는 쉽다. 그날 신고점을 기록한 종목 수에서 그날 신저점을 기록한 종목 수를 빼면 그날의 신고점–신저점 지표가 산출된다. 지난 5일 동안의 일일 신고점–신저점의 총합을 구하면

그림 6.18 신고점–신저점, 2007년 2월

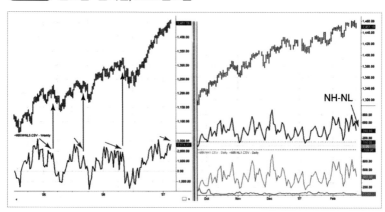

적색 선 ■ 신저점들　　녹색 선 ■ 신고점들

차트 왼쪽에는 S&P500이 새로운 강세장의 꼭짓점을 향해 오르고 있고 바로 아래 주간 신고점–신저점은 약세 다이버전스를 보인다(차트 오른쪽 끝 적색 화살표로 표시됨). 수직 선들로 표시된 이전의 유사한 다이버전스들도 강세장 내의 주요 천장을 나타낸다. 일봉 차트에서는 일일 신고점–신저점이 미세하게 약세 다이버전스를 보인다. 중요한 매도 신호는 주봉 차트에서 나온다.

주간 신고점 – 신저점 지표가 산출된다.

신고점 – 신저점이 양수면 매수세가 주도권을 잡고 있다는 것이다. 신고점 – 신저점이 음수면 매도세가 주도권을 잡고 있다는 것이다. 신고점 – 신저점이 주가와 발을 맞추어 상승 또는 하락하면 추세를 재확인한다. 신고점 – 신저점이 주가 추세와 반대로 움직이면서 다이버전스를 보이면 천장과 바닥을 식별하는 데 유용하다. 시장이 신고점을 향해 달려

그림 6.19 신고점–신저점, 2007년 2월, 후속

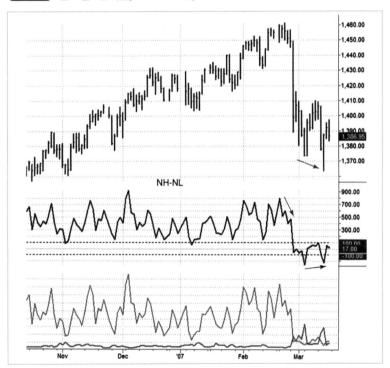

신고점–신저점의 약세 다이버전스 이후 주식시장은 붕괴했다. 반등하더니 다시 저점을 낮추며 하락했지만 일일 신고점–신저점은 하락폭을 낮췄다. 이런 강세 다이버전스는 하락 주도세의 힘이 빠지고 있으니 공매도 포지션을 환매하고 다시 매수할 때라는 신호다.

가고 신고점 – 신저점이 신고점을 찍으면 매수세의 주도권이 점차 강력해지고 상승세는 계속된다. 시장은 상승하는데 신고점 – 신저점이 하락하면 상승세에 문제가 있다는 신호다. 하락세일 때 신저점 역시 마찬가지다.

나는 컴퓨터 창을 따로 만들어 신고점 – 신저점을 살핀다. 왼쪽에는 주봉 차트, 오른쪽에는 일봉 차트를 둔다. 주봉 차트에는 신고점 – 신저점을 선으로 나타내고 일봉 차트에는 신고점을 녹색 선, 신저점을 적색 선으로 표시하는 또 하나의 칸이 있다. 〈그림 6.18〉은 2007년 2월 고점 시 차트의 모양을 보여준다.

신고점 – 신저점이 매도 신호를 깜박일 때 〈그림 6.19〉에서 보듯 시장은 종을 울렸다. 서로 다른 원칙에 토대를 둔 다양한 지표들이 동일한 신호를 보내며 지표들의 메시지는 더욱 강력해졌다. 신고점 – 신저점 신호의 타이밍은 MACD나 강도 지수처럼 정확하지 않지만 주식을 사 모을 때나 털어버릴 때를 알려주므로 아주 유용하다.

:: 매도 결정 흐름도

분야를 막론하고 진지한 전문가들은 의사결정 흐름도를 갖고 있다. 프로들은 대개 이 흐름도가 머릿속에 있어서 따로 기록하지 않는다. 사실 이 흐름도는 어쩌면 머릿속보다 더 깊은 곳, 그러니까 뼛속 깊숙이 새겨져 있는 건지도 모른다.

의사결정 흐름도는 특정 상황에서 해야 할 일과 하지 말아야 할 일을 결정하는 데 도움을 주는 일련의 규칙들을 뜻한다. 프로들은 훈련, 교육,

실습 과정에서 의사결정 흐름도를 만든다. 일류들은 평생토록 의사결정 흐름도를 갈고닦는다. 지금은 고인이 된 친구 루 테일러Lou Taylor는 1970년대 후반 이런 우스갯소리를 했다. "해마다 0.5%씩만 똑똑해져도 죽을 때쯤이면 천재가 되어 있을 거야."

의사결정 흐름도를 적어두는 사람은 거의 없다. 한 조각 한 조각 기워 나가듯 키워서 결국 하나의 큰 덩어리로 뭉쳐지게 만든다. 풋내기 트레이더였던 내가 뉴욕에서 로스앤젤레스로 가는 다섯 시간의 비행 동안 의사결정 흐름도를 적어보겠다고 결심한 경위를 떠올리면 웃음만 나온다. 한 달 뒤 나는 여전히 화살표가 이리저리 어긋나고 여기저기 지운 표시가 있는 책상만 한 종이에 끄적이고 있었다.

의사결정 흐름도를 인쇄해서 늘 가지고 다니는 프로는 항공기 조종사들밖에 없다. 이들은 비행기에 이상이 생기면 어떤 조치를 취할지 적어둔 매뉴얼을 받는다. 조종석에서 타는 냄새가 나면 코를 찡그리며 "이런, 타는 냄새가 나네. 어떡하지……"라고 중얼거리지 않는다. 조종사는 머리를 긁적이며 생각하는 대신 매뉴얼의 '타는 냄새' 페이지를 열고는 동료 조종사와 함께 '만약……한다면' 질문과 응답을 분명히 한 다음 구체적인 행동에 돌입한다. 점검 목록을 만드는 방법에 대한 최근의 저서로는 아툴 가완디 박사Dr. Atal Gawade가 쓴 《체크! 체크리스트The Checklist Manifesto》(21세기북스, 2010)가 가장 탁월하다.

하지만 최고의 항공사가 승인한 인쇄된 의사결정 흐름도라 하더라도 완벽하지는 않다. 말콤 맥퍼슨MalColm MacPherson은 《블랙박스The Blackbox》라는 멋진 책에 추락한 항공기의 블랙박스들에서 얻은 수십 건의 기록을 수록했다. 위급한 상황에서 어떤 조종사들은 왜 당황하고 어떤 조종사들은 왜 위험에 의연하게 맞서는지를 보면 큰 교훈을 얻을 수 있다. 내가 가장 좋아하는 장은 꼬리 엔진이 폭발해 유압관이 모두 끊긴 항공기의 블랙박스 기록이다. 매뉴얼에는 제어장치가 끊어진 항공기를 통제하는 법이 적혀 있지 않았다. 항공기 제조사에 전화를 했지만 제조사는 날 수 없을지도 모른다는 대답만 했다. 조종사는 전화를 끊고는 되는 대로 착륙해볼까 생각했다. 결국 시스템이 아니라 그의 재량 비행이 자신, 승무원, 그리고 승객의 목숨을 살렸다.

의사결정 흐름도

장세는 늘 변하므로 어떤 자동 시스템도 결국에는 스스로 망가지게 마련이다. 따라서 기계적 시스템을 사용하는 아마추어는 결국 돈을 잃게 되어 있다. 자동항법 모드로 시스템을 맞춰놓은 프로는 매의 눈으로 모니터를 주시한다. 프로 시스템 트레이더는 재량 매매가 가능하므로 기계적 시스템을 정확히 활용할 수 있다.

매매 시스템은 시장에서 취할 실행계획이지만 어떤 계획도 하나부터 열까지 만사를 다 예측할 수는 없다. 아무리 탄탄하고 신뢰도가 높은 계획이라고 해도 늘 어느 정도의 판단력이 필요하다. 시스템으로 취해야 할 행동을 자동화하고 필요할 때는 재량으로 판단한다. 시장에서 필요한 것이 바로 이것이다. 즉 매매 기회를 발견하고 스톱을 설정하며 수익 목표를 수립하는 시스템이 필요하다.

《나의 트레이딩 룸으로 오라: 알렉산더 엘더의 신(新) 심리투자기법》에서

요약 발췌

그래도 대부분의 경우 의사결정 흐름도를 적어두는 편이 좋다. 이런 이유로 매도를 위한 의사결정 흐름도에 들어가야 할 몇 가지 핵심 포인트들을 논의하고자 한다.

매도에 들어가기 전에 매수 의사결정 흐름도를 잠시 돌아보자. 매수 의사결정 흐름도는 자금 관리로 시작해서 자금 관리로 끝난다. 첫 번째 질문. 6% 규칙에 따르면 매매가 가능한가? 진입하기 전 마지막 질문. 2% 규칙에 따르면 허용되는 매매 규모는? 앞서 이 책에서 철의 삼각지를 비롯해 이 규칙들을 논의했다.

살 때 제대로 사면 팔 때도 잘 팔 수 있다. 자금 관리 규칙에 따라 매수한다면 계좌에 비해 너무 큰 규모를 짊어지느라 스트레스를 받지 않아도 된다.

매도 의사결정 흐름도를 그리려면 몇 가지 질문을 고려해야 한다.

1. 단기 매매인가 장기 매매인가?

단기 매매라면 채널 또는 엔빌로프 근처에 목표가를 설정해야 한다. 장기 매매라면 더 먼 곳인 주요 지지선이나 저항선 근처에 수익 목표를 설정해야 한다. 추세 매매자들은 장기 매매, 스윙 매매자들은 단기 매매하는 경향이 있다.

소하일 라바니Sohail Rabbani는《진입과 청산》인터뷰에서 두 유형의 트레이더를 코끼리 사냥꾼과 토끼 사냥꾼에 비유했다. 표적이 크면 총알을 자주 발사하지 않아도 되지만 표적이 작으면 자주 총을 쏘아야 한다. 두 사냥꾼은 사냥 과정도 다르지만 장비도 다르다. 많은 초보가 입심 좋은 상인들의 꾐에 넘어가 아무 총이나 사 들고 숲으로 나간다. 이들은 코끼리를 쏠지 토끼를 쏠지 자신이 뭘 쏠지도 모르고 나가서는 결국 자기 발등에다 총알을 쏘기 일쑤다.

매매 표적을 정했는가? 어느 수준에서 수익을 거둘지 적어두었는가? 대략 얼마나 오랫동안 포지션을 보유할지 적어두었는가? 단기 트레이더는 특히 매매 점수를 면밀히 추적해야 하며 일봉 차트 채널의 30%, 즉 A 수준에 주가가 도달하면 즉시 빠져나와야 한다. 장기 트레이더는 훨씬 멀리 있는 수익 목표에 도달할 때까지 포지션을 보유해야 한다.

2. 스톱을 어디에 설정할 것인가?

단기 매매에서는 수익 목표를 가까이 두어야 할 뿐 아니라 적당히 좁게 스톱을 두어야 한다. 추세매매에서는 목표가 멀리 있어서 목표에 도달하는 예상 시간을 수개월, 심지어 수년으로 계산한다. 코끼리는 멀리까지 배회하므로 코끼리를 잡으려면 스톱이 아주 넓어야 한다.

대체로 단기 매매의 스톱은 느긋한 장기 매매보다 좁아야 한다. 이따금 운이 좋으면 탄탄한 지지선에 얌전하게 머물러 있는 종목을 찾기도 한다. 이 경우 작은 위험을 감수하면서 대규모 장기 포지션을 취할 수 있다. 아무튼 장기 매매는 대부분의 경우 자유 재량권이 더 많아야 한다. 장기 트레이더는 포지션 스톱을 아주 느슨하게 고려해야 하며, 단기 트레이더는 좁은 스톱을 사용하는 경향이 있다.

철의 삼각지는 매매당 총 리스크를 제한하므로 스톱과 거리가 멀수록 매매 주식 수는 적어진다. 주당 리스크가 커지면 매수 주식 수가 적어져 총 리스크를 자금 관리 한계 내에서 유지할 수 있다.

주식 계좌에 적은 돈을 굴린다면 대부분의 매매에 최대 2% 리스크 제한을 적용해야 한다. 주식 계좌에 큰돈을 굴린다면 단기 매매의 리스크를 매매 자금의 0.25%로 제한하지만 장기 매매의 경우 리스크를 매매자금의 1%까지 끌어올릴 수 있다. 즉, 장기 매매의 주당 리스크가 더 커지더라도 포지션 크기는 여전히 꽤 크다는 것을 의미한다.

3. 단기 또는 장기 매매의 다양한 '엔진 잡음'에 귀를 기울여라.

포지션이 목표가를 향해 움직이지 않고 덜컥거리고 털털거리기 시작하면 재량 트레이더는 뛰어내리려고 작정할 것이다. 추세가 역공을 펼쳐 스톱을 건드릴 때까지 기다릴 필요는 없다. 재량 트레이더는 적은 수익을 취하고 유유히 다음 매매로 넘어간다. 장기 트레이더와 단기 트레이더의 경우, 주의를 기울여야 할 경고를 발하는 잡음 유형이 다르다.

단기 트레이더는 일봉 차트와 지표를 살피면서 과매수 상태가 되거나 더 이상 올라가지 않고 보합세를 보이는 신호를 찾는다. 일봉 MACD - 히스토그램이 약세 다이버전스를 보이면 뛰어내리겠지만 강도 지수의 약세 다이버전스나 일봉 MACD - 히스토그램의 하락 같은 미미한 신호를 찾을 수도 있다. 단기 전망에서는 아직 수익을 거둘 여력이 더 있지만 추세의 피로도를 나타내는 미묘한 신호, 아주 약한 엔진 소음도 뛰어내리라는 신호가 된다.

장기 트레이더는 미미한 잡음에 조금 더 관대하다. 장기 트레이더는 일봉 차트의 신호에 반응해 뛰어내리면 안 된다. 그렇게 하면 장기 매매를 제대로 끌고 갈 수 없다. 장기 트레이더는 주봉 차트에 집중하고 더 큰 '엔진 소음'을 기다렸다가 뛰어내려야 한다. 장기 트레이더는 일봉 차트 대신 주봉 차트에서 신호를 찾는다. 장기 트레이더가 일봉 차트를 너무 면밀히 들여다보는 건 좋지 않다.

노련한 트레이더는 하나의 작전에 2가지 접근법을 결합할 수 있다. 노련한 트레이더는 핵심 포지션이 아닌 주변 포지션을 매매할 때 단기 매매 기술을 활용한다. 핵심 장기 포지션은 좋을 때나 안 좋을 때나 그대로 유지하되, 계좌의 일부는 매매의 방향대로 지속적으로 단기 매매한다.

8달러짜리 주식을 목표가 20달러 초반대로 1000주를 보유하고 있다고 하자. 그중 500주를 핵심 보유 포지션이라고 여긴다. 나머지는 주가 동향에 달려 있다. 주가가 이동평균까지 되돌림하면 포지션을 1500주까지 축적할 수도 있고, 채널 위로 상승하면 500주를 매도할 수도 있다. 장기 핵심 포지션은 그대로 보유한 채 매수와 매도를 거듭한다.

어떻게 하든 결정과 행위를 모두 기록하라. 매매 일지를 꾸준히 기록하다 보면 배움에 속도가 붙고 어려운 시기에 살아남을 수 있으며 수익을 향해 한 걸음 한 걸음 다가갈 수 있다.

주식을 매수했는데 수익이 눈에 보인다. 이제 언제 포지션을 매도하고 평가수익을 현찰로 바꿀지 결정해야 한다. 지금 당장 팔아서 현찰을 쓸어 담아야 할까? 좀 더 흐름을 타게 놔두었다가 나중에 더 큰 돈을 벌어야 할까? 그러다가 주가가 반전해 수익이 날아가버리면 어쩌지?

수익 실현이나 손실 제한의 필수 단계인 매도는 진지하고 사무적인 태도로 결행해야 한다. 따라서 매수한 주식의 수익 목표를 정하는 방식을 알아야 한다. 보호 스톱을 설정하는 방법을 알아야 한다. 내가 매수한 주식이 상승한다는 보장은 없으므로 언제 주식을 처분할지 결정해야 한다. 이 결정은 매매에 돌입하기 전에 내려야 한다.

주식을 매수한 뒤에는 차익 실현과 손실 제한 스톱으로 보호해야 한다. 시간이 지나면 차익 실현 계획과 손실 제한 스톱을 조정해야 한다. 단번에 포지션 전체를 매도할지, 아니면 일부는 수익을 취하고 나머지 포지션은 계속 흐름을 타도록 놔둘지 결정해야 한다.

문제를 풀 때 모든 답은 트레이더로서 자신의 경험과 연계해야 한다. 지금쯤은 매매 일지를 쓰고 있을 테니 매매 일지를 계속 참고하라. 매도는 이 스터디가이드의 가장 긴 부분으로, 문제도 가장 많다. 매도는 지극히 중요한 주제이므로 꼭 높은 점수를 받아야 한다. 필요하면 계속 재시험을 보도록 하라.

여기 있는 문제를 모두 풀고 해답을 보기 전에 답을 적어 넣어라.

문제	배점	1차 시도	2차 시도	3차 시도	4차 시도	5차 시도	6차 시도
34	1						
35	1						
36	1						
37	1						
38	1						
39	1						
40	1						
41	1						
42	1						
43	1						
44	1						
45	1						
46	1						
47	1						
48	1						
49	1						
50	1						

문제	배점	1차 시도	2차 시도	3차 시도	4차 시도	5차 시도	6차 시도
51	1						
52	1						
53	1						
54	1						
55	1						
56	1						
57	1						
58	1						
59	1						
60	1						
61	1						
62	1						
63	1						
64	1						
65	1						
66	1						
67	1						
68	1						
69	1						
70	1						
71	1						
72	1						
73	1						
74	1						

75	1						
76	1						
77	1						
78	1						
79	1						
80	1						
81	1						
82	1						
83	1						
84	1						
85	1						
86	1						
총점	53						

매도 계획

매도를 위한 서면 계획에 관한 설명 중 틀린 것은?

1. 성공을 보장한다.

2. 스트레스를 줄인다.

3. 분석과 매매를 분리할 수 있다.

4. 시장의 갈지자 행보에 일일이 대응하지 않게 된다.

문제 35 **3가지 매도 유형**

다음 중 합리적인 3가지 매도 유형에 속하지 않는 것은?

1. 시장가보다 높은 수익 목표에 매도하기

2. 시장가보다 낮은 스톱에 매도하기

3. 변하는 장세의 '엔진 잡음'에 반응해 매도하기

4. 포지션을 유지할 수 있는 인내심이 떨어져 매도하기

문제 36 **매도 계획 수립하기**

주식을 매수하기 전 진지한 트레이더가 스스로에게 질문하는 사항이 아닌 것은?

1. 주가가 어느 정도까지 상승할 것인가? 수익 목표는?

2. 주가가 어느 정도까지 떨어져야 보호 스톱이 작동하도록 설정할 것인가?

3. 주식의 위험보상비율은?

4. 목표가에 도달한 뒤 목표가를 더 멀리 옮겨야 할까?

매도 목표

다음 중 매도 목표를 설정하는 데 도움이 되는 도구는?

    A. 이동평균

    B. 엔빌로프 또는 채널

    C. 지지 영역과 저항 영역

    D. 기타 방법

1. A

2. A, B

3. A, B, C

4. A, B, C, D

이동평균을 하회하는 주식

이동평균보다 낮은 주가에 거래되는 주식에 관한 설명으로 옳은 것은?
두 개의 정답을 고르시오.

    A. 가치보다 낮은 가격에 거래되고 있다.

    B. 주가가 하락하고 있다.

    C. 주가가 상승하고 있다.

    D. 지표가 상승하고 있다면 첫 번째 목표는 이동평균이다.

1. A, D

2. B, D

3. A, C

4. A, B

매도 목표로서 이동평균

이동평균을 목표가로 쓰는 것에 대한 설명 중 틀린 것은?

1. 이동평균에 매도하는 것은 특히 주봉 차트에서 효과적이다.
2. 주가는 이동평균을 중심으로 오르락내리락하는 경향이 있다.
3. 목표가와의 거리가 스톱과의 거리보다 먼 것이 훨씬 바람직하다.
4. 목표가에 매도할 때 매도 점수는 중요하지 않다.

문제 40 **매도 후회**

이동평균에 매도했는데 주가가 계속 상승하면 뼈저리게 후회한다. 다음 중 옳은 것은?

1. 다음에는 너무 빨리 청산하지 않게 되므로 후회는 바람직하다.
2. 너무 빨리 청산했다고 뼈저리게 후회하면 다음에는 지나치게 오래 보유할 수도 있다.
3. 분석이 옳았다면 일찍 팔 리 없다.
4. 눈앞에서 돈을 놓치는 것은 형편없는 트레이더라는 증거다.

문제 41 **수익 목표로서 이동평균**

상승 시 이동평균을 목표가로 활용하기에 가장 좋은 시점은?

1. 주가가 약세장 저점에서 반등할 때
2. 지속적인 상승세가 한창일 때
3. 주가가 역대 최고점 근처에 있을 때
4. 1, 2, 3 모두

목표가로서 채널

수익 목표로 채널을 활용하는 방안에 대한 설명으로 옳은 것은?

1. 주봉의 강력한 상승세는 일봉 차트 위에서 채널을 목표로 잡기에
가장 좋은 시점이다.

2. 상승세가 보일 때는 질서정연한 고점과 바닥 패턴이 거의 보이지
않는다.

3. 상승세에서 롱 포지션에 진입하는 최상의 시점은 주가가 상단 채
널선을 건드릴 때다.

4. 주가가 더 상승할 수도 있으므로 채널에서 매도하면 손해다.

채널 활용해 실적 평가하기

스윙 트레이더가 매매로 포착한 채널 높이의 비율을 측정하면

A. 돈보다 목표에 집중할 수 있다.

B. 실적을 측정하는 잣대가 된다.

C. 현실적인 수익 목표를 설정하는 데 도움이 된다.

1. A

2. A, B

3. A, B, C

목표가에 매도하기

어울리는 것끼리 바르게 짝지어라.

A. 저점을 탈출하는 반등에서 첫 번째 매도 목표

B. 진행 중인 상승세에서 첫 번째 매도 목표

1. 이동평균, 즉 가치나 가치 아래

2. 상단 채널선으로 확인되는 고평가 구역 근처

문제 45 **욕심 부리기**

더 많은 수익을 얻으려고 항상 욕심을 부리면 트레이더는

    A. 더 느긋해진다.

    B. 더 스트레스를 받는다.

    C. 더 성공한다.

    D. 더 과민 반응을 보인다.

1. A, B

2. A, C

3. B, D

4. B, C

문제 46 **상승장의 최고점**

상승 시 최고점에 대한 설명으로 옳은 것은?

  1. 최고점을 예측하면 합리적인 매도 목표가 산출된다.

  2. 매우 일관성 있게 예측할 수 있다.

  3. 최고점에 매도하려다가 값비싼 대가를 치르기 쉽다.

  4. 최고점에 지속적으로 매도할 수 있다면 그 지점에서 공매도할 수
     도 있다.

문제 47 **상단 채널선을 상회하는 주가**

주가가 상단 채널선 위로 상승했다. 다음 설명 중 옳은 것은?

  1. 즉시 수익을 거두어야 한다.

2. 2일 연속 종가가 상단 채널선에서 마감되면 수익을 거두어야 한다.

3. 종가가 상단 채널선에서 마감되면 상승세가 지속된다는 의미다.

4. 종가가 상단 채널선에서 마감되지만 신고점 달성에 실패하면 그날 매도를 고려해야 한다.

문제 48 수익 목표

수익 목표를 설정하는 것에 관한 설명 중 옳은 것은?

1. 목표는 걱정하지 말고 포지션이 최대한 멀리 움직이도록 내버려 둬라.

2. 어떤 시장에나 완벽한 수익 목표가 존재한다.

3. 시간 단위가 길수록 수익 목표를 멀리 잡아라.

4. 어떤 매매라도 이동평균은 최상의 수익 목표를 제공한다.

문제 49 지지 영역과 저항 영역

지지 영역과 저항 영역은 장기 매매에 매력적인 주가 목표를 제공하는데 그 이유로 옳지 않은 것은?

1. 밀집 구역은 다수의 시장 참여자가 기꺼이 매수 또는 매도하려는 지역이다.

2. 가격대는 수많은 트레이더가 대체로 합의하는 가치다.

3. 가격대가 지속되는 시간은 주가 추세가 지속되는 시간보다 더 길다.

4. 추세는 항상 가격대 가장자리에서 멈춘다.

보호 스톱

보호 스톱을 두는 것이 바람직한 이유로 틀린 것은?

   1. 보호 스톱은 주가가 불리하게 움직일 수도 있다는 것을 깨우쳐 현실을 직시하게 만든다.

   2. 보호 스톱은 사람들이 주식에 푹 빠져 있을 때 소유권 효과에 역행한다.

   3. 보호 스톱은 오픈 포지션에서 결정을 내려야 하는 심적 부담을 줄여준다.

   4. 보호 스톱은 잃어도 되는 돈의 액수에 대한 절대적인 한계를 정해준다.

문제 51 **저항선 돌파**

주가가 저항 수준 위로 상승했다가 멈춘 다음 다시 상승해 저항 수준 위에서 마감하면?

   A. 즉시 매수하라는 신호다.

   B. 주가가 저항 영역으로 되돌림하는 것은 공매도해야 한다는 신호다.

   C. 즉시 공매도하라는 신호다.

   D. 주가가 저항 영역으로 하락하면 매수하라는 신호다.

   1. A 또는 D

   2. A 또는 B

   3. B 또는 C

   4. C 또는 D

스톱 없는 매매

스톱 없는 매매는?

   1. 노련한 트레이더에게만 허용된다.

   2. 도박이다.

   3. 융통성을 높이는 방법이다.

   4. 현실적인 접근이다.

스톱 변경하기

다음 중 오픈 포지션 상태에서 허용되는 것은?

      A. 롱 포지션에서 스톱 올리기

      B. 숏 포지션에서 스톱 올리기

      C. 숏 포지션에서 스톱 내리기

      D. 롱 포지션에서 스톱 내리기

   1. A, B

   2. B, C

   3. A, C

   4. C, D

재진입하기

주식을 매수하고 스톱에 걸려 청산하고 나서 다시 주식을 매수해 재진입하는 것은

   1. 프로들 사이에서는 흔한 전술이다.

   2. 이미 돈 낭비한 곳에 또 돈을 쓰는 이중 손해다.

   3. 고집이다.

4. 시간 낭비, 돈 낭비다.

문제 55 스톱 설정 지점 결정하기

스톱을 설정하는 데 있어서 가장 중요한 질문 하나는?

1. 매매하고 있는 시장의 변동성은?

2. 어느 정도의 리스크를 질 것인가?

3. 수익 목표는 무엇인가?

4. 몇 주나 매수할 것인가?

문제 56 가장 최근 매매의 영향

가장 최근에 얻은 수익이나 가장 최근에 입은 손실의 규모가 다음 매매 계획에 미치는 영향은?

1. 수익을 얻은 뒤에는 매매 규모가 커진다.

2. 손실을 입은 뒤에는 매매 규모가 작아진다.

3. 손실을 입은 뒤에는 매매 규모가 커진다.

4. 정답 없음

문제 57 '철의 삼각지'

리스크 관리의 '철의 삼각지'에 해당하는 세 요소다. 아래 번호와 바르게 짝지어라.

  A. 자금 관리

  B. 스톱 두기

  C. 포지션 규모 설정

1. 차트 분석을 토대로 설정한다.

2. 이번 매매에서 리스크를 어느 정도로 할지 결정하기

3. 한 요소를 다른 요소로 나누기

지정가주문

지정가주문이 시장가주문보다 바람직한 이유가 아닌 것은?

1. 슬리피지를 방지한다.

2. 체결이 보장된다.

3. 진입에 가장 효율적이다.

4. 목표 수준에 수익을 실현하는 데 유용하다.

소프트 스톱

소프트 스톱에 대한 설명 중 옳은 것은?

1. 시스템 트레이더에게 유용하다.

2. 시장에 처음 발을 디딘 초보에게 좋은 방법이다.

3. 속임수 신호를 피할 수 있다.

4. 하드 스톱보다 설정하기 쉽다.

마지막 저점보다 한 틱 아래 스톱

롱 포지션에서 마지막 저점보다 한 틱 아래 보호 스톱을 두면 곤란한 이유가 아닌 것은?

1. 저점 부근에서 시장에 나온 소량의 매도 주문이라도 마지막 저점 아래로 주가를 끌어내릴 수 있다.

2. 시장이 전저점을 소폭 벗어났다가 반전하면 강세 패턴이 발생한다.

3. 프로들은 돌파나 이탈 시 역으로 매매하기를 즐긴다.

4. 한 번 저점을 이탈하면 주가는 더 하락할 확률이 높다.

문제 61 전저점 수준의 스톱

정확히 전저점 수준에 스톱을 두면 좋은 이유가 아닌 것은?

1. 전저점 수준에서는 하락세가 속도를 늦추는 경향이 있다.

2. 주가가 전저점으로 하락하면 더 하락할 확률이 높다.

3. 주가는 종종 전저점을 확인한 직후 하락 속도에 가속이 붙기도 한다.

4. 스톱이 전저점보다 한 틱 아래 있을 때보다 전저점 수준에 있으면 슬리피지가 높은 경향이 있다.

문제 62 '하루 더 좁은' 스톱

'하루 더 좁은' 스톱(닉의 스톱)에 대한 설명으로 옳은 것은?

1. 최근 저점 좌우에 있는 봉들을 살펴보고 두 개의 봉 중 더 낮은 봉 보다 조금 아래 스톱을 둔다.

2. 단기 매매에는 좁은 스톱이 부적절하다.

3. 이 방식은 장기 포지션 매매에 특히 유용하다.

4. 이처럼 좁은 스톱은 슬리피지를 제거한다.

문제 63 포지션 보유 시간

매매 결과는 포지션 보유 기간에 일부 좌우되는 경향이 있다. 다음 중 포지션 보유 기간에 관한 설명으로 틀린 것은?

1. 장기 매매는 생각하고 결정할 시간적 여유가 많다.

2. 데이 트레이더가 머뭇거리고 고민하면 실패한다.

3. 시간을 많이 주면 주가는 더 멀리 움직인다.

4. 장기 포지션 매매는 최선의 학습 경험을 제공한다.

문제 64 넓은 스톱

넓은 스톱 활용에 대한 설명으로 옳은 것은?

1. 대규모 상승세는 소규모 상승세보다 변동성이 적다.

2. 스톱이 넓을수록 속임수 신호의 위험이 커진다.

3. 스톱은 잔물결 같은 일상적인 주가 변동 영역 밖에 있다.

4. 스톱이 넓을수록 포지션을 더 크게 잡을 수 있다.

문제 65 스톱 옮기기

다음 중 스톱 옮기기에 대한 설명으로 틀린 것은?

1. 진입 방향으로만 스톱을 옮길 수 있고 결코 반대 방향으로 옮겨서는 안 된다.

2. 주가가 목표가에 도달한 뒤 추격 스톱으로 전환하면 리스크가 커진다.

3. 주가가 스톱 바로 위에 멈춰 있으면 스톱을 낮춰서 속임수 신호의 위험을 줄이는 게 타당하다.

4. 주가가 유리하게 움직이면 스톱을 높여서 평가수익의 일부를 보호하는 게 타당하다.

문제 66 안전지대 스톱

안전지대 스톱에 대한 설명으로 옳은 것은?

1. 추세의 신호를 억누르는 거름망 역할을 한다.

2. 잡음은 전일 가격대 밖으로 튀어나온 오늘 가격대 부분이다.

3. 안전지대는 상승세에서는 평균상향돌출, 하락세에서는 평균하향돌출을 추적한다.

4. 안전지대는 추세가 형성되었을 때 가장 효과적이며 박스권에서 가장 효과가 낮다.

문제 67 **안전지대에서 매매하기**

다음 중 안전지대 스톱에 대한 설명으로 틀린 것은?

    1. 안전지대는 기계적인 매매 시스템이다.

    2. 안전지대를 위한 회고 기간을 설정해야 한다.

    3. 안전지대 스톱을 구하려면 평균적인 잡음에 곱할 계수를 선택해야 한다.

    4. 대체로 2~3 사이의 계수면 안전하다.

문제 68 **변동성 감소 방식**

다음 중 변동성 감소에 대한 설명으로 틀린 것은?

    1. 변동성 감소는 모든 매매에서 더 큰 수익을 보장한다.

    2. 이 방식은 소박한 목표에서 시작하지만 오픈 포지션 상태에서 더 많은 수익을 취할 수 있다.

    3. 변동성 감소 스톱을 사용하면 평가수익 일부를 날릴 위험이 있다.

    4. 이 방식을 사용하면 수익 실현 결정을 자동화할 수 있다.

문제 69 **시장의 '엔진 잡음'**

'엔진 잡음'에 매도한다는 것은?

1. 목표가에 도달했을 때 매도하는 것이다.

2. 스톱에 걸려 매도하는 것이다.

3. 수익의 일부를 실현하고 싶을 때 매도하는 것이다.

4. 시장의 움직임이 못마땅할 때 매도하는 것이다.

문제 70 '엔진 잡음'에 매도하기

다음 중 '엔진 잡음'에 대한 설명으로 틀린 것은?

1. 시스템 트레이더는 '엔진 잡음'에 매도하지 않는다.

2. 재량 트레이더는 계획보다 일찍 또는 늦게 시장에서 빠져나오기도 한다.

3. '엔진 잡음'에 매도하는 것은 특히 초보에게 적합하다.

4. '엔진 잡음'에 매도하는 것은 수익을 줄일 위험이 있다.

문제 71 신고점–신저점 지수

신고점–신저점 지수에 대한 설명으로 옳지 않은 것은?

1. 신고점–신저점이 신고점에 도달하면 상승세를 재확인한다.
   신고점–신저점이 신저점으로 떨어지면 하락세를 재확인한다.

2. 신고점–신저점 신호는 고점과 저점에서 서로 대칭이다.

3. 신고점–신저점의 약세 다이버전스는 시장의 고점이 임박했음을 경고한다.

4. 신고점–신저점의 급락은 종종 중요한 시장 바닥을 나타낸다.

문제 72 시장의 움직임이 못마땅할 때

롱 포지션을 보유하고 있는데 지표들의 고점 신호들이 탐탁지 않다. 이럴 때 선택할 수 있는 것으로 옳지 않은 것은?

1. 시스템 트레이더라면 계획대로 포지션을 유지해야 한다.
2. 재량 트레이더라면 포지션을 매도할 수 있다.
3. 시스템 트레이더라면 더 빠른 청산이 가능한 다른 시스템으로 전환할 수 있다.
4. 재량 트레이더라면 일부 수익을 취하더라도 핵심 포지션은 그대로 보유해야 한다.

문제 73 실적 발표

다음 중 기업실적 보고서의 영향에 대한 설명으로 옳지 않은 것은?

1. 주가는 대체로 미래수익에 대한 기대로 움직인다.
2. 실적 발표는 결코 장기 주가 추세를 바꿀 수 없다.
3. 프로들에게 기업 실적 발표는 결코 놀라운 일이 아니다.
4. 내부자거래는 대체로 기업의 경영 방식과 관련이 있다.

문제 74 시장은 '종을 울린다.'

시장이 '종을 울릴' 때는?

1. 수년 동안의 고점을 찍는다.
2. 수년 동안의 저점으로 하락한다.
3. 시장의 일상적인 수준을 훨씬 벗어나는 사건이 발생한다.
4. 시장은 누구나 인식할 수 있는 신호를 깜박인다.

신고점–신저점 지수로 매매하기

신고점–신저점 지수에 대한 설명으로 옳지 않은 것은?

1. 신고점–신저점이 0을 상회하면 매수세가 매도세보다 강하다.

2. 신고점은 약세에 선행하고 신저점은 강세에 선행한다.

3. 약세 다이버전스는 흔히 강세장의 끝 무렵에 나타난다.

4. 주간 신고점–신저점이 급락하면 대체로 시장의 바닥을 나타내는 신호다.

문제 76 **의사결정 흐름도 vs. 매매 시스템**

의사결정 흐름도와 매매 시스템의 결정적인 차이는?

1. 진입 규칙

2. 청산 규칙

3. 청산 규칙 변경 가능

4. 매매 규모의 변수

문제 77 **의사결정 흐름도**

다음 질문들 중 의사결정 흐름도에 속하지 않는 것은?

1. 단기 매매인가 장기 매매인가?

2. 스톱은 어디에 설정할 것인가?

3. 포지션 보유 중 어떤 종류의 '엔진 소음'에 귀 기울일 것인가?

4. 어떤 유형의 매매 일지를 기록할 것인가?

가치 매수와 매도 목표

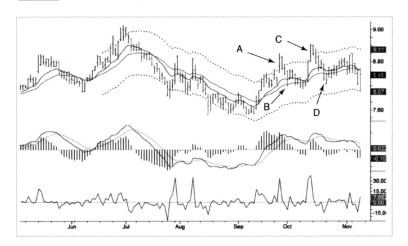

차트에 알파벳으로 표시된 지점들 중 가치 매수 영역과 매도 목표를 고르시오.

1. 가치 매수 영역

2. 고평가 영역의 매도 목표가

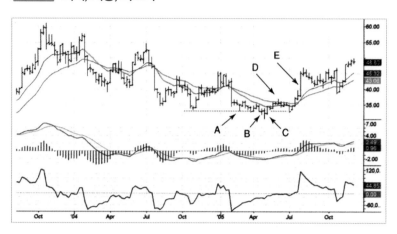

차트 위 알파벳과 다음 설명을 짝지으시오.

1. 지지선 붕괴

2. 지지선 위에서 종가 마감으로 매수 신호

3. 구축된 지지선

4. 상단 채널선에 두 번째 매도 목표가

5. 이동평균에 첫 번째 매도 목표가

문제 80 다수의 목표

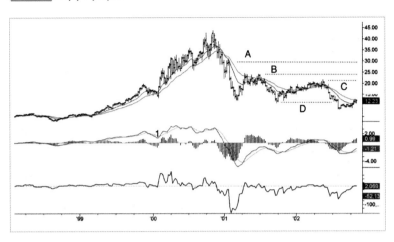

월봉 차트 위의 알파벳에 해당하는 설명을 짝지으시오.

1. 최소한의 주가 목표

2. 지지

3. 강세장 목표가

보유, 추가 매수, 또는 이익 실현

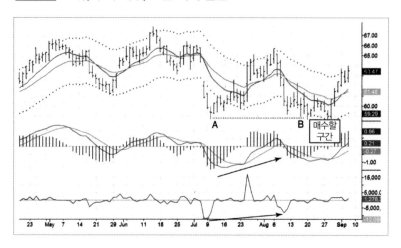

A 지점에서 주가는 58.78달러로 하락했다. B 지점에서 주가는 58.71달러로 하락했지만 신저점보다는 높은 수준이다. 이런 거짓 하락 이탈에는 몇몇 지표들의 강세 다이버전스가 동반된다. 트레이더가 상단 채널선 근처에 목표가를 두고 롱 포지션을 취했다면 이 차트의 오른쪽에서 트레이더가 취할 행동으로 옳은 것은?

    A. 매도하고 수익을 취한다.

    B. 절반 매도하고 절반 보유한다.

    C. 계속 보유하고 스톱을 좁힌다.

    D. 수익이 나는 포지션을 늘린다.

1. A

2. A 또는 B

3. A 또는 B 또는 C

4. 1, 2, 3 모두

문제 82 수익이 나는 포지션 처리하기

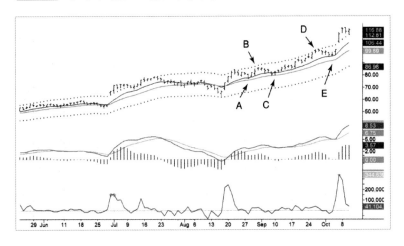

상승세를 식별한 트레이더가 가치 부근에서 주식을 매수하고 상단 채널선 부근에서 매도하기 시작했다. 트레이더는 A 지점에서 롱 포지션을 취하고 B 지점에서 매도하고 C 지점에서 롱 포지션을 취하고 D 지점에서 매도하고 다시 E 지점에서 매수했다. 상단 채널선 위에서 주가 갭이 발생하자 더 큰 수익을 얻고자 좀 더 보유하기로 했다. 이 차트의 오른쪽 끝에서 취할 수 있는 현명한 행동은?

1. 매도하고 수익 실현
2. 포지션 절반 매도
3. 포지션 보유
4. 추가 매수

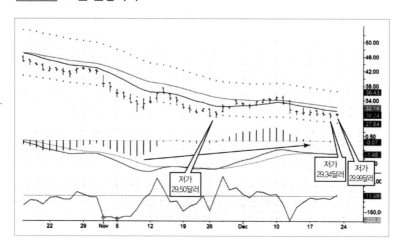

트레이더가 거짓 하락 이탈을 동반하는 강세 다이버전스를 식별했다. 매수하기로 결정했지만 스톱을 설정해야 한다. 다음 중 스톱 수준으로 적절한 곳은?

    1. 29.49달러

    2. 29.33달러

    3. 29.34달러

    4. 29.98달러

    5. 28.99달러

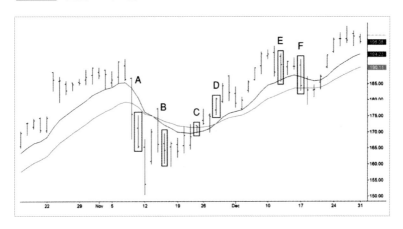

임펄스 시스템은 시장 움직임의 관성과 힘을 모두 추적한다. 일부 소프트웨어는 임펄스에 따라 주가 봉의 색깔을 표시해준다. 흑백 차트에서도 트레이더는 임펄스 규칙에 따라 봉이 어떤 색일지 짐작할 수 있다. 임펄스 시스템에 관한 다음 설명과 차트 위의 알파벳 봉을 짝지어라.

   1. 임펄스 녹색 – 매수 또는 관망. 공매도는 불가

   2. 임펄스 적색 – 공매도 또는 관망. 매수는 불가

   3. 임펄스 청색 – 포지션 미보유 금지

신고점—신저점 신호

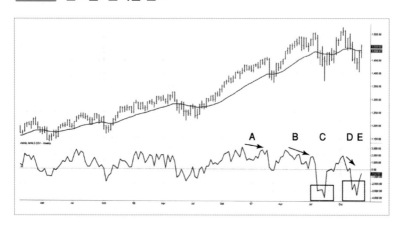

신고점—신저점 지수의 주봉 차트는 주식시장의 주요한 전환을 예측하는 데 유용하다. 신고점—신저점에 대한 설명과 차트 위의 알파벳을 짝지어라.

1. 위로 삐죽 치솟은 부분은 지속 불가능한 극단값을 나타내므로 반전을 예고한다.

2. 다이버전스는 지배 세력의 약세와 반전을 예고한다.

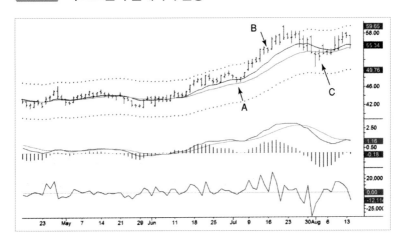

트레이더가 상승세를 식별하고 A 지점에서 매수했다. 주가는 채널을 돌파했지만 신고점을 달성하는 데는 실패한 뒤 B 지점에서 매도했다. 주가가 가치 아래로 하락하고 신저점 형성을 멈춘 뒤 C 지점에서 다시 매수했다. 차트 오른쪽 끝에서 바람직한 행위는?

1. 계속 보유

2. 롱 포지션 추가

3. 매도

문제 34 **매도 계획**

정답 1 "성공을 보장한다"가 틀린 설명이다.

종이에 계획을 적어두면 심리적인 효과가 아주 커서 시장의 변덕에 좌
우될 가능성이 적어진다. 계획을 적어두고 이 계획에 따라 결행하면 분
석 작업과 매매 작업을 분리할 수 있어서 갈등이 줄어든다. 하지만 주식
시장에서는 그 어떤 것도 성공을 보장할 수 없다.

문제 35 **3가지 매도 유형**

정답 4 "포지션을 유지할 수 있는 인내심이 떨어져 매도하기"가 틀
린 설명이다.

모든 매매 계획에는 수익 목표와 스톱이 포함되어야 한다. 또한 노련한
재량 트레이더는 '엔진 잡음'에 따라 장세가 변했음을 인지하고 포지션을
청산할 수 있다. 인내심이 떨어져 매도하는 건 아마추어의 행동이다.

매도 계획 수립하기

4 "목표가에 도달한 뒤 목표가를 더 멀리 옮겨야 할까?"가 틀린 설명이다.

주식을 매수하는 것은 구직 활동과 비슷하다. 구직자는 업무와 보상은 어떤지, 보수는 적당한지 알고 싶어한다. 목표가를 수정하는 것은 차후의 문제이며, 수정하더라도 노련한 트레이더에게만 허락되는 행동이다.

매도 목표

4 A, B, C, D

수익 목표를 설정하는 방식은 다양하다. 사실상 선택폭이 거의 무한하다고 할 수 있는데 2가지 요소가 가장 중요하다. 첫째, 목표 설정 과정의 원리를 이해하고 충동적인 행동을 피해야 한다. 둘째, 목표 설정 방식의 수준을 평가하는 데 도움이 되도록 일지를 기록해야 한다.

이동평균을 하회하는 주식

1 A, D

이동평균은 가치에 관한 평균적인 합의를 나타낸다. 이동평균은 현재 시장의 가치 수준을 표시하며 이동평균의 기울기는 가치가 상승하고 있는지, 하락하고 있는지 보여준다. 주식시장에서 확실한 것은 아무것도 없다(수수료, 슬리피지, 그리고 준비되지 않은 트레이더는 돈을 잃는다는 것만이 확실하다). 지표들이 강세를 보이고 주가가 이동평균보다 낮으면 그 이동평균이 반등의 첫 번째 목표가 된다.

매도 목표로서 이동평균

4 "목표가에 매도할 때 매도 점수는 중요하지 않다"가 틀린 설명이다.

주봉 차트는 항상 일봉 차트에 우선한다. 대체로 위험보상비율이 괜찮으면 매매에 진입하게 된다. 청산 이유를 막론하고 언제나 진입과 청산의 점수를 매겨야 한다.

매도 후회

2 너무 빨리 청산했다고 뼈저리게 후회하면 다음에는 지나치게 오래 보유할 수도 있다.

후회란 매매를 좀먹는 감정이다. 오늘 너무 빨리 청산해 다 잡은 돈을 놓쳤다고 벽에다 머리를 찧으면 내일은 너무 길게 끌다가 망하기 쉽다. 성숙한 트레이더는 계획을 수립하고 그대로 따른다. 성숙한 트레이더는 실적을 평가하고 실적을 향상시키기 위해 노력한다. 성숙한 트레이더는 오늘의 매매 결과가 내일의 새로운 매매 행위에 영향을 미치지 않도록 한다. 게임을 하다 보면 돈을 (테이블에) 놔두고 자리를 뜨는 일이 생기게 마련이다. 매번 바닥에서 매수해 고점에서 팔았다고 말하는 건 모의 매매만 하는 트레이더와 허풍선이들뿐이다.

수익 목표로서 이동평균

1 주가가 약세장 저점에서 반등할 때

이동평균을 목표가로 활용하는 시기는 주가가 이동평균 아래로 하락할 때다. 상승세나 고점 근처에서는 드문 일이다. 약세장 저점에서 주가가 반등하면 이동평균은 첫 번째 반등의 목표로 적절하다.

문제 42 **목표가로서의 채널**

정답 **1** 주봉의 강력한 상승세는 일봉 차트 위에서 채널을 목표로 잡기에 가장 좋은 시점이다.

주요 상승세가 나타나는 동안에는 상승과 하락의 질서정연한 패턴이 전형적이다. 따라서 주가가 가치 수준 또는 그 아래로 하락할 때마다 롱 포지션에 진입하고 주가가 고평가 영역인 상단 채널선 또는 그보다 높이 상승할 때마다 수익을 실현하는 게 적절하다. 계획한 시기와 지점에서 매도해야 한다. 단기 매매일 경우 채널선에서 매도하거나 소규모 포지션을 장기, 추세추종 매매로 보유한다. 계획이 무엇이든 게임 도중에는 절대로 계획을 바꾸지 마라!

문제 43 **채널 활용해 실적 평가하기**

정답 **3** A, B, C

번 돈이나 잃은 돈에 집착하면 판단력이 흐려진다. 매매 의사결정의 질에 초점을 두는 것이 중요하다. 돈에 집착하면 그 돈으로 뭘 살지 골몰하게 되고 그러면 초점이 흐려진다. 목표는 최고의 트레이더가 되는 것이다. 그러면 돈은 저절로 따라온다.

문제 44 **목표가에 매도하기**

정답 **1.** A

2. B

약세장의 저점에서 첫 번째 반등은 큰 저항에 부딪히기 쉽다. 따라서 이동평균 부근에서 적당히 수익 목표를 설정하는 게 좋다. 한창 상승세에 있을 때는 주가가 하단 채널선으로 떨어지는 일이 드물다. 따라서 이동평균 부근에서 매수하고 상단 채널선 부근에서 수익을 거두려고 마음 먹어야 한다.

문제 45 욕심 부리기

정답 3 B, D

매매에는 심리적인 문제가 따르는데, 그중 하나가 시장은 끊임없이 유혹한다는 것이다. 컴퓨터 화면에 수천 달러가 오가는 게 보이면 많은 트레이더가 자제력을 잃고 더 많이 취하려고 한다. 그러다 보면 균형감각을 잃어 손실을 입기 쉽다. '이만하면 족하다'는 말은 인생에서, 그리고 매매에서 마찬가지로 통하는 금과옥조다. 매매 채널을 이용해 수익 목표를 설정하면 현실적인 목표를 세울 수 있다.

문제 46 상승장의 최고점

정답 3 최고점에 매도하다가 값비싼 대가를 치르기 쉽다.

상승세의 최고가^{top tick}는 시장에서 가장 비싼 값이다. 수많은 사람들이 최고가를 쫓다가 많은 돈을 잃는다. 매매에서는 모든 일이 그렇듯이 극단 값을 잡으려고 아등바등하는 건 피해야 한다. 주가 움직임의 한가운데를 먹는 게 훨씬 안전하고 현실적이다. 스트레스가 적을수록 결과가 좋다.

문제 47 상단 채널선을 상회하는 주가

정답 4 종가가 상단 채널선에서 마감되지만 신고점 달성에 실패하면 그날 매도를 고려해야 한다.

엔빌로프나 채널은 단기 매매에서 타당한 목표가를 제공한다. 하지만 때로 시장이 더 높이 상승하면 원래 계획보다 조금 더 보유하고 싶은 마음이 들기도 한다. 강력한 상승세로 주가가 며칠 동안, 때로 몇 주 동안 채널선을 따라 상승하면서 '채널선 위를 타기도' 한다. 그러나 상단 채널선 위로 상승했다가 상승세가 주춤하면서 신고점에 도달하는 데 실패하면 단기 스윙 트레이더는 매도하는 게 상책이다.

문제 48 수익 목표

정답 3 시간 단위가 길수록 수익 목표를 멀리 잡아라.

시장은 단기간보다 장기간에 더 멀리 움직인다. 단기 스윙매매는 목표가를 가까이에, 장기 추세매매는 목표가를 좀 더 멀리 잡아야 한다. 목표를 설정하는 데 있어서 모든 매매에 일관되게 적용되는 보편적인 방식은 없다.

문제 49 지지 영역과 저항 영역

정답 4 "추세는 항상 가격대 가장자리에서 멈춘다"가 틀린 설명이다.

가격대는 많은 매수자와 매도자가 기꺼이 돈을 투입하기로 마음먹은 곳이다. 시장을 구성하는 집단들과 태도는 늘 바뀐다. 따라서 밀집구역의 가장자리는 직선이 아니라 들쑥날쑥하다.

문제 50 보호 스톱

정답 4 "보호 스톱은 잃어도 되는 돈의 액수에 대한 절대적인 한계를 정해준다"가 틀린 설명이다.

매매에 진입하기 전 차트를 검토하고 주가가 불리하게 움직이면 어디에서 빠져나올지 결정해야 한다. 진입하기 전에 결정하는 것이 훨씬 더 객관적이다. 모든 매매에는 보호 스톱이 필요하지만 주가가 그 수준을 넘어서서 갭을 보일 수도 있다. 스톱이 완벽한 보호장치는 아니지만 손실에 대한 최상의 방어책이다.

문제 51 저항선 돌파

정답 2 A 또는 B

주가가 저항선 위를 돌파하는 것은 새로운 상승세의 신호 또는 거짓 움직임의 첫 번째 단계를 나타내는 신호다. 돌파가 진짜라면 머뭇거릴 시간이 없다. 되돌림을 기다리는 건 현명하지 못하다. 발사대를 떠난 로켓은 다시 돌아오지 않는다. 반면 오래 검토한 결과 고점이라고 판단되면 이는 거짓 돌파로 주가가 가격대로 다시 하락하기를 기다리는 게 현명하다. 돌파만으로는 명확한 신호가 될 수 없다. 장기 연구의 틀 안에서 돌파의 성격을 검토해야 한다.

문제 52 스톱 없는 매매

정답 2 도박이다.

스톱은 트레이더와 현실을 연결하는 끈이다. 스톱에는 다양한 유형이 있고 활용하는 방식도 다양하다. 하지만 아무리 노련한 트레이더라도 손실이 발생하는 포지션을 어느 수준에서 청산할지 알아야 한다.

문제 53 스톱 변경하기

정답 3 A, C

스톱은 포지션 방향으로만 옮겨야 한다. 즉, 롱 포지션일 경우 위로, 숏 포지션일 경우 아래로 옮겨야 한다. 손실이 나는 포지션의 '운신 폭'을 확보하려고 스톱을 포지션 반대 방향으로 옮기는 것은 패자의 게임이다.

진입하기 전에, 그러니까 더 객관적일 수 있을 때 계획을 수립해야 한다. 일단 포지션을 취했다면 리스크 수준을 낮추는 것만 허용하고, 결코 리스크 수준을 높여서는 안 된다.

문제 54 재진입하기

정답 1 프로들 사이에서는 흔한 전술이다.

초보들은 대개 어떤 주식을 한 번 시도해보고 손실을 보면 뒤돌아보지 않고 다른 종목으로 갈아탄다. 프로들은 좋은 종목을 찾기가 어렵다는 것을 알고 있다. 프로들은 좁은 스톱을 사용하고 중요한 추세를 포착할 때까지 한 주식을 여러 번 찔러본다.

문제 55 스톱 설정 지점 결정하기

정답 2 어느 정도의 리스크를 질 것인가?

스톱을 설정하는 것은 리스크 관리와 자금 관리의 핵심이다. 진입하기 전에 얼마를 벌지, 목표에 도달하는 데 어느 정도의 리스크를 감수할지 결정해야 한다. 가능한 수익과 현재 변동성을 측정하는 것은 아주 중요하다. 그러나 모든 질문은 결국 어느 정도의 리스크를 감수할지로 귀결된다.

문제 56 가장 최근 매매의 영향

정답 4 정답 없음

직전 매매의 결과가 다음 매매의 계획에 영향을 미치도록 하는 건 아마추어의 행동이다. 시장은 무작위적으로 움직이는 경향이 있으므로 어떤 매매의 결과를 예측하기 어렵다. 프로들은 개별 매매를 신뢰하지 않고 일정 기간 동안의 지속적인 실적을 신뢰한다. 프로들은 직전 매매의 결과 같은 비교적 미미한 사건 때문에 전체 계획에서 벗어나지 않는다.

문제 57 **'철의 삼각지'**

정답 1. B

2. A

3. C

스톱은 차트 분석을 토대로 설정된다. 리스크를 더 줄이고 싶겠지만 자금 관리 규칙에 따라 이번 매매에서 최대 허용 가능한 리스크가 결정된다. 이 수치를 주당 리스크로 나누면 매매 규모가 산출된다.

문제 58 **지정가주문**

정답 2 "체결이 보장된다"가 틀린 설명이다.

시장 주문만이 체결을 보장한다. 지정가주문은 특정 주가 또는 그 이상의 주가에만 체결되기를 요구하는 주문으로, 그 이외의 경우에는 결코 체결되지 않도록 하는 주문이다. 지정가주문은 슬리피지를 피할 수 있다. 슬리피지는 실적을 떨어뜨리는 주요한 이유 중 하나지만 많은 사람이 간과하는 요인이다. 슬리피지를 당해도 군소리할 필요가 없는 때가 있다면 손실이 나는 포지션을 청산하려고 할 때다. 따라서 스톱으로는 시장가주문을 사용하는 게 이득이다.

문제 59 **소프트 스톱**

정답 3 속임수 신호를 피할 수 있다.

하드 스톱은 특정한 주문으로 시장에 진입하는 것이다. 소프트 스톱은 머릿속으로 염두에 두고 있는 수치다. 시스템 트레이더는 하드 스톱을 사용해야 하며 초보도 마찬가지다. 노련한 재량 트레이더는 속임수 신호를 줄이기 위해 소프트 스톱을 사용할 수 있다. 하드 스톱과 소프트 스톱 모두 동일한 작업량을 요구하며 수준 역시 같다. 스톱 설정도 동일하며 체결 여부만 다르다.

문제 60 마지막 저점보다 한 틱 아래 스톱

정답 **4** "한 번 저점을 이탈하면 주가는 더 하락할 확률이 높다"가 틀린 설명이다.

마지막 저점보다 1센트 아래 스톱을 설정하면 문제가 생긴다. 시장이 이중 바닥을 그릴 때 두 번째 바닥이 첫 번째 바닥보다 살짝 더 낮은 경우가 아주 빈번하기 때문이다. 마지막 저점 바로 아래 수준은 아마추어들이 손절하고 빠져나가고 프로들이 매수하는 영역이다. 가끔 주가가 전저점을 이탈하면서 수직 낙하하는 경우도 있지만, 이는 늘 있는 경우라기보다는 예외적인 일에 가깝다. 스톱은 반드시 사용해야 하지만 마지막 저점 한 틱 아래 설정하는 건 바람직하지 않다.

문제 61 전저점 수준의 스톱

정답 **4** "스톱이 전저점보다 한 틱 아래 있을 때보다 전저점 수준에 있으면 슬리피지가 높은 경향이 있다"가 틀린 설명이다.

바로 전저점 수준에 스톱을 설정한 경우, 스톱에 걸리면 전저점보다 한 틱 아래 스톱을 설정했을 때보다 슬리피지는 낮아진다. 이따금 전저점을 확인한 뒤 가속이 붙는 경우가 있어 스톱을 더 낮게 두면 더 큰 슬리피지가 발생한다. 속임수 신호의 위험은 아주 조금 더 커진다. 주가가 전저점으로 하락하면 한 틱 더 내려가는 건 거의 정해진 수순이다.

문제 62 '하루 더 좁은' 스톱

정답 1 최근 저점 좌우에 있는 봉들을 살펴보고 두 개의 봉 중 더 낮은 봉보다 조금 아래 스톱을 둔다.

최근 가격대 안에 스톱을 설정하는 것은 단기 스윙매매를 위해 고안된 것이다. 이런 스톱은 시장에 "결행하든지 아니면 닥치고 있어"라고 말하는 것이나 다름없다. 하지만 어떤 스톱 주문도 슬리피지를 완전히 제거할 수는 없다.

문제 63 포지션 보유 시간

정답 4 "장기 포지션 매매는 최선의 학습 경험을 제공한다"가 틀린 설명이다.

시간은 매매에서 어마어마하게 중요한 요소다. 시간이 지날수록 시장은 더 멀리 움직이므로 수익을 얻을 수 있는 기회도 늘어나지만 불리한 움직임으로 인한 리스크 역시 커진다. 장기 매매를 하는 트레이더는 멈춰 서서 생각에 잠길 수 있지만 데이 트레이더는 거의 조건반사적으로 반응해야 한다. 매매를 배우는 왕도는 작은 규모의 매매를 여러 번 해보는 것이다. 속도가 느린 장기 매매는 단기 스윙매매처럼 훌륭한 배움의 장을 제공하지 못한다.

문제 64 넓은 스톱

정답 3 스톱은 잔물결 같은 일상적인 주가 변동 영역 밖에 있다.

시간이 많을수록 주가의 진폭은 더 커진다. 스톱이 좁을수록 속임수 신호의 위험은 더 커진다. 넓은 스톱을 사용할 때는 일상적인 잔물결 같은 일상적인 주가 변동 영역 밖에 설정해야 한다. 더 넓은 스톱을 사용할 때의 단점은 포지션 규모를 줄이면서 더 큰 주당 리스크를 감수해야 한다는 것이다.

문제 65 │ 스톱 옮기기

정답 3 "주가가 스톱 바로 위에 멈춰 있으면 스톱을 낮춰서 속임수 신호의 위험을 줄이는 게 타당하다"가 틀린 설명이다.

스톱을 더 넓게 잡고 싶은 유혹이 아무리 강해도 원래 결정을 고수해야 한다. 주가가 유리한 방향으로 움직이면 평가수익의 일부를 보호하기 위해 스톱을 조정할 수 있다. 주가가 목표가에 도달했지만 포지션을 계속 보유하고 싶으면 추격 스톱으로 전환한다. 수익을 더 얻으려고 한다면 추세가 반전되었을 때 기존의 수익 일부를 토해내는 리스크를 감수해야 한다.

문제 66 │ 안전지대 스톱

정답 4 안전지대는 추세가 형성되었을 때 가장 효과적이며 박스권에서 가장 효과가 낮다.

안전지대의 목적은 잡음(노이즈)을 억눌러서 추세 신호가 뚫고 나오도록 만드는 것이다. 잡음은 당일 가격대 중 전날 가격대 밖으로 튀어나온 부분 가운데 추세의 반대 방향으로 튀어나온 부분만을 가리킨다. 예를 들어 상승세일 경우 위쪽으로 튀어나온 것은 정상으로 간주되지만 아래쪽으로 튀어나온 것은 잡음으로 간주된다. 하락세일 경우 아래쪽으로 튀어나온 것은 정상으로 간주되지만 위쪽으로 튀어나온 것은 잡음으로 간

주된다. 안전지대는 상승세에는 평균하향돌출, 하락세에는 평균상향돌출을 추적해 잡음 수준 밖에 스톱을 설정한다. 다른 방식과 마찬가지로 안전지대 스톱은 추세가 형성되었을 때 가장 효율적이다. 박스권에서는 속임수 신호로 이어진다.

문제 67 안전지대에서 매매하기

정답 1 "안전지대는 기계적인 매매 시스템이다"가 틀린 설명이다.

안전지대를 활용하려면 회고 기간을 잡아야 하며 평균적인 잡음에 곱할 계수를 정해 안전지대 스톱을 산출해야 한다. 계수를 설정하려면 시장마다 따로 작업해야 하므로 기계적인 접근법과는 거리가 멀다.

문제 68 변동성 감소 방식

정답 1 "변동성 감소는 모든 매매에서 더 큰 수익을 보장한다"가 틀린 설명이다.

이 방식의 고안자인 케리 로본은 이렇게 말했다. "나는 목표가에 도달하기 전에는 추격 스톱을 쓸 생각을 하지 않는다. 목표가에 도달할 때 포지션은 그 임무를 완수한 것이지만 시장은 추가로 보상을 줄 것 같은 방향으로 움직인다." 변동성 감소 방식은 더 많은 수익을 짜내기 위해 기존 수익의 일부를 날려버릴 위험을 감수한다. 그러나 매번 수익을 더 얻게 된다는 보장은 없다.

문제 69 시장의 '엔진 잡음'

정답 4 시장의 움직임이 못마땅할 때 매도하는 것이다.

재량 트레이더는 늘 계획대로 끌고 가지 않는다. 시장이 원래 계획보다 더 적은 수익을 주려고 할 수도 있다. 추세가 약화되는 신호가 보이면 원래 계획보다 빨리 매도하는 게 현명하다.

문제 70 '엔진 잡음'에 매도하기

정답 3 "'엔진 잡음'에 매도하는 것은 특히 초보에게 적합하다"가 틀린 설명이다.

수익 목표가에 매도하거나 보호 스톱을 쓰는 것은 모든 수준의 트레이더에게 적합하지만 '엔진 잡음'에 매도하는 것은 많은 경험이 있어야 한다. 경험이 부족한 트레이더는 지쳐서 또는 근심걱정에 너무 빨리 청산하는 모습을 보인다.

문제 71 신고점–신저점 지수

정답 2 "신고점 – 신저점 신호는 고점과 저점에서 서로 대칭이다"가 틀린 설명이다.

신고점 – 신저점은 주식시장을 바라보는 최상의 선행지표다. 그런데 고점과 저점에서 서로 다르게 움직인다. 고점과 저점에서는 시장 대중의 심리가 달라지기 때문이다. 고점은 탐욕에 의해 형성되는데 탐욕은 시장의 바닥을 지배하는 두려움보다 더 길게 지속되는 경향이 있다. 따라서 고점에서 최상의 신호들은 지속적인 다이버전스들이지만 저점에서 최상의 신호들은 단기간의 급격한 급락세다.

문제 72 시장의 움직임이 못마땅할 때

정답 3 "시스템 트레이더라면 더 빠른 청산이 가능한 다른 시스템으로 전환할 수 있다"가 틀린 설명이다.

시스템은 따르라고 있는 것이다. 포지션 보유 중간에 다른 시스템으로 바꾼다는 것은 시스템 매매를 포기하는 것이다. '엔진 잡음'에 포지션을 청산하거나 포지션 규모를 줄이는 것은 재량 트레이더의 특권이자 책무다. 시스템 트레이더는 '잡음'을 예측하고 그것을 시스템에 반영할 수 있지만 포지션을 들고 있는 상태에서 시스템을 바꾸어서는 안 된다.

문제 73 실적 발표

정답 2 "실적 발표는 결코 장기 주가 추세를 바꿀 수 없다"가 틀린 설명이다.

주식을 매수한다는 것은 미래의 이익과 배당금에 돈을 지불하는 행위다. 내부자들은 기업의 수익이나 배당금에 대해 가장 잘 아는 사람들로, 이런 정보를 통해 수익을 얻는다. 실적 발표 때문에 주가가 큰 폭으로 요동치는 일은 드물다. 영리한 트레이더들은 이미 매수했거나 이미 매도했기 때문이다. 하지만 정직하게 운영되는 기업의 주식은 깜짝 실적 발표에 따라 추세가 바뀌기도 한다.

문제 74 시장은 '종을 울린다.'

정답 3 시장의 일상적인 수준을 훨씬 벗어나는 사건이 발생한다.

시장의 법칙이 폐기된 듯 상궤에서 벗어난 사건이 생기면 시장의 종소리가 들린다. 사실 시장의 법칙이란 중력의 법칙처럼 없어지는 것이 아니다. 특별한 사건은 거품이 꺼진다는 신호다. 이런 행위는 뒤돌아봐야 선명하게 보인다. 거품이 있을 때는 지극히 정상적으로 보인다. 냉정하고 객관적인 트레이더만이 시장의 종소리를 들을 수 있다.

정답 2 "신고점은 약세에 선행하고 신저점은 강세에 선행한다"가 틀린 설명이다.

신고점 종목은 지난 52주 동안 고점에 달한 주식들로 강세를 이끄는 종목들이다. 신저점 종목은 지난 52주 동안 저점에 달한 주식들로 약세를 이끄는 종목들이다. 주식시장의 고점과 바닥은 비대칭인 경향이 있다. 고점은 천천히 형성되며 종종 신고점 – 신저점이 약세 다이버전스를 보인다. 바닥은 더 빨리 형성되며 손실을 입은 투자자들이 주식을 투매하므로 신고점 – 신저점이 급락하기도 하는데 이것은 영리한 매수자들에게 기회가 된다.

문제 76 의사결정 흐름도 vs. 매매 시스템

정답 3 청산 규칙 변경 가능

건실한 매매 시스템은 전적으로 객관적이다. 이 시스템을 서로 다른 트레이더 두 사람에게 사용하도록 하면 진입, 청산, 매매 규모가 같아진다. 재량 트레이더의 의사결정 흐름도 역시 진입, 청산, 매매 규모를 다루지만 규칙을 적용하는 데 어느 정도의 융통성이 허용된다.

문제 77 의사결정 흐름도

정답 4 "어떤 유형의 매매 일지를 기록할 것인가?"가 틀린 설명이다.

기록을 잘하는 것은 아주 중요하다. 기록을 잘하는 것은 성공적인 매매의 토대가 된다. 진지한 트레이더의 기록에는 기록 유지 문제, 소프트웨어 선택, 심리가 포함되어야 한다. 의사결정 흐름도는 이 토대 위에서 수립되지만 진입, 청산, 포지션 규모 같은 구체적인 매매 문제들을 다룬다.

문제 78 가치 매수와 매도 목표

정답 1. B, D

2. A, C

지속적인 상승세에서는 가치 근처, 즉 이동평균 근처에서 매수하고 고평가 영역, 즉 상단 채널선에서 매도하는 게 바람직하다. 시장에는 잡음이 많으므로 최상의 신호들은 지나고 나서야 또렷하게 보인다. 예를 들어, D에서 매수한 뒤 주가가 상단 채널선에 도달하지 못하고 결국 미끄러졌다. 완벽을 추구하는 사람들은 이런 현상에 당황하지만 성숙한 트레이더는 훌륭한 자금 관리로 자신을 보호하고 다음 단계로 넘어간다.

문제 79 지지, 저항, 목표가

정답 1. B

2. C

3. A

4. E

5. D

강세 다이버전스를 동반하는 거짓 하락 이탈은 기술적 분석에서 가장 강력한 신호에 속한다. 주가가 주요 지지선 아래로 떨어지면 주가의 다음 행보를 예의주시해야 한다. 하락에 속도가 붙을 것인가? 아니면 이탈에 힘이 빠질 것인가? 주가 봉의 종가가 이전 지지선이 붕괴된 수준 위에서 형성되면 강력한 매수 신호다. 여기서 이 신호는 MACD – 히스토그램에 의해 더욱 강화된다. D와 E 사이에서 지지선으로 되돌림해 매수 포지션에 편승할 절호의 기회가 된다. 이런 되돌림은 흔하지 않으며 예외적인 현상에 가깝다.

문제 80 **다수의 목표**

정답 1. B

2. D

3. A

D 선은 주요 지지 영역을 나타내며 끔찍한 약세장의 바닥이다. 차트 오른쪽 끝 부근에서 주가는 지지선 아래로 붕괴하지만 더 이상 떨어지지 않고 반등해 지지선 위에서 마감했다. 거짓 하락 이탈이 MACD 강세 다이버전스를 동반하면서 강력한 매수 신호를 제공했다. 우리는 지금 월봉 차트를 보고 있으므로 큰 폭의 장기 움직임을 기대해야 한다. 시간 단위가 길수록 예측의 폭은 넓고 크게 잡아야 한다. 새로운 강세장의 시작이 예측된다면 가장 최근 반등의 천장을 이어 그린 C 선조차 목표가 아니다. C 선은 목표를 너무 가깝게 잡은 것이다. 주요 전 상승의 꼭짓점을 이어 그린 B 선이 최소한의 상승 움직임이다. 바닥을 따라 그린 C가 더욱 적절한 목표가로 주가가 이 정도에 이르기까지 기다리려면 인내심이 필요하다. 주가는 마침내 전고점을 넘어서서 사상 최고의 신고점으로 상승한다.

문제 81 **보유, 추가 매수 또는 이익 실현**

정답 3 A 또는 B 또는 C

일련의 강세 다이버전스를 동반하는 거짓 하락 이탈은 강력한 매수 신호다. 시스템 트레이더나 초보 재량 트레이더는 모두 목표가에서 이익을 실현해야 하는데, 이 경우 목표가는 상단 채널선이다. 좀 더 노련한 재량 트레이더라면 자신의 판단에 따라 더 보유해도 된다. 가치 투자자들이 고평가 영역인 상단 채널선 부근에서 포지션을 축적하는 건 바람직하지 않다.

문제 82 수익이 나는 포지션 처리하기

정답 1 매도하고 수익 실현

주가가 수직 상승하면 어디에서 멈출지 판단하기가 아주 어렵다. 차트 가장 오른쪽에 있는 봉에서 주가가 상단 채널선을 뚫고 상승한 뒤 처음으로 신고점에 도달하는 데 실패했다. 이처럼 모멘텀이 약화되면 돈을 거둬들여 집으로 가라는 신호다. 더욱이 MACD-히스토그램 역시 천장에 상응하는 수준에 도달하면서 이러한 신호를 뒷받침한다. 또한 강도 지수가 높이 치솟은 뒤에는 대체로 상승세가 지속되지 않고 한동안 주가가 횡보한다는 것을 알 수 있다.

문제 83 스톱 설정하기

정답 3 29.34달러

스톱은 주가와 아주 가깝게 두어야 하지만 일상의 평균적인 잡음 영역 안에 들어갈 정도로 가까워서는 안 된다. 29.34달러면 최근 하락세의 가장 저점이다. 이 수준에 스톱을 두면 시장이 "결행에 옮기든가 아니면 닥치고 있기" 바란다는 의미다. 강력한 매수 신호 뒤에는 급등세가 이어진다. 신호가 나오지 않으면 더 이상 기다릴 필요가 없다. 1센트 낮은 29.33달러에 스톱을 두면 슬리피지가 발생할 위험을 감수해야 한다. 일단 바닥 틱을 이탈하면 주가는 큰 폭으로 하락해 갭이 발생하고 슬리피지가 일어나는 경향이 있다. 이런 횡보장에서 마지막 거래일 저점 아래 스톱을 두면 일상의 평균적인 잡음 영역에 들어간다는 것을 의미한다.

문제 84 **임펄스 시스템**

정답 **1.** C, D

2. A, F

3. B, E

임펄스 시스템의 첫 번째 목적은 검열이다. 임펄스 시스템은 트레이더들에게 금지된 행동을 막아 문제 발생 소지를 없앤다.

문제 85 **신고점–신저점 신호**

정답 **1.** C, E

2. A, B, D

다이버전스는 선도주들이 기력이 쇠하는 동안에도 관성의 법칙에 의해 계속 상승할 때 시장의 고점에서 종종 나타난다. 급격한 움직임은 주식시장의 바닥에서 훨씬 더 흔하게 나타나는데 이 영역에서 공황에 빠진 투자자들은 주식 현금화에 나선다. 신고점 – 신저점이 마이너스 수천 포인트가 될 때마다 바닥은 점점 가까워진다.

문제 86 **차트 오른쪽 끝에서의 결정**

정답 **3** 매도

차트 오른쪽 끝에서 매매는 소폭의 수익을 보이며 순조롭게 계속된다. 그러나 꺼림칙한 기술적 신호들이 존재한다. 매수세에 가장 큰 위험 신호는 MACD – 히스토그램의 심각한 약세 다이버전스다. A에서 MACD – 히스토그램 지수는 주가와 보조를 맞추어 상승해 상승 움직임을 확인해준다. B에서 주가는 고점 영역으로 돌아왔지만 MACD-히스토그램 지수는 간신히 0 선 위로 올라와 매수세가 아주 약하다는 사실을 지적한다. 시장에서 나오는 이런 유형의 '엔진 잡음'은 상승세가 취약하므로 장기 매매에서 빠져나오는 게 바람직하다는 신호를 제공한다.

정답이 하나뿐인 문제는 정답을 맞히면 1점, 정답이 복수면 (예를 들어 "다음 4가지의 진술 중 옳은 것 2가지는?") 비율로 점수를 매긴다. 둘 다 맞혔으면 1점, 1개만 맞혔으면 0.5점이다.

　46~53점 : 우수. 매도에 대한 이해가 높다. 이제 공매도로 눈을 돌릴 때다.

　38~45점 : 양호. 성공적인 매매로 가려면 최고의 실적이 요구된다. 다음 장으로 넘어가기 전에 틀린 문제를 다시 살펴보고 며칠 뒤 재시험을 본다.

　38점 이하 : 비상! 최상위 33퍼센트 안에 들지 않아도 괜찮은 전문 분야도 많지만, 매매에서 이런 정도는 치명적이다. 시장에서는 전문 트레이더들이 여러분의 주머니를 호시탐탐 노리고 있다. 이들과 싸우기 전에 먼저 주식시장이 돌아가는 원리를 이해해야 한다. 이 책의 제1부를 공부한 뒤 다시 시험을 보도록 하라. 두 번째도 점수가 낮으면 첫 번째 장에서 추천한 책들도 같이 공부하라.

주가 하락에도
이익을 얻는 공매도

쉿! 비밀 하나 알려줄까?

비밀을 알려줄 테니 입을 다물기 바란다. 주가는 종종 하락한다. 정말이다! 모두들 주식을 사지만 어떤 주식이든 조만간 내려오게 되어 있다.

잘사는 게 최고의 복수라면 시장에서는 모두에게 상처가 되는 일, 즉 주가 하락을 수익의 원천으로 바꾸는 것보다 더 통쾌한 일은 없으리라. 주식을 샀는데 주가가 하락했던 수많은 쓰라린 경험을 떠올려보라. 반대 방향으로 포지션을 취했다면 주가가 하락할 때마다 판판이 돈을 잃는 대신 판판이 돈을 땄을 텐데 말이다.

주가 하락으로 돈을 벌고 싶다면 공매도를 알아야 한다.

싸게 사서 비싸게 팔면 돈을 번다는 건 누구나 알고 있다. 그러나 주가 하락으로 돈을 벌 수 있다는 건 아는 사람이 드물다. 잘 모르는 사람이 많을 테니 기본적인 설명부터 시작해보자.

IBM이 90달러에 거래되고 있는데 99달러까지 상승할 것으로 보인다고 가정하자. 100주를 사서 보유하고 있다가 목표가에 도달하면 매도할 참이다. 수수료와 비용을 제외하고 주당 9달러를 벌어 100주로 총 900달러의 수익을 냈다. 이건 삼척동자도 알 수 있는 일이다. 그런데 90달러에 거래되는 IBM이 고평가되었고 80달러로 하락하리라 판단된다면? 그렇다면 어떻게 해야 돈을 벌 수 있을까?

공매도란 다른 사람의 주식을 빌려서 시장에 파는 매매 형태를 말한 다. 그 뒤 동일한 수량의 주식을 다시 사서 주식을 빌려준 사람에게 돌려 준다. IBM 한 주는 다른 주식과 동일하게 취급되므로 이런 매매가 가능 하다. 수량만 맞으면 어떤 주식을 빌리고 팔고 되돌려주는지는 문제가 되지 않는다. 오늘 빌린 주식을 팔고 나중에 더 낮은 가격으로 사들일 수 있다면 돈을 벌게 된다.

거래 과정은 브로커가 관장한다. 현재 90달러에 거래되고 있는 IBM 100주를 공매도하겠다고 하면 브로커는 100주의 비용인 9000달러를 계 좌에 넣으라고 한다. 브로커는 이 돈을 보증금으로 따로 분류한다(얘기 가 복잡해지므로 여기서는 증거금에 대한 설명은 생략하겠다). 브로커는 고객의 주 식증서 서류가 쌓여 있는 사무실로 가서 서류철을 살피다가 홍길동 씨가 상속 받은 IBM 주식 수백 주를 소유하고 있는데 몇 년 동안 거래가 없다 는 것을 발견한다. 그는 홍길동의 서류철에서 100주를 빌리고 100주를 빌렸다는 메모를 남겨둔다. 그런 다음 빌린 100주를 시장에 팔고는 수입 이나 거래 관련 메모를 금고에 넣는다. 이제 나는 홍길동에게 100주를 빌 린 것이고, 이 주식을 판 수입은 브로커의 금고에 있다. 언제든 이 돈으로 IBM 주식을 되사서 홍길동에게 돌려주면 된다.

분석이 제대로 들어맞아서 IBM 주식이 80달러까지 하락했다고 가정 하자. 브로커에게 전화해서 숏(공매도) 포지션을 환매해달라고 한다. 그러 면 브로커는 금고에 있는 9000달러를 꺼내서 IBM 100주를 매수한다. 이 제 주가가 80달러까지 떨어졌으니 100주를 사려면 8000달러만 있으면 된다. 그렇다면 1000달러가 남는다. 이 돈에서 수수료와 비용을 제한 금 액이 내 수익이 된다. 브로커는 이 돈을 내 계좌에 넣은 다음 그동안 묶어 두었던 보증금을 풀어준다. IBM 100주를 손에 들고 다시 사무실로 가서 홍길동의 서류철에 100주를 돌려주고 100주를 빌렸다는 메모를 뗀다.

이제 거래는 끝났다. 나는 수익과 보증금을 손에 넣었고, 브로커는 수수료를 챙겼고, 홍길동은 주식을 돌려받았다. 그런데 홍길동은 왜 내게 주식을 빌려주어야 할까? 미국의 신용거래계좌 표준 약관에 따르면 브로커는 주식을 빌려줄 권한을 자동으로 취득하게 된다. 아니면 홍길동이 영리해서 주식을 빌려주는 대가로 약간의 비용을 받겠다고 브로커와 협상했을 수도 있다. 빌린 사람의 보증금과 주식을 매도한 돈은 브로커가 갖고 있고, 그 돈은 주식을 다시 사기에 충분하므로 당장 홍길동에게 위험할 것은 전혀 없다.

물론 이건 만화처럼 단순하게 묘사한 것이다. 실제로는 와이셔츠 차림의 경비도 없고 먼지가 잔뜩 쌓인 주식 증서도 없다. 모든 공매도 과정은 컴퓨터로 처리된다.

그렇다면 공매도가 잘못되는 경우는 없을까? 주식을 매수했는데 주가가 오르지 않고 떨어질 수도 있다. 마찬가지로 주식을 공매도했는데 주가가 하락하지 않고 상승할 수도 있다. 예를 들어, IBM이 90달러에서 80달러로 내려가지 않고 95달러로 상승할 수도 있다. 이 가격에 환매하기로 했다면 9500달러가 필요하다. 계좌에는 9000달러만 있기 때문에 브로커는 내 보증금에서 추가로 500달러를 더 빼내 주식을 환매해 홍길동에게 갚는다. 만약 IBM이 배당금을 지급한다면 홍길동은 주식을 소유하고 있으므로 배당금을 받을 것으로 기대할 것이다. 내가 홍길동의 주식을 빌려서 팔았으므로 내 호주머니에서 홍길동에게 배당금을 지불해야 한다.

가격 위험과 배당 비용은 사실상 전체 위험의 대부분을 차지한다. 따라서 리스크를 미리 측정해서 감당할 만한지 판단해야 한다. 사람들은 현실보다 공상을 훨씬 더 두려워한다. 공매도에 대한 가장 무시무시한 공상은 리스크가 무제한이라는 것이다.

주당 90달러에 IBM을 매수했다면 최악의 상황은 주가가 0달러가 되어 투자금을 몽땅 날리는 것이다. 끔찍한 일이긴 하지만 적어도 시장에 진입하기 전에 최대 리스크가 얼마인지는 알 수 있다. 반면 90달러에 IBM을 공매도했는데 주가가 오르기 시작하면 손실은 한도 없이 불어난다. 주당 1000달러까지 오르면 어떻게 될까? 2000달러까지 오르면? 파산하고 만다. 거리를 걷다가 운석에 맞을 확률도 없지는 않다.

인간에게 일상적인 위험을 과소평가하고 특이한 위험을 과대평가하는 심리가 있다는 건 주지의 사실이다. 내가 사는 뉴욕에서는 지하철에서 살인 사건이 발생하면 신문 1면을 장식한다. 더 많은 사람이 욕실에서 미끄러져 넘어져 죽는데도 말이다. 동물원에서 동물이 사육사를 공격하면 전국적인 뉴스가 되지만, 수천 명이 자동차 사고로 죽는 건 누구도 주목하지 않는다.

진지한 트레이더라면 행동 지침을 갖고 있어야 한다. 이 지침의 중요한 부분은 리스크를 정하고 손실제한 주문을 설정하는 것이다. 매수일 경우 스톱은 시가 아래, 공매도일 경우 스톱은 시가보다 높게 설정한다.

가끔은 시장이 빨리 움직이기도 한다. 그러면 슬리피지가 생기고 손실이 예상보다 커진다. 유동성이 높고 거래가 활발한 대형주를 공매도하면 이런 일은 드물다.

스톱을 사용하지 않고 90달러에 IBM을 공매도했는데 주가가 1000달러까지 상승했다고 가정해보자. 그 사람에게 해줄 조언은 하나뿐이다. 스톱 없이 IBM을 매수했는데 주가가 0달러로 하락해 투자금을 몽땅 날린 사람에게도 마찬가지 조언밖에 할 수 없다. "바보짓은 이제 그만. 스톱을 쓰란 말이야."

스톱 없이 공매도하는 리스크를 마음속으로 상상하면서 벌벌 떨지 말고 주식, 선물, 옵션을 공매도할 때 해야 할 일과 하지 말아야 할 일을 논의해보자. 그리고 현실의 리스크와 현실의 기회를 함께 살펴보자.

주식시장의 초보는 누구나 주식을 매수한다. 공매도하는 사람들은 대개 프로들이다. 프로들은 왜 계속 공매도할까? 봉사 정신이 뛰어난 사람들이라서? 도박을 좋아해서? 매수보다 훨씬 돈이 되니까? 한번 생각해보라.

이제 공매도를 상세히 살펴보자.

제07장
주식 공매도하기

공매도하려면 시장에 널리 퍼져 있는 1가지 편견을 버려야 한다. 대부분 매수는 편안하게 생각하지만 주가 하락으로 돈을 번다는 것은 불안하게 생각한다. 대개 청년기에 이런 편견을 갖게 되는 듯하다. 지역 고등학교에서 트레이딩을 가르친 적이 있는데, 학생들은 마치 물고기가 물을 찾아가듯 공매도에 열심이었다. 학생들은 매매 아이디어를 내서 교실에서 함께 논의하고 내가 개설해준 계좌에서 매매를 했다. 학생들은 매수 의견만큼이나 공매도하자는 의견을 많이 내놓았다. 어떤 학생은 매수 의견과 공매도 의견을 동시에 내놓기도 했다.

학생들은 공매도를 충분히 이해했다. 학생들은 공매도가 주가가 움직이는 방향에 돈을 거는 것이라는 사실을 이해했다. 상승에 걸든 하락에 걸든 그건 문제가 되지 않았다. 방향을 제대로 잡고 진입 시점, 수익 목표, 보호 스톱을 결정하기만 하면 됐다. 학생들은 어떤 편견도 없이 시장에 들어왔다. 공매도에 대한 거부감은 전혀 없었다. 학급은 상승할 때도 돈을 벌었고 하락할 때도 수익을 거두었다. 물론 손실을 보기도 했지만 수익보다는 적었다. 우리는 양 방향으로 게임을 즐겼다.

공매도자들은 자신의 이익을 쫓는 동안 시장에서 중요한 공적인 역할을 수행한다. 무엇보다 고평가된 주식을 팔아서 주식 공급량을 늘리고 과도한 시장 변동성을 잠재운다. 주가가 높을 때 많은 주식을 매도하면 급격한 상승세를 꺾을 수도 있다. 둘째, 주식이 급락할 때 공매도자들은 가장 먼저 시장에 들어와 매수해 하락세를 진정시킨다. 장세가 급락할 때 매수자들은 겁을 내면서 뒤로 물러나는 경향이 있다. 공매도자들은 환매해서 평가 수익을 현찰로 만들기 위해 시장에 뛰어들어 매수해 수익을 두둑이 챙긴다. 이들이 환매하면 하락세가 늦춰지는데, 이때 헐값에 주식을 사 모으려는 자들이 끼어든다. 이런 과정을 거치면서 바닥이 다져지고 주가는 다시 상승한다. 이렇듯 공매도는 지나친 주가 등락에 제동을 걸어 공익에 도움이 된다.

그렇다고 해서 공매도자들이 사회사업가라는 말은 아니다. 사실 그런 것과는 거리가 멀다. 하지만 위대한 경제학자 애덤 스미스Adam Smith가 200년 전에 밝혔듯, 자유시장에서 사람들은 자신을 위한 최선의 행위를 함으로써 타인을 돕는다. 매도자끼리 결탁하지 않는 한, 즉 약세화 공격 bear raid(주가를 하락시키기 위해 주식을 대량 대주 또는 공매하는 행위-역주)만 없다면 매도세는 시장에 도움이 된다. 이 단서 조항은 주가를 올리기 위해 조작하는 행위에도 동일하게 적용된다.

정부는 정책으로 시장을 규제하는 합법적인 기관이지만, 노력이 지나쳐서 공매도자들에게 불합리한 제재를 몇 가지 가했다. 그중 최악은 '업틱 룰uptick rule'이다. 업틱 룰이란 공매도할 때 직전 거래가보다 주가가 올랐을 경우에만 공매도를 할 수 있게 제한을 두는 규정이다. 표면상으로는 공매도자들이 대량 매도 주문으로 주가를 끌어내리는 사태에서 매수자를 보호한다는 것이 이 규칙이 내세운 목적이다. 이런 공익 수호자들에게 1가지 묻고 싶다. 거품에 휩쓸려 가는 무고한 사람들을 보호하기 위한 다운틱 룰은 왜 없느냐고. 업틱 룰이 정당하려면 주가 하락기에 다운틱일 경우에만 매수를 허락하는 다운틱 룰도 있어야 한다.

이 책을 처음 선보일 당시 미국 주식시장은 장족의 발전을 이뤘다. 정부가 업틱 룰을 폐기한 것이다. 70년 동안 매매 현장을 지배해온 말도 안되는 규칙이 드디어 사라졌다! 물론 선물시장에는 다운틱 룰이 없었다. 정부는 2008~2009년 주가 폭락기에 일부 주식의 공매도를 잠시 금지하

그림 7.1 **매클래치**MNI(미국 신문, 미디어 회사), **월봉 차트**

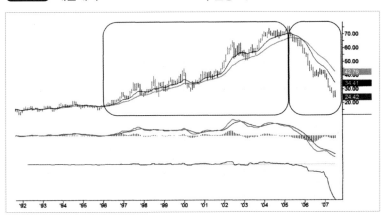

오르막보다 내리막이 더 빠르다. 주가가 23달러에서 76달러로 떨어지기까지는 10년이 걸렸지만, 76달러에서 다시 23달러로 내려오는 데는 고작 2.5년이 걸렸다.

그림 7.2 **모간스탠리**^{MS}(미국 금융회사), **주봉 차트**

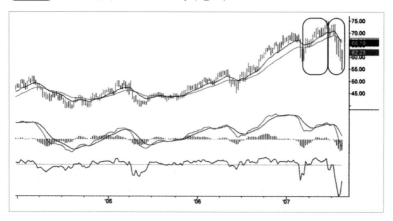

오르막보다 내리막이 더 빠르다. 주가가 58달러에서 75달러로 떨어지기까지는 14주가 걸렸지만, 75달러에서 58달러로 내려오는 데는 8주가 걸렸다.

그림 7.3 **한국주식 ETF**^{EWY}, **일봉 차트**

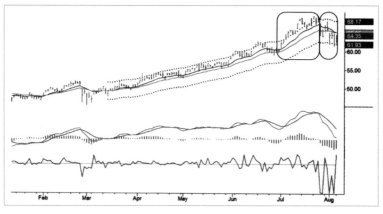

오르막보다 내리막이 더 빠르다. 주가가 59달러에서 69달러로 떨어지기까지는 19일이 걸렸지만, 69달러에서 60달러로 내려오는 데는 12일이 걸렸다.

기도 했다.

공매도는 매수에 비해 아주 큰 장점이 하나 있고 아주 큰 단점이 하나 있다. 공매도의 장점이라면 주식은 상승보다 두 배 더 빠른 속도로 하락한다는 것이다. 이는 모든 시간 단위에 적용된다. 일중 차트는 물론이고 월봉(〈그림 7.1〉), 주봉(〈그림 7.2〉), 일봉(〈그림 7.3〉)에 모두 적용된다.

주가를 끌어올리려면 매수세가 필요하지만 내려올 때는 자체의 무게 때문에 저절로 내려온다. 하락 속도가 빠를수록 노련한 트레이더에게 유리하다. 매매를 빨리하면 시장 리스크에 노출되는 시간이 그만큼 줄어든다.

공매도의 1가지 큰 단점은 주식시장이 수백 년 동안 장기간에 걸쳐 상승했다는 점이다(〈그림 7.4〉) 이런 소위 '장기 상승'이 어느 정도인지는 의견이 분분하다. 수많은 낡은 주식이 사라지고 새로운 주식이 상장되었으므로 판단하기도 어렵다. 하지만 연평균 3% 정도 상승했다는 게 적절한 추정이다. 즉, 공매도란 살짝 상승하는 파도를 거슬러 헤엄치는 행위다.

그림 7.4 다우존스^{DJIA}, 1920~2007년, 월봉 차트

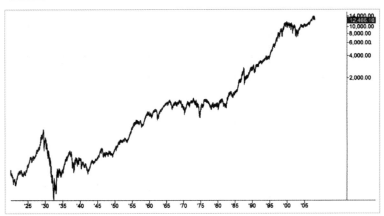

로그 차트

시장의 모든 움직임에는 2가지 측면이 있다. 하나는 유용함, 하나는 위험함이다. 둘은 완전히 분리할 수 없고, 하나 없이 어느 하나만 가질 수도 없다. 이는 동전의 양면으로 모두를 예의주시하고 현실을 직시해야 한다.

방금 논의한 장단점에 대응하려면 어떻게 해야 할까? 대체로 공매도는 매수보다는 단기 매매에 치우치는 경향이 있다. 공매도는 부드럽게 출렁거리는 파도를 거슬러 헤엄치는 셈인데 하락세가 빨라지면 일이 알아서 풀리기를 바라며 포지션을 질질 끄는 건 쓸데없는 짓이다. 공매도 포지션은 매수 포지션보다 '결행하든지 아니면 잠자코 있든지' 기간을 짧게 해야 한다.

:: 첫 번째 공매도

초보들은 공매도할 주식을 어떻게 찾는지 묻는다. 샀다가 돈을 잃은 그 많은 주식을 생각해보라. 하락할 것으로 예상되는 주식을 생각해보라. 가장 증오하는 주식을 찾아라. 그런 주식을 공매도하면 된다.

주의! 처음 한두 번 공매도해서 큰돈을 벌려고 하지 마라. 그냥 몇 주를 공매도해보라.

걸음마를 배우는 시기에는 돈 걱정을 접어두어야 한다. 그것 아니어도 고민할 게 많다. 주식도 선정해야 하고, 수익 목표도 정해야 하고, 스톱도 설정해야 하며, 주문을 내는 기법도 배워야 한다. 이런 일을 배우고 해내는 동안에는 매매 규모를 아주 작게 한다. 그래야 돈을 벌든 손실을 입든 심리적으로 흔들리지 않는다.

매매 규모에 따라 심리는 180도 달라진다. 매매 규모가 클수록 스트레

그림 7.5 린 TV^{TVL}(미국 미디어 회사), 진입

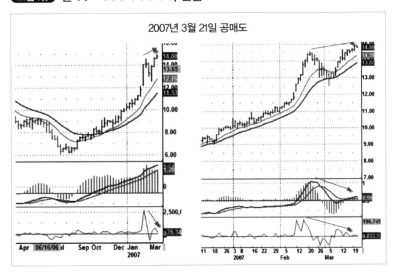

2007년 3월 21일 공매도

주봉 이중 천장, 한동안 청색, 강도 지수 다이버전스. 일봉 강력한 MACD 다이버전스, 강도 지수 한 달 전에 강력한 다이버전스, 이 고점도 힘을 잃고 있다. 오늘 청색으로 바뀜.
　　14.79달러에 100주 공매도
　　스톱: 15.2달러에 하드 스톱, 녹색으로 변하면 청산할 것.
　　목표: 12.77달러 주봉 빠른 이동평균. 주가의 움직임이 정체하면 13~13.5달러에 부분 환매.
　　주의 – 주봉 차트에서 MACD–히스토그램 강세, 그리고 주가도 뚜렷한 강세(최근 주가 붕괴에 영향
　　　　받지 않음)

스도 커진다. 스트레스를 줄이려면, 특히 공매도를 처음 배울 때는 매매 규모를 작게 잡아야 한다. 익숙해진 다음엔 매매 규모를 늘릴 기회가 얼마든지 있다.

　　몇 주 전 아침, 나는 집에서 시황판을 보며 매매하고 있었다. 노트북에서 메일 수신 알림음이 울렸다. 최근 트레이더 캠프를 졸업한 츠피 베뉴아미나^{Zvi Benyamina}가 보낸 메일이었다. 츠피는 이제 준비가 됐으니 공매도를 시작하겠다고 썼다. 나는 캠프에서 설명한 포맷을 이용해 공매도하려는 종목에 대한 분석을 적으라고 권했다. 몇 분 뒤 이메일이 왔다(〈그림 7.5〉).

〈그림 7.5〉는 영리한 사람이 공매도를 배우고 별 대가 없이 교훈을 얻는 과정을 보여주는 훌륭한 사례다. 츠피는 종목을 발굴해 혼자 연구했다. 매매 일지에 항목을 만들고는 의사결정 과정을 기록했다. 그는 내가 그 매매에 반대했다는 것도 기록으로 남겼다. 어쨌든 그는 자신의 판단대로 포지션에 진입했지만 규모는 아주 작게 잡았다. 그는 100주를 공매도했는데 주당 20센트의 손실을 보았다. 즉, 20달러와 수수료를 잃었다. 이 미미한 금전적 리스크로 츠피는 아주 소중한 교훈을 얻었다. 매매 규모를 작게 하면 손실 때문에 스트레스를 받지 않고도 이런 교훈을 여러 번 얻을 수 있다.

나는 그날 공매도 종목으로 꼽힌 린 TV가 마음에 들지 않았다. 첫째, 공매도할 시점이 아니었다. 주식시장은 중요한 이중 바닥을 다진 뒤 막 반등한 터였다. 시장의 파도는 상승하고 있었고 나는 공매도한 종목을 거의 모두 이미 환매한 상태였다. 더욱이 몇 주 동안 거의 매일 신고가를 찍은 종목을 공매도하는 건 아무래도 꺼림칙했다.

롱 포지션을 취할 때 계속 신저가를 찍는 종목을 매수하는 건 바람직하지 않다. 저점에서 매수하는 건 괜찮지만 하락 시 매수하는 건 옳지 않다. 마찬가지로 계속 신고가를 찍는 종목을 공매도하는 건 바람직하지 않다. 상승세가 천장을 친 뒤 상승세를 멈추고 하락 반전할 것이라는 증거가 보여야 한다.

츠피는 강세장에서 상승하는 주식을 공매하는 바람에 2가지 실수를 저질렀다. 한편 중요한 2가지 일을 제대로 해냈다. 메모를 잘했고 아주 적은 규모로 매매해서 실수로 인해 치른 대가는 지극히 미미했다. 그는 적은 수업료를 내고 큰 깨달음을 얻었다.

그날 장이 마감되자 나는 후속 차트를 받았다〈그림 7.6〉.

그림 7.6 린 TV^{TVL}, 청산

고점 근처에서 종가를 형성하고 다시 녹색으로 변함. 14.99달러에 청산. 20달러 손실, 매매 점수 D.

:: 천장과 바닥의 비대칭

주식 매수에 관해 논할 때면 2가지 주요 접근법에 치중하게 마련이다. 바로 가치 매수와 모멘텀 매수다. 그런데 공매도는 다르다. 그저 이 방법을 썼다가 저 방법을 썼다가 하다가는 공매도할 종목을 찾을 수 없다. 천장과 바닥, 상승세와 하락세에서 군중 심리가 다르기 때문에 공매도는 매수와 다를 수밖에 없다. 천장은 넓고 불규칙하지만, 바닥은 좁고 가파르다.

주식시장의 바닥은 공포 위에 구축된다. 롱 포지션을 취한 사람들이 더 이상 손실의 압박을 견디지 못하면 공황에 빠져 주가에 아랑곳하지 않고 주식을 투매한다. 이들은 아픔을 견디지 못하고 가격에 상관없이 빠져나오려고 한다.

공포와 고통은 극심하고 강렬한 감정이다. 투매 현상으로 자금력이 약한 보유자들이 떨어져 나가면 주가는 다시 상승한다. 너무 일찍 사는 바람에 바닥에서 투매하는 경우가 아니라면 매수는 매도보다 탈이 나는 경우가 드물다(〈그림 7.7〉).

천장은 탐욕 위에 구축되는데, 탐욕은 꽤 오래 지속되는 행복한 감정이다. 매수자들은 돈을 벌면 친구들에게 전화해서 사라고 말한다. 자기들은 자금이 다 떨어지고 없는데도 말이다. 이런 이유로 천장은 바닥보다 더 오래 지속되며 모양도 불규칙하다. 강도 지수가 위로 삐죽 솟아오르면 그건 천장이 아니라 지속적인 상승세를 확인해주는 것이다.

차트 위에서 보면 바닥은 더 뚜렷하게 드러나는 경향이 있다. 천장은

그림 7.7 포드^F, 일봉 차트

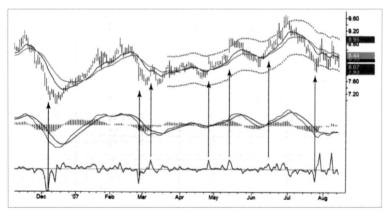

천장과 바닥의 비대칭은 강도 지수에 의해 뚜렷하게 반영된다. 급락 형태로 나타나는 강도 지수의 급락은 군중이 공황 상태에 빠졌으며 이제 새로운 상승을 위한 길이 훤하게 열렸음을 나타낸다. 강도 지수의 급락이 반드시 바닥을 찍는 정확한 날짜를 가리키는 건 아니지만 자금력이 약한 포지션 보유자들이 주식을 투매해 며칠 안에 매수 기회가 다가오는 지점을 보여준다.

넓고 바닥만큼 윤곽이 선명하지 않으며 거짓 돌파가 많다. 매수자들은 돈만 생기면 선호하는 주식에 투자해서 주가를 더 끌어올린다. 그래서 천장이 확고하게 자리 잡은 것 같아도 주가가 더 상승한다. 이런 잠시 동안의 거짓 상승은 시장의 천장에서 아주 흔하게 발생하는 현상이다.

〈그림 7.8〉은 내 매매 일지에서 뽑은 것이다. 나는 폴로 랄프 로렌이 수많은 약세 다이버전스를 동반한 거짓 상향 돌파를 보인 뒤 6월에 공매도했다. 거짓 상향 돌파로 하락을 위한 터가 완성되었다고 보았지만 하락은 좀 늦게 왔다. 주가는 급락하지 않고 계속 높은 수준에 머물면서 내 인내심을 시험했다. 그러다가 주가는 마침내 내 예상대로 하락했다. 마치 투우사의 창이 꽂힌 뒤에도 한참 동안 뛰어다니는 황소처럼 말이다.

천장에서 보이는 이런 움직임 때문에 매수보다 공매도가 훨씬 어렵다. 천장에서는 넓은 스톱이 필요하므로 주당 리스크가 커진다. 좁은 스톱을 쓸 경우, 속임수 신호에 걸릴 위험은 매수보다 공매도가 훨씬 크다.

공매도의 기회와 위험을 좀 더 상세히 살펴보자.

그림 7.8 폴로 랄프 로렌^{RL}(미국 의류 회사), **불규칙한 모양을 보이는 천장, 일봉 차트**

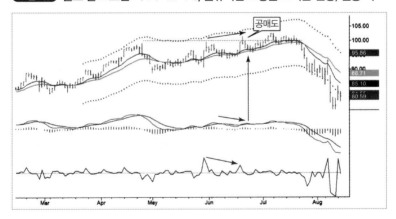

:: 천장에서 공매도하기

바닥 부근에서 매수하는 것보다 천장 부근에서 공매도하기가 더 어렵다. 하락세가 끝날 무렵 시장은 종종 변동성이 적고 가격대가 좁아지면서 지치고 무기력한 모습을 보인다. 반면 주가가 천장 부근에서 비등할 때는 변동성이 크고 가격대도 넓다. 매수가 울타리 옆에 얌전히 서 있는 말에 오르는 거라면 공매도는 들판을 날뛰는 말에 올라타는 것과 같다.

이 문제의 핵심 해결책 중 하나가 자금 관리다. 포지션 규모를 작게 잡고 공매도한 뒤 스톱에 걸려서 청산되면 언제든지 재진입한다. 한 번의 진입에 허용된 리스크를 모두 투입하면 단 한 번의 거짓 돌파에도 게임이 끝나버린다. 자금 관리 규칙에서 허용되는 최대 리스크보다 더 적은 규모로 진입하는 게 좋다. 투자자금은 좀 남겨 두는 게 현명하다. 나를 떨어뜨리려고 몸부림치는 말 등 위에서 견뎌야 하니 말이다(〈그림 7.9〉).

2007년 온라인 세미나 때 데버러 윈터스Deborah Winters라는 트레이더가 J. C. 페니를 분석해달라고 요청했다. 몇 년 동안 눈길을 주지 않던 주식이었지만 차트를 보니 흥미진진했다. 시장은 천장을 그리고 있는데 J. C. 페니 주봉 차트는 공매도하라고 외치고 있었다.

- 주가는 신고가 바로 아래 수준에 있어서 비쌌다.
- 2주 전 신고가를 돌파했다. 그러나 더 이상의 상승은 실패했고 주가는 가격대로 되돌림했다. 거짓 신고가 돌파는 강력한 공매도 신호다.
- 주봉 주가는 가치, 즉 두 이동평균을 상회했다.
- MACD 선들과 강도 지수는 확연한 약세 다이버전스를 보였고

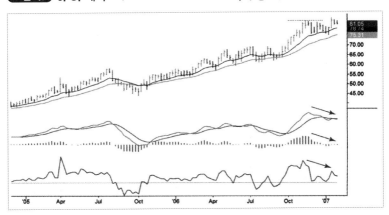

그림 7.9 J. C. 페니^{JCP}(미국 백화점 체인점, 소매회사), **주봉 차트**

그림 7.10 J. C. 페니^{JCP}, **일봉 차트**

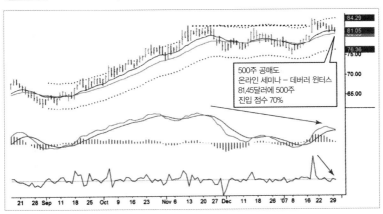

500주 공매도
온라인 세미나 ─ 데버러 윈터스
81.45달러에 500주
진입 점수 70%

J. C. 페니	공매도	날짜	상단 채널	하단 채널	일일 고가	일일 저가	점수
진입	81.45달러	2007-01-30	84.09달러	76.56달러	81.79달러	80.66달러	70%
청산							
P/L						매매	

MACD-히스토그램은 다이버전스를 보이지 않고 하락하고 있었다.

　J. C. 페니 일봉 차트는 주봉 차트가 보내는 메시지를 재확인하면서 주가가 천장에 가까워졌음을 알리고 있었다(〈그림 7.10〉). 주가는 신고가를 향해 가파르게 상승하면서 거짓 상향 돌파를 보인 뒤 가격대로 되돌림했다. MACD 선들과 강도 지수는 약세 다이버전스를 보이지만 MACD-히스토그램은 그렇지 않았다. 온라인 세미나에서 고른 종목이 구미가 당길 때면 나는 며칠 안에 진입하겠다고 선언한다. J. C. 페니 역시 마찬가지였다. 나의 수익 목표는 주봉 차트의 가치 구역 안인 약 75달러였다. 88달러 이상까지 계속 보유하지는 않을 작정이었다. 위험보상비율이 썩 마음에 들지 않았지만 기술적 신호들은 주가 하락폭이 상승폭보다 훨씬 클 것이라고 예고하고 있었다.

　매도 또는 공매도하기에 이상적인 곳은 일봉 차트의 상단 채널선 부근이다. 나는 가치보다 낮은 수준인 일봉 이동평균보다 낮은 가격에 공매도하지 않는다. 주가 하락이 과도한 지점인 하단 채널선이나 그 아래에서 공매도하지 않는다. 하락을 확신했기 때문에 내가 선호하는 지점보다 살짝 아래인 가치 부근에서 공매도했다. 아주 탁월한 진입은 아니었다. 왜냐하면 이동평균 부근에서는 주가를 상단 채널선에서 끌어내리는 고무밴드 효과를 얻을 수 없기 때문이다. 그래도 그날의 저점보다는 고점 인근에서 매도해서 매도 점수는 70%로 준수한 진입이었다.

　일봉 차트를 보면 공매도에 따르는 심리적 부담을 이해할 수 있다. 청산 차트(〈그림 7.11〉, 〈그림 7.12〉)를 보면 내가 조금 일찍 공매도했고 몇 주 동안 공매도 포지션을 유지하면서 스트레스가 심했다는 것을 알 수 있다. 내

그림 7.11 J. C. 페니^{JCP}, 청산, 주봉 차트

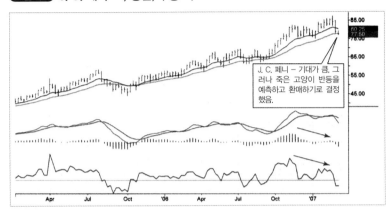

> J. C. 페니 – 기대가 큼. 그
> 러나 죽은 고양이 반등을
> 예측하고 환매하기로 결정
> 했음.

이 주봉 차트는 수익 실현을 보여준다. 주가는 적색선인 빠른 이동평균 아래로 하락했고 황색선인 느린 이동평균보다 밑으로 하락했다. 그러나 하락세는 속도를 늦추는 듯했다. 동시에 주간 강도 지수가 급락한 것은 바닥 신호일 가능성이 있었다. 주간 MACD–히스토그램은 바닥 형성을 기대할 수 있는 수준까지 하락했다. 이제 기분 좋은 하락세는 끝난 듯했다. 주가가 당초 목표가인 75달러에 도달할 때까지 기다릴 이유가 없었다.

그림 7.12 J. C. 페니^{JCP}, 청산, 일봉 차트

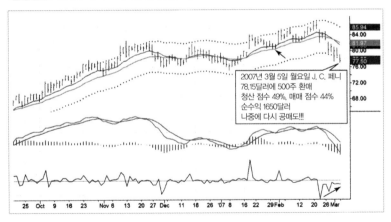

> 2007년 3월 5일 월요일 J. C. 페니
> 78.15달러에 500주 환매
> 청산 점수 49%, 매매 점수 44%
> 순수익 1650달러
> 나중에 다시 공매도!!!

청산 점수는 49%로 준수했고 매매 점수는 44%로 'A 수준'을 훌쩍 넘었지만 그래도 이 포지션을 통해 더 많은 수익을 얻을 수 있었다. 너무 빨리 공매도하는 바람에 수익이 줄어 스트레스가 컸다.

J. C. 페니	공매도	날짜	상단 채널	하단 채널	일일 고가	일일 저가	점수
진입	83.45달러	2007-01-30	84.09달러	76.56달러	81.79달러	80.66달러	70%
청산	78.15달러	2007-03-05			79.05달러	77.21달러	49%
P/L						매매	44%

가 포지션을 보유할 수 있었던 이유는 2가지다. 하나는 시장의 약세를 굳게 확신했고, 시장 전반에 걸쳐 공매도 포지션을 많이 취했다. 내가 공매도한 많은 종목이 J. C. 페니보다 훨씬 수익이 좋아 약세장으로 예측한 게 옳았음이 입증되었다. 두 번째 이유는 공매도 포지션의 크기가 거래 계좌의 규모에 비해 아주 미미했다. 좁은 스톱을 써야 했다면 스톱에 걸려 청산되었을 것이다.

계좌 규모가 커도 탐욕스럽지 않은 트레이더는 우위에 설 수 있다. 리스크를 전체 자본금의 0.25%로 제한하면 주가가 불리하게 움직일 때 리스크를 0.5%로 늘릴 수 있다. 그래도 최대 리스크 허용 한도인 2%에는 훨씬 못 미친다. 자본이 적어서 자본금을 모두 포지션에 투입하면 그럴 여유가 없다. 큰 계좌 규모는 출력이 센 자동차를 모는 것과 비슷하다. 매번 전속력으로 차를 몰지는 않더라도 아무튼 남아 있는 예비 동력이 있으므로 마음이 편안하다.

나는 매매하는 내내 J. C. 페니를 골라준 데버러와 연락했다. 데버러는 몇 차례나 포기하려고 했지만 나는 계속 보유하고 있으라고 격려했다. 친구가 고른 종목을 매매할 때면 나는 진입 및 청산 시점과 지점을 친구에게 반드시 알려준다. 매매를 같이하는 건 식사나 여행을 함께 하는 것과 같다〈그림 7.13〉).

그림 7.13 J. C. 페니^{JCP}, 후속, 주봉 차트

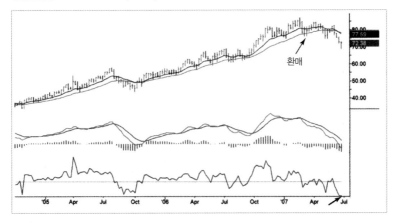

매매 일지를 쓰면 성공과 실패를 되돌아보고 거기서 교훈을 얻을 수 있다. 매매한 지 두 달 뒤 J. C. 페니 차트를 다시 보니 알 수 있었다. 공매도 포지션을 계속 보유했더라면 수익이 어마어마하게 늘어났을 것이다. 이는 어느 쪽을 더 선호하느냐의 문제다. 지금 당장 푼돈을 건질 것인가, 아니면 조금 더 기다렸다가 큰돈을 거머쥘 것인가. 차트 오른쪽 끝이 아니라 중간에서 결정할 수 있다면 언제나 최선의 선택을 할 수 있으련만!

:: 하락세에 공매도하기

몇 년 전 시드니에서 호주기술적분석가협회가 주최하는 만찬이 열렸다. 나는 한 건축가 옆에 앉게 되었는데 그는 매년 스페인 팜플로나에서 열리는 소몰이 축제에 참여한다고 말했다. 울타리를 열어주면 투우에 투입될 소 떼들이 중세시대처럼 꾸며진 마을의 좁은 도로를 지나 투우장으로 달려간다. 사람들이 소 떼 앞에서 달리는데 빨리 뛰지 않으면 소 떼에게 밟히든가 소뿔에 들이박힌다. 왜 그런 짓을 하느냐고 물었더니 목숨을 걸고 위험한 짓을 하면 살아 있다는 느낌이 든다고 말했다.

나는 가끔 천장에서 공매도하는 것이 우르르 몰려오는 소 떼 앞에서 달

리는 것과 비슷하다는 생각이 든다. 큰 수익도 매력적이지만 어려운 일에 도전해서 많은 사람을 물리쳤다는 만족감에 끌리기 때문이다.

공매도에 접근하는 또 1가지 방법이 있다. 뛰는 황소들과 다투는 대신 황소가 도축장 활송 장치를 타고 내려갈 때를 기다릴 수도 있다. 활송 장치 옆에 서 있다가 황소를 잡아서 죽인다. 소 떼 앞에서 뛰는 사람들보다 스릴은 적을지 몰라도 돈을 챙길 확률은 훨씬 더 높다.

도축장 일에도 위험이 도사리고 있다는 점을 명심하라. 소가 몸부림쳐서 일꾼을 짓밟을 수도 있다. 활송 장치 밖에 있다가 최대한 안전하게 황소를 붙잡아야 한다. 이미 하락세에 들어선 주식을 공매도하는 법을 살펴보자(〈그림 7.14〉). 주봉 차트에서 강조한 부분을 일봉 차트를 이용해 자세히 검토해보자. 활송 장치에 해당하는 것이 바로 일봉 차트의 엔빌로프

그림 7.14 네오웨어NWRE(미국 소프트웨어 솔루션 제공 회사), **주봉 차트**

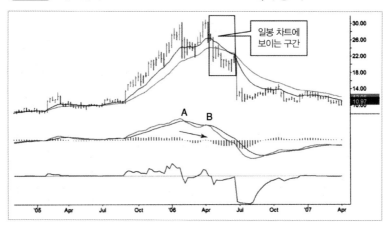

네오웨어 주봉 차트를 보면 2006년 초 천장 부근에서 공매도할 절호의 기회가 있었다. 약세 다이버전스 A−B를 동반하면서 주가가 신고점으로 거짓 돌파해 공매도자들에게 종을 울렸다. 어떤 차트나 가운데에서는 매매 신호가 아주 뚜렷하게 보인다. 문제는 오른쪽으로 갈수록 시황이 뿌옇게 흐려진다는 점이다. 차트 중앙에서 주문을 받는 브로커는 아직 보지 못했다. 브로커들은 모두 오른쪽 끝에서 매매하라고 한다.

다(〈그림 7.15〉).

주가가 차트 중앙 가치 부근에 있을 때 공매도하려고 한다. 주가가 하단 채널선 또는 그 아래로 떨어질 때 환매해서 수익을 거두어야 한다. 가치 수준에서 공매도해 저평가 구역에서 환매한다.

4월 초 네오웨어 주가가 천장에서 붕괴한 뒤 가치 영역으로 되돌아왔다. 두 이동평균 사이의 공간이 가치 영역이다. 되돌림으로 공매도 기회가 생겼다. 네오웨어는 하락 갭을 보이면서 하단 채널선보다 더 하락했다. 5월, 주가가 다시 가치 수준으로 상승하자 또 다시 공매도 기회가 생겼다. 5월 중순 주가는 하단 채널선보다 아래인 과매도 영역으로 하락하면서 환매 신호를 보냈다. 이런 시계추 같은 진동 움직임, 가치 영역으로 상승했다가 하단 채널선 아래 과매도 영역까지 하락하는 움직임은 차트 오른쪽 끝까지 계속되었다.

그림 7.15 네오웨어^{NWRE}, 일봉 차트

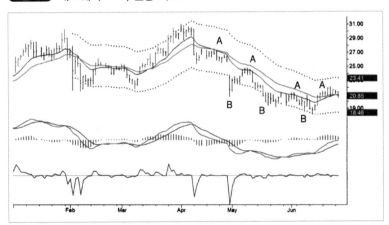

A. 가치 – 공매도   B. 과매도 – 환매

주봉 차트에서 보았던 신고점 거짓 돌파가 일봉 차트 중앙에서도 뚜렷하게 보인다. 황소들(매수세)을 도축장으로 모는 활송 장치를 볼 수 있는 일봉 차트는 매매 결정을 내리는 데 매우 유용하다.

채널 안에서 공매도하면 연이어 뚜렷한 매매 기회가 제공된다. 그러나 시장은 그렇게 단순하지 않다. 첫째 가치 구간과 과매도 구간을 뚫고 들어가는 깊이가 매주, 매달 달라진다. 활송 장치 안에서는 탐욕을 부리면 안 된다. 재빨리 수익을 취하고 물러나는 데 만족해야 한다.

이 시점에서 매매에서 포착한 엔빌로프의 비율로 매매 점수를 매기는 습관은 아주 유용하다. 엔빌로프 높이의 30% 이상이면 A다. 엔빌로프의 3분의 1은 이동평균과 채널선 거리의 3분의 2에 해당한다. A 트레이더가 되려면 이 정도 거리를 지속적으로 포착해야 한다. 기술적으로는 그다지 어려운 일이 아니다. 하지만 심리적으로는 지극히 어렵다. 여기서 2가지 적은 탐욕과 완벽주의다. 탐욕과 완벽주의 때문에 지나치게 질질 끌다가 청산 시점을 놓치게 된다.

채널 안에서 매매에 성공하려면 현실적인 목표를 세우고 수익을 취하면 그걸로 만족해야 한다. 더 큰 움직임을 포착할 수 있는 기회를 놓쳤다고 머리를 쥐어박고 자책하는 것은 절대 금물이다.

이 매매의 교훈을 요약해보자.

- 주봉 차트에서 전략을 결정하고 일봉 차트에서 전술적 계획을 수립하라.
- MACD-히스토그램의 다이버전스는 기술적 분석에서 가장 강력한 신호에 속한다.
- 채널 하단 안에서 매매하면 리스크는 줄지만 잠재 보상도 줄어든다.
- 채널을 포착한 비율로 모든 단기 매매의 점수를 매겨야 한다.
- 채널 안에서 매매할 때는 머뭇거리지 말고 현실적인 수익을 얻고 떠

나야 한다.

:: 펀더멘털 분석으로 공매도하기

펀더멘털 분석가들은 매매하려는 기업의 재무자료와 선물의 미래 수급 상태를 분석한다. 기술적 분석가들은 차트 위에 매수자와 매도자들이 남긴 흔적을 뒤쫓는다. 현명한 트레이더는 이 2가지 분석을 모두 참고해 수익을 얻는다.

두 분야 모두에서 전문가가 될 수는 없다. 어느 한 분야에 강하면 다른 한 분야는 약하게 마련이다. 펀더멘털 분석과 기술적 분석을 모두 활용할 때는 지침이 있다. 반드시 신호가 서로 충돌하지 않아야 한다. 한쪽은 사라고 하는데 한쪽은 팔라고 한다면 그냥 물러나는 게 최선이다.

동일한 기술적 도구를 주식과 선물, 지수, 외환에 똑같이 적용할 수 있다. 펀더멘털 분석은 적용 범위가 좀 더 협소하다. 펀더멘털 분석가는 채권과 원유, 또는 생명공학과 주요 방위 산업 모두에 전문가가 될 수 없다.

매매에 펀더멘털 분석을 활용하는 방식은 크게 2가지로 나뉜다. 하나는 광범위한 접근법이고 하나는 좁은 접근법이다. 첫째, 시장에 영향을 미치는 주요 펀더멘털 추세를 이해해야 한다. 예를 들어, 매수할 종목을 찾고 있다면 생명공학이나 나노 기술이 화학이나 가전보다 성장 잠재력이 큰지 작은지 알아야 한다. 이런 기초적인 이해가 있으면 시장의 유망한 영역에 집중할 수 있다.

좀 더 범위를 좁혀 집중하려면 펀더멘털 분석에서 매매 아이디어를 취해 기술적 분석을 통해 걸러내면 된다. 핵심 원칙은 매매 아이디어를 얻을 때는 펀더멘털 정보를 이용하고, 결행할지 말지 여부를 결정하는 데는 기술적 연구를 이용한다는 것이다. 기술적 분석을 통해 매매에 진입할지 아니면 거기서 멈출지 결정할 수 있다. ❶

펀더멘털이 아무리 훌륭해도 기술적 요소들이 추인하지 않으면 매매하지 마라. 이 원칙은 강세 신호와 약세 신호 모두에 적용된다. 펀더멘털이 매매를 제안하고 기술적 요인들이 이 신호를 추인하면 아주 강력한 조합이 완성된다. 이런 접근법을 보여주는 매매 사례를 살펴보자.

2007년 2월 10일 주말에 나는 스파이크 그룹 회원인 슈하이 크라이츠 Shai Kreiz에게 이메일을 받았다(《그림 7.16》). 스파이크 그룹 회원들은 주말마다 다음 주에 매매할 종목에 대한 내용을 서로 주고받는데 좋은 종목을 고른 사람에게는 상을 준다. 주말이면 나 역시 선호 종목을 고르고 매매를 준비한다.

선정된 종목은 대부분 기술적 분석의 결과물이었는데, 한 종목이 유난히 펀더멘털 정보가 많았다. 슈하이는 이렇게 적었다.

웨이트 와처스는 살을 뺄 때가 됐어. 일봉 차트에서 엄청난 약세 다이버전스가 있고 주봉 차트를 보면 주가가 과도하게 올랐거든. MACD는 곧 하락할 거야.
하나, 주의해야 될 사항이 있다면 2월 13일 목요일 폐장 후 기업실적 발표와 전화 회의가 예정되어 있다는 거지.

---

❶ 나는 이것을 오랫동안 신조로 삼고 있다. 기술적 분석에 대한 지식 없이 주식을 매수하는 친구들에게 이렇게 말하곤 한다. "www.stockcharts.com 같은 무료 사이트에 가서 주봉 차트를 꺼내 26주 이동평균과 겹쳐봐. 느린 이동평균이 하락하는 주식은 하락세에 있는 거니 절대 사지 마."

그림 7.16 웨이트 와처스^{WTW}(미국 건강관리회사), 주봉 차트

내가 고른 종목:	웨이트 와처스	공매도 ▼	매매 방향을 선택하세요.
진입가:	54.95달러	제한 ▼	진입 주문 형태를 선택하세요.
보호 스톱:	55.90달러		
목표가:	50.00달러	적색은 행동을 취해야 하거나 오류를 나타냄.	

논의:

Weight Watchers International looks like it's time to lose weight. There is a massive bearish divergence on the daily chart, and price is overextended on the weekly, with MACD about to turn down.
WARNING: Earnings report and conference call is scheduled for Tuesday Feb. 13, after market close.

Normally I wouldn't stay in a trade on an earnings day, but there is an interesting situation in this case and I am ready to risk some money (and points) to test my understanding of the fundamental picture.
WTW gapped up some 11% on Dec. 18 (and continued to climb up since then) after the company announced it will buy back 8.3 million shares of its common stock, plus 10.6 million shares from Artal, its major and controlling stock holder, together some 20% of its outstanding shares. This is financed by a $1.2 billion in borrowings, which, as far as I can tell will bring its NAV to a negative value. This by itself is not something that is all that unusual, but in my opinion, with a P/E of 27 and price to sales of 4.45 on top of it, the price should come down.

여느 때라면 실적 발표일에는 관망하겠지만 이 경우는 상황이 흥미로워. 그래서 펀더멘털 전망에 대한 나의 이해력을 점검하는 차원에서 돈(과 포인트)을 걸고 싶어.

웨이트 와처스는 보통주 830만 주를 사 들이겠다고 발표한 뒤 발행주식 20%와 함께 대주주인 아르탈^{Artal}로부터 1060만 주를 매입하고 12월 18일 11% 갭 상승했고, 이후 지속적으로 상승세를 보였어. 자사주 매입 자금으로 12억 달러를 대출했어. 대출 때문에 내가 보기엔 NAV^{Net Asset Value}(순자산가치-역주)가 마이너스가 될 것 같아. 이 자체는 그다지 특이하지 않지만 내가 보기에 주가수익비율^{Price/ Earnings Ratio}(주가를 최근 12개월간의 주당 수익으로 나눈 비율. 주당 수익 대비 주가 수준을 측정하는 지표-역주)이 27배고 설상가상으로 주가매출액비율^{price-to-sales ratio}(주가를 주당매출액으로 나눈 비율로 주가가 고평가되었는지 저평가되었는지 판단하는 지표-역주)이 4.45배야. 웨이트 와처스 주가는 분명 하락할 거야.

슈하이는 수익 목표를 50달러, 스톱을 55.90달러에 설정하고 54.95달러에 공매도하겠다고 했다. 나는 슈하이의 펀더멘털 분석을 이렇게 이해했다. 자본 출혈이 심한 상태에서 새가 높이 날고 있으니 더 이상 날지 못할 것이라고. 기술적으로 볼 때 주봉 차트는 끔찍했다(그림 7.17).

매매에 투입하는 자금이 많으면 그 자체가 스트레스가 되어 의사결정을 망칠 수 있다. 나는 웨이트 와처스의 포지션 규모를 평균적인 매매 규모의 2배로 했다. 2% 규칙에 따른 리스크 한도보다는 훨씬 낮았지만 평균적인 리스크의 두 배나 되어서 신경이 많이 쓰였다. 결과적으로 돈이 판단력을 흐리게 했다.

대체로 시가open price가 큰 폭의 갭으로 하락하면 서둘러 환매할 필요가 없다. 주가는 더 낮은 바닥을 재확인하면서 한동안 갭 수준에 머물기 때문에 환매할 기회는 많았다. 그런데 이번에는 포지션 규모가 두 배여서 진입한 지 48시간 안에 재빨리 1만 달러의 수익을 취했다. 수익이 사라질까 봐 안달이 나서 시가 갭에서 주가가 반등하기 시작하자마자 겁을 먹고는 환매한 것이다.

청산 점수는 42%로 보잘것없었다. 매매 점수는 79%로 훌륭했지만 조금 더 놔두었더라면 점수가 더 좋았을 것이다(그림 7.23).

이 매매의 교훈을 요약해보자.

- 펀더멘털 정보는 유용한 매매 신호를 제공하지만 기술적 분석이 이 신호들을 추인해야 한다.
- 두 이동평균 사이의 가치 구간은 주가를 그 구간으로 끌어들이는 자석 역할을 한다. 주가는 가치 구간 위나 아래 있다가 다시 가치 구간으로 복귀하는 경향이 있다.

그림 7.17 웨이트 와처스^{WTW}, 주봉 차트

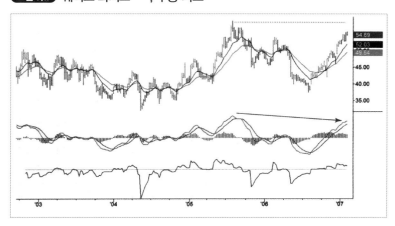

웨이트 와처스는 2005년 천장 부근에서 강력한 저항을 향해 접근하고 있었고 MACD 선들은 약세 다이버전스를 보이고 강도 지수는 하락하고 있었다.

그림 7.18 웨이트 와처스^{WTW}, 진입, 일봉 차트

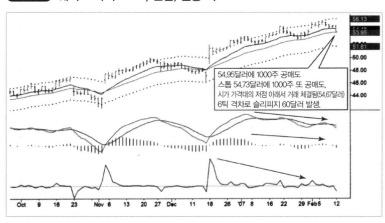

일봉 차트는 MACD 선들, MACD-히스토그램, 강도 지수가 엄청난 약세 다이버전스를 보였다. 주가는 벼랑 끝에서 곧 굴러떨어질 것 같았다.

그림 7.19 웨이트 와처스WTW, 진입, 5분봉 차트

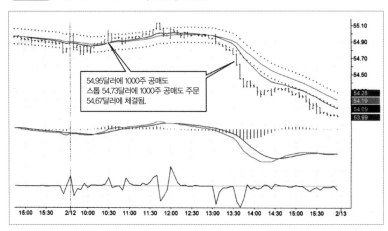

54.95달러에 1000주 공매도
스톱 54.73달러에 1000주 공매도 주문
54.67달러에 체결됨.

불길한 펀더멘털과 기술적 신호의 결합이 극심한 약세장을 예고해 공매도 포지션을 두 배 늘리기로 결심했다. 슈하이가 권고한 수준에서 1000주를 공매도한 다음 시가 가격대의 저점인 54.73달러에 다시 1000주 공매도 주문을 냈다. 웨이트 와처스 주가는 변동이 없다가 반등을 시도했지만 반전해 하락 속도를 높였다. 두 번째 공매도 주문은 54.67달러에 체결되어 60달러의 슬리피지가 발생했는데 이는 수수료의 6배에 해당하는 금액이다.

웨이트 와처스	공매도	날짜	상단 채널	하단 채널	일일 고가	일일 저가	점수
진입 1	54.95달러	2007-02-12	56.85달러	51.09달러	55.14달러	53.95달러	84%
청산							
P/L						매매	

웨이트 와처스	공매도	날짜	상단 채널	하단 채널	일일 고가	일일 저가	점수
진입 2	54.67달러	2007-02-12	56.85달러	51.09달러	55.14달러	53.95달러	61%
청산							
P/L						매매	

그림 7.20 웨이트 와처스^{WTW}, 청산, 주봉 차트

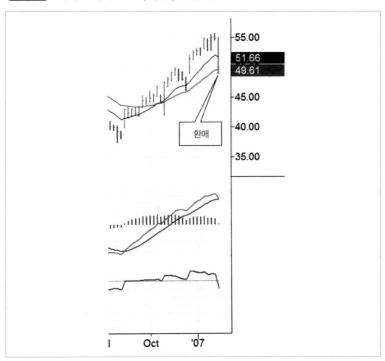

웨이트 와처스	공매도	날짜	상단 채널	하단 채널	일일 고가	일일 저가	점수
진입 1	54.95달러	2007-02-12	56.85달러	51.09달러	55.14달러	53.95달러	84%
청산	50.39달러	2007-02-14			51.38달러	49.03달러	42%
P/L						매매	79%

웨이트 와처스	공매도	날짜	상단 채널	하단 채널	일일 고가	일일 저가	점수
진입 2	54.95달러	2007-02-12	56.85달러	51.09달러	55.14달러	53.95달러	61%
청산	50.40달러	2007-02-14			51.38달러	49.03달러	42%
P/L						매매	79%

그림 7.21 웨이트 와처스^{WTW}, 청산, 일봉 차트

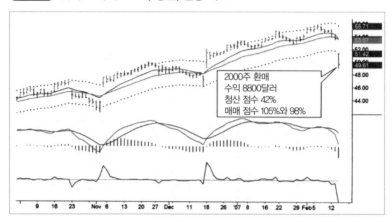

2000주 환매
수익 8800달러
청산 점수 42%
매매 점수 105%와 98%

월요일 내가 공매도한 뒤 웨이트 와처스는 그날의 일일 저가 부근에서 마감했다. 화요일 주가 역시 그 수준에 머물렀다. 수요일 시장은 경영진이 실적 발표회에서 한 말을 못마땅하게 받아들인 듯했다. 주가는 하락갭을 보이며 슈하이의 목표가를 건드렸다.

주봉 차트에서 웨이트 와처스 주가는 황색선인 느린 이동평균 아래로 찍어누르듯 급락했다. 내 입장에서 보면 포지션은 임무를 다한 셈이었다. 불과 며칠 전 웨이트 와처스 주가는 주봉 차트의 가치를 상회했다. 가치 구간으로 하락할 것을 예측하고 고평가된 주식을 공매도한 것은 현명한 행동이었다. 목적지에 도달했으니 꾸물거리는 것은 의미가 없었다. 물론 주가는 더 하락해 저평가되었지만 그건 또 다른 문제다. 시장에서 매매 개념은 다양한데 자신에게 편한 쪽을 선택하면 한다. 이번 매매는 내가 선호하는 개념, 즉 가치 위에서 공매도하고 가치에서 환매한다는 개념을 토대로 했다. 나는 청산해 수익을 취하는 쪽을 선택했다.

그림 7.22 웨이트 와처스^{WTW}, 청산, 5분봉 차트

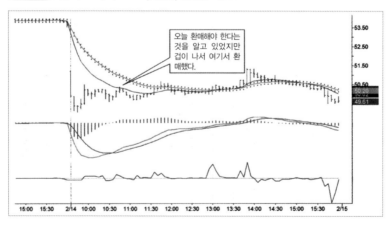

오늘 환매해야 한다는 것을 알고 있었지만 겁이 나서 여기서 환매했다.

나는 재량 트레이더이므로 공매도 환매에 대한 규정이 따로 없다. 웨이트 와처스 주가가 샤이의 목표가를 초과하자 나는 하락세가 계속될지 지켜보았다. 주가가 반등하기 시작하자 나는 1센트 차이를 두고 두 포지션을 따로 환매했다.

288

- 매매에 투입한 돈이 많으면 결정에 부정적인 영향을 미치는 경향이 있다.
- 기록을 잘하면 도움이 된다.

매매 일지는 소중한 학습 도구다. 잘 기록해두었다가 다시 보면 경험에서 혜택을 얻을 수 있다. 일지를 다시 살펴보면 더 나은 트레이더가 되

그림 7.23 웨이트 와처스^{WTW}, 후속 차트

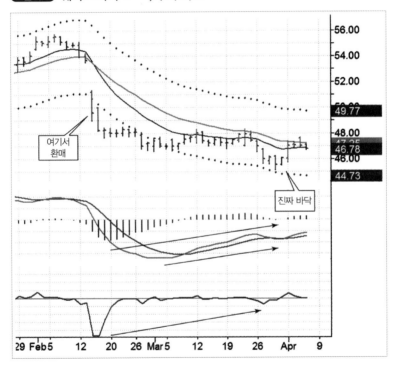

매매 일지를 기록하면 지난 매매를 다시 돌아보고 유용한 교훈을 얻을 수 있다. 이 후속 차트는 매매 완료 8주 후 차트로, 인내심이 있었으면 주당 수익이 두 배로 늘어날 수도 있었다는 것을 보여준다. 수익을 더 얻기 위해 포지션을 두 배로 늘릴 필요가 없었다. 평균적인 규모로 가져가되 평온한 마음으로 임했다면 비슷한 수익을 얻었을 것이다.

는 데 도움이 된다.

:: 공매도 종목 찾기

공매도할 주식을 찾는 방법은 크게 2가지로, 하나는 쉽고 하나는 어렵다. 물론 '쉬운' 방법도 그다지 쉬운 것은 아니다. 다른 정보통과 더불어 스파이크 그룹에서도 공매도 후보를 찾는다. 내가 매매 정보를 어떻게 받아들이는지는 앞서 설명했다. 매매 가능성에 관한 아이디어를 제공하는 매매 정보를 내 시스템을 이용해서 분석하고 매매할지 여부를 스스로 결정한다. 앞서 설명한 내 시스템이 그 정보를 추인해야 비로소 매매한다. 아무튼 수십 명이 주식시장을 살피고 연구한 뒤 각자 고른 종목을 보내오는데 그중에 구미가 당기는 공매도 후보가 있게 마련이다. 나는 이 후보들을 삼중창 시스템과 임펄스 시스템에 투입하고 어떤 종목을 매매할지, 변수는 어떻게 사용할지 결정한다.

'어려운' 방식은 주식시장 전체를 다 살펴보아야 한다. 상위 업종, 하위 업종 별로 주식을 두루 살피면서 공매도하기에 적합한 종목을 찾는다((그림 7.24)). 천장에서 공매도하고 싶으면 천장을 보이는 업종을 찾는다. 하락세에 공매도하고 싶으면 이미 하락세가 자리 잡고 그 안에서 움직이고 있는 업종을 찾는다. 구미가 당기는 상위 업종이나 하위 업종을 찾은 다음에는 그 업종에 속하는 종목 목록을 열어 공매도 후보를 찾는다.

100개가 넘는 업종을 살피려면 사실상 주식시장 전체를 볼 수밖에 없다. 먼저 업종을 선정한 후 개별 주식을 분석하면 시간을 효율적으로 활애할 수 있다. 전체 과정을 자동화하라는 사람도 있지만, 나는 모든 상위

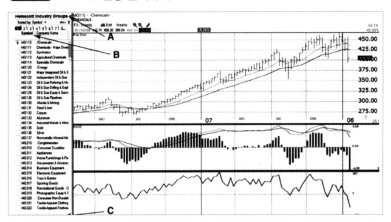

A. 이 메뉴를 클릭해 업종을 선택한다.
B. 이 메뉴를 클릭해 업종을 기업 기호별로 분류한다.
C. 관심 종목에 239개 상위 업종과 하위 업종이 있다.

업종과 하위 업종을 직접 살피고 싶다. 나는 이 같은 검토 과정을 한 달에 두 번 정도 하려고 노력한다.

이 과정에서 내가 즐겨 쓰는 프로그램은 TC2007❶www.tc2000.com이다. 이 프로그램은 주식시장 전체를 239개 상위 업종과 하위 업종으로 나누는데 어떤 상위 업종이나 하위 업종을 보다가 그 업종에 속한 종목으로 전환하기가 쉽다. 〈그림 7.24〉는 스캔이 시작될 무렵을 표시한 것이다. 증권 항목에서 '업종industry'을 선택한다. 그런 다음 분류 목록에서 '기호symbol'를 선택한다. 주말에 스캔을 돌리므로 내가 선호하는 지표들인 2가지 이동평균, MACD선, 히스토그램, 강도 지수가 포함된 주봉 차트를 살핀다. 물론 다른 프로그램도 많다.

---

❶ 〈그림 7.24〉, 〈그림 7.28〉은 TC2007(Copyright©1997-2007 Worden Brothers, Inc. All rights reserved.)을 이용해 그렸다.

그림 7.25 TC2007에서 업종 선택하기

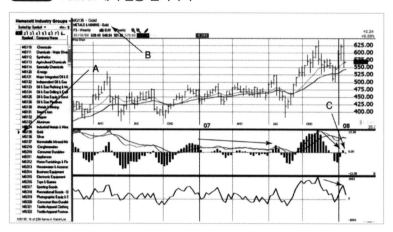

A. 구미가 당기는 업종 강조하기
B. 여기를 클릭해 하위 업종 종목으로 전환
C. 오른쪽 어깨 누락

그림 7.26 구성 종목으로 전환하기

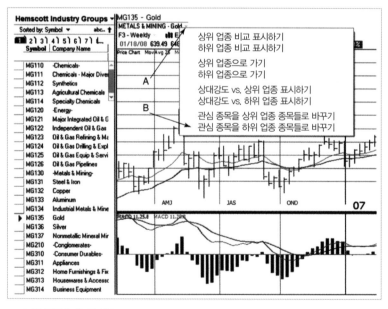

A. 여기를 클릭해 메뉴를 연다.
B. 여기를 클릭해 해당 업종에 속하는 종목들로 전환한다.

스캔을 하다가 구미가 당기는 업종을 발견했다. 바로 MG135 - 골드였다(〈그림 7.25〉). 주봉 차트는 최근 신고점을 돌파했지만 그 수준을 유지하지 못하고 저항선 아래로 하락해 거짓 상향 돌파가 이어졌다. 거짓 상향 돌파는 강력한 약세 신호다. MACD - 히스토그램은 약세 다이버전스를 보였다. 이 역시 강한 약세 신호로 이 하위 업종이 아주 매력적으로 보였다. 따라서 이 하위 업종에서 공매도 후보를 찾았다.

두 번 클릭해 고른 하위 업종(TC에서는 'Sub-Industry')에서 해당 하위 업종에 속한 종목들로 넘어갔다. 여기에서 공매도 후보를 찾을 것이다.

먼저 약간의 정리정돈이 필요하다. 해당 업종에 속한 주식을 기호가 아닌 주가로 분류해야 한다(〈그림 7.27〉). 공매도할 종목을 찾을 때는 먼저 가장 비싼 주식들부터 살핀다. 매수할 종목을 찾을 때는 가장 싼 종목부터 시작한다. 싸게 사서 비싸게 팔아라(〈그림 7.28〉)!

이 시점에서 나는 TC2007에서 트레이드스테이션TradeStation, www.tradestation.com으로 시스템을 바꾼다. TC2007는 스캔 능력이 탁월하고, 트레이드스테이션은 기술적 도구가 더 많다. 다시 한 번 강조하지만 어떤 소프트웨어를 사용하느냐보다 단계의 순서가 중요하다. 방금 설명한 조사 과정을 밟다 보면 주식시장 전체를 계속 주시하면서 특정 종목들을 자세히 살피고 그 특정 종목에 많은 시간을 투입할 수 있다.

:: 차주잔고

화불단행(禍不單行)이라고 한다. 그렇다면 행복의 단짝은 뭘까? 고독 아닐까?

그림 7.27 구성 종목들 분류하기

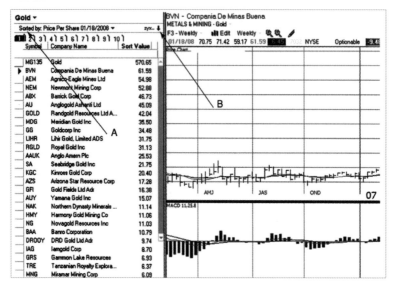

A. 여기를 클릭해 구성 종목들을 주가별로 분류한다.
B. 여기를 클릭해 가장 비싼 종목 순으로 구성 종목들을 정렬한다.

그림 7.28 공매도 후보 찾기

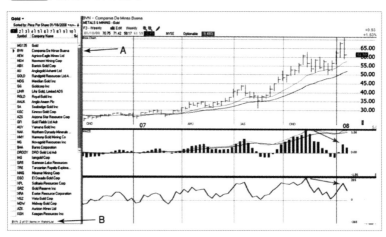

A. 이 하위 업종에서는 미나스 부에나벤트라가 가장 비싼 주식이다.
B. 이 하위 업종에는 50개의 주식이 포함돼 있다.

미나스 부에나벤트라(BVN, 남미 금광업체)의 패턴은 하위 업종 전체 패턴과 아주 유사하다. 주봉 차트에서 강력한 매도 신호가 몇 개 보인다. 이제 일봉 차트로 전환해 어디에서 진입하고 목표 및 스톱을 어디에 설정할지 전술을 결정해야 한다. 자금 관리 규칙을 이용해 포지션 크기도 결정해야 한다. 마지막으로 계획한 매매 일지를 작성해야 한다.

대부분의 트레이더가 손실을 보고 극히 일부만이 꾸준히 수익을 올린다는 건 주지의 사실이다. 성공적인 매매는 대다수 트레이더와 반대 방향으로 돌아간다. 따라서 주식을 공매도할 때는 그 주식을 공매도하는 사람이 많은지 적은지 알면 도움이 된다.

공매도하는 사람은 극소수이므로 어떤 기업의 주식 중 공매도되는 주식이 차지하는 비율 역시 아주 작다. 어떤 주식을 공매도하는 사람이 많은지 여부를 판단하는 2가지 지표가 있다. 바로 차주잔고비율Short Interest Ratio과 환매소요일수Days to Cover다.

차주잔고비율은 매도자들이 보유하고 있는 공매도 주식 수와 그 주식의 유동주식free float 수를 비교한다. 유동주식이란 공매도 가능한 주식을 가리킨다. 어떤 기업이 발행한 주식의 총수에서 3가지 주식 집단을 빼면 유동주식 수가 산출된다. 3가지 주식은 임원에게 지급된 매각제한주식restricted stock(임원에게 인센티브 등으로 지급된 주식으로 일정 기간 주식 처분이 제한된다-역주), 기업 주식의 5% 이상을 보유한 대주주들이 보유한 주식, 마지막으로 내부자 보유 주식이다. 다시 말해, 기업이 발행한 총 주식 수에서 쉽게 팔 수 없는 주식 수를 빼면 공매도 가능한 유동주식 수가 나온다.

증권사들은 공매도되었지만 환매되지 않은 주식 수를 보고해 정보를 공개한다. 공매도되어 아직 환매되지 않은 주식 수를 총 유동주식 수로 나누면 차주잔고비율이 산출된다. 차주잔고비율은 특정 주식의 공매도되는 주식 비율을 반영한다.

차주잔고비율이 상승하면 매도세가 점점 증가하고 있다는 신호다. 모든 공매도 포지션은 언젠가는 환매된다는 사실을 명심해야 한다. 공매도한 사람들은 겁을 먹으면 달아나는 속도가 무척 빨라진다. 숏 포지션 환매에 따른 상승은 그 속도가 빠르기로 악명 높다. 차주잔고비율이 상승하면 주가가 급등할 수 있다는 경고가 된다.

차주잔고비율이 어느 수준일 때 안전하고 어느 수준일 때 위험한지 딱 부러지게 규정할 수는 없다. 주식마다 다르고, 투기자들이 공매도하는 동시에 풋을 매도하는 옵션주는 특히 더 그렇다. 투기자들이 공매도와 동시에 풋을 매도할 때는 장세의 약세라기보다는 일종의 스프레드 전략이기 때문이다. 어림잡아 차주잔고비율이 10%보다 작으면 용납 가능하고 차주잔고비율이 20%를 넘으면 공매도자가 많은 것이다.

약세를 측정하는 또 다른 유용한 잣대로 환매소요일수Days to Cover 지표가 있다. 산출 방식은 한 주식의 총 차주잔고를 일일 평균 거래량으로 나눈다. 이 지표는 모든 공매도자가 포지션을 환매하는 데 며칠이 걸리는지 보여준다.

사람이 가득한 극장에서 누가 "불이야!"라고 외치면 실제로 불이 났든 안 났든 사람들은 출구를 향해 달려간다. 주식시장에서 상승이든 하락이든 공황이 조성되는 과정도 비슷하다. 공매도한 사람들은 하락기에는 느긋하고 게으른데 숏 환매에 따른 주가 상승기에는 출구를 찾아 정신없이 달려가므로 이런 공황 상태가 또 주가를 끌어올린다.

극장에서 군중이 패닉에 빠지면 발에 밟히는 사람이 생긴다. 환매소요일수가 1일 이하면 문은 넓고 나가려는 사람이 적으므로 공황 상태가 발생하지 않는 경우와 같다. 환매소요일수가 20일 위로 상승하면 (때로 50일을 넘을 때도 있다) 그 주식이 매도세의 안전을 위협하는 위험요소가 되고 있다는 증거다. 탈출하는 데 많은 날이 걸릴 것이며, 트레이더 중 일부는 좁은 문으로 빠져나가려다 죽기도 한다.

순식간에 문이 넓어져서 탈출하기 쉬워지고 환매소요일수가 줄어들 수도 있다. 예를 들어, 공매도 유통주식이 1000만 주, 일일 평균 거래량이 100만 주면 환매소요일수는 10일이다. 거래량이 200만 주로 늘어나면 환매소요일수는 5일로 떨어진다. 어림잡아 환매소요일수가 10일 이하면 스퀴즈 위험은 낮고 20일 이상이면 분명한 경고 신호다.

주식의 차주잔고비율과 환매소요일수를 구하는 몇 가지 방법이 있다. 야후 금융Yahoo Finance 웹사이트에 기호를 입력하고 '시세 보기Get quotes'를 클릭한다. 스크롤 바를 내려서 '핵심 통계Key statistics'를 클릭한다. 그러면 '공매도 주식 수shares short'와 '공매도 비율short ratio'이 나온다.

트레이더 케리 로본은 이렇게 말했다.

그림 7.29 뉴로 메트릭스NURO(미국 헬스케어 회사), 일봉 차트

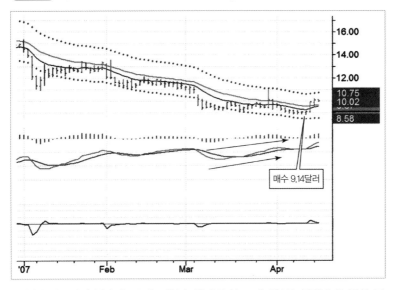

다이버전스와 주가 가격대가 아주 좁다는 사실이 마음에 들어 뉴로 메트릭스를 매수했다. 하지만 구미가 당기는 다른 주식들도 많았다. 매수를 결정하게 된 이유는 뉴로 메트릭스의 공매도 수준이 아주 높아 차주잔고비율이 유동주식의 50%였고 환매소요일수는 20일이었기 때문이다. 물론 주가가 처음에 살짝 강세를 보이자 대량 환매가 발생했고 가격은 아주 만족스럽게 급등했다.

나는 특별히 차주잔고비율을 보고 매매하지는 않습니다. 늘 쓰는 방식을 써서 매매할 종목을 고르지만 매매할 종목에 포함시킬지 아니면 매매할지 결정할 때는 차주잔고비율을 살피죠. 투자 매력이 동일한 2개의 매매가 있다면 차주잔고비율이 높은 종목을 매수합니다. 공매도한 사람은 언젠가는 들어와서 환매합니다. 다시 말해, 적극적인 매수자들이라고 할 수 있죠. 그러나 차주잔고비율이 높다는 이유만으로 종목을 매수하지는 않습니다(〈그림 7.29〉).

공매도 종목을 살필 때는 차주잔고비율에 주목하죠. 이때는 차주잔고비율을 특정 종목을 피하는 거름망으로 사용합니다. 나는 다수의 무리 편에 서고 싶지 않아서 많은 사람이 지나가는 문은 피합니다. 당신과 나 두 사람 모두 몬스터 베버리지를 공매도했던 때가 기억나지 않나요(〈그림 7.30〉)?

그림 7.30 **몬스터 베버리지**HANS(미국 음료회사. 지금은 티커가 MNST로 바뀜), **일봉 차트**

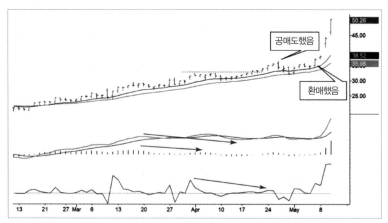

다이버전스는 멋졌고 주가는 하락하기 시작했다. 당시 우리가 간과한 것은 높은 차주잔고비율이었다). 주가가 상승을 거듭하자 손절매해야 했다. 그 뒤 업계 선도 기업과 대형 수입판매 계약을 성사시키자 갭을 보이며 상승했다.

불행은 홀로 오지 않지만 행복은 홀로 온다. 차주잔고비율과 환매소요일수는 공매도한 사람이 너무 많지 않은 종목을 고르는 데 매우 유용한 지표다.

제08장
개별 주식이 아닌 선물, 옵션 등 매도하기

개별 주식 공매도에는 일부 제약이 있지만 선물, 옵션, 외환 매도에는 제약이 없다. 이들 시장은 매도 없이 존재할 수 없다.

주식 트레이더라면 매수와 매도는 반드시 익혀야 하지만 공매도는 선택 사항이다. 매수 기회가 드문 약세장에서도 현명한 트레이더는 추락하는 업종들 사이에서 상승하는 업종을 찾아낸다. 트레이더가 공매도 방법을 알고 있으면 확실히 늘 매수만 하는 투자자들보다 우위에 설 수 있다. 특히 약세장에서는 더욱 그렇다.

주식의 경우 소수의 트레이더만이 공매도를 하지만 외환, 선물, 옵션에서는 엄청난 양의 매도가 일어난다. 사실 선물이나 외환 매도 거래량은 매수 거래량과 정확히 일치한다! 매수 1계약마다 매도 1계약이 존재하는 것이다.

매도는 파생시장에서 없어서는 안 되는 부분이다. 선물, 옵션, 외환을 처음부터 끝까지 꼼꼼히 알아보기보다는 각 시장에 관한 최고의 책들을 소개하는 것으로 설명을 대신하겠다. 이 책들을 보면 선물, 옵션, 외환의 기초를 알 수 있을 것이다. 그런 다음 선물, 옵션, 외환 매도법을 자세히 살펴보자. 그럼 이제 각 시장의 매도 방법으로 바로 들어가보자.

:: 선물 매도

주식 1주를 사는 것은 현실에 존재하는 기업의 주식 1주를 사는 것이다. 그런데 선물 1계약을 매수하는 것은 무엇을 사는 것이 아니라 미래 상품 하나를 매입하겠다는 구속력 있는 계약에 돌입하는 것이다. 매매의 반대편에 있는 사람은 미래에 팔겠다는 계약을 하는 것이다. 따라서 매수 하나에는 반드시 매도 하나가 있다. 사겠다는 약속이 있으면 반드시 팔겠다는 약속이 존재한다. 양쪽 모두에 증거금이 있어 이 약속들을 보증한다.

선물: 추천 도서

조지 앤젤George Angell의 《선물시장에서 돈 버는 법Winning in the Futures Markets》은 최고의 선물 입문서다(앤젤의 책 중 유일하게 추천하고 싶은 책이다). 트웨일스와 존스Teweles and Jones의 《선물 게임The

Futures Game》은 여러 세대에 걸쳐 트레이더들을 교육한 미니 백과사전이다(반드시 최신판을 구해보라). 토마스 히에로니무스^{Thomas} Hieronymus의 《선물 거래의 경제학^{Economics of Futures Trading}》은 그 내용이 심오해 기꺼이 추천할 만하지만, 지금 절판돼 보려면 중고서적을 구해야 한다. 마지막으로 소개하는 저서는 저자의 졸저 《나의 트레이딩 룸으로 오라》로, 선물을 다룬 부분이 있다.

선물 트레이딩의 기본 원리를 가장 잘 설명한 책으로 토마스 히에로니무스의 《선물 거래의 경제학》만 한 책은 없다. 선물에 대한 가장 깊이 있는 지혜를 담은 책이지만 안타깝게도 수십 년 전부터 절판 상태다. 매매 '방법'을 설명하는 책이 아니라서 더 이상 책을 안 찍는지도 모르겠다. 도서 판매 웹사이트에 가끔 중고서적이 올라오기도 한다. 선물 공매도로 들어가기 전에 이 책에서 몇 구절 인용하고자 한다.

물론 선물 매도에는 '업틱 룰' 같은 말도 안 되는 규제는 없다. 선물 매도 주문을 내면 롱 포지션을 매도하기 위한 주문이든 새로운 매도 포지션을 여는 주문이든 차이가 없다.

내부자거래를 금지하는 조항도 없다. 미 상품선물거래위원회^{CFTC}가 정기적으로 발간하는 COT 보고서^{commitments of traders report}(선물과 옵션시장의 미결제약정 추이를 집계한 자료-역주)를 통해 내부자들의 행위를 추적할 수 있다.

대부분의 선물 시장에서 공매도를 보유하고 있는 건 상업적 거래자나 진정한 내부자인 헤저^{hedger}다. 예를 들어, 기업형 농업을 하는 대형 농업 기업은 아직 수확되지 않은 농산물의 가격이 괜찮으리라 예상하고 미리 좋은 가격을 확보하기 위해 선물을 매도한다. 하지만 이는 게임의 일부일 뿐이다. 월급값을 제대로 하는 헤저는 단지 보험을 든다는 생각뿐만 아니라 수익을 거둘 목적으로 선물 팀을 운영한다. 이들은 선물을 매도해 돈을 벌려고 한다.

히에로니무스가 지적한 대로 선물 가격이 등락하는 데는 어마어마하게 중요한 요소가 끼어든다. 상품은 매도 비용, 자금 조달 비용, 보험료 등이 가격에 영향을 미치며 보유 비용이 발생한다. 이 과정이 매달 조금도 수그러들지 않으면 가격은 점차 치솟아 까마득한 지경에 이른다. 하지만 실제로는 가격이 서서히 오르다가 중간중간 급락하다가 다시 현실적인 수준으로 돌아오는 과정이 되풀이된다.

선물: 히에로니무스의 설명

● 시장은 모든 판단이 균형 상태를 이루는 곳이다. 따라서 옳은 판단 하나마다 그른 판단 하나가 있다. 선물 거래는 점수가 돈으로 기록되는 짜릿한 게임이다.

● 상품 계약은 수명이 짧은 편이다. 개별 주식의 거품은 영원히 지속될 수도 있지만, 위쪽으로나 아래쪽으로 형성된 원자재 선물시장의 거품은 첫 번째 인도일까지는 터질 수밖에 없다.

● 단기간에 수확된 공급은 다음 작물이 나올 때까지 지속되어야 한다. 시장에서 공급이 소화되는 평균 가격은 오직 하나다.

● 현재 가격은 균형 가격을 예측하는 트레이더들의 판단의 총합을 반영한다. 모든 시장 참여자의 종합적인 판단은 가격이 균형을 찾았으므로 변하지 않는다는 것이다. 그러나 종합적인 판단

을 구성하는 개개인들은 그 누구도 가격이 균형 상태에 도달했다고 생각하지 않는다. 균형 상태라고 생각했다면 포지션을 취하지 않았을 것이다. 판단의 총합은 항상 그르다.

● 시장에서 포지션을 취한다는 것은 종합적인 판단에 도전하는 것으로, 시장이 틀렸다고 말하는 것이다.

● 모든 투기자는 독자적으로 판단하고 행동해야 한다. 더 중요한 것은 다른 사람의 게임에 관여하지 않아야 한다는 것이다. 시장은 자신만의 이야기를 들려주므로 재빨리 듣는 것이 유일한 임무다.

● 마지막 남은 기회까지 짜내려고 하는 것은 너무 약삭빠른 수작이며 시장의 지능을 너무 얕보는 행위다. 터줏대감들은 야금야금 수익을 챙기는 것을 업으로 하고 있다.

● 시장 전체적으로 참여자들의 이익의 합과 손실의 합은 서로 같다. 이익을 본 경우라도 최소한 수수료, 중개료, 결제수수료만큼은 손실을 보게 마련이다.

● 게임에 크게 공헌하는 호구는 지나치게 포지션을 오래 보유하는 사람들이다.

● 규칙적이고 지속적으로 거래하지 않는 사람들은 게임에 공헌도가 가장 큰 호구 집단에 속한다.

● 재고 자산이 존재하므로 보유 비용이 발생한다. 그 영향으로 선물 가격은 지속적으로 상승한다. 그러나 시간이 흘러도 근본 가치가 변하지 않으면 선물 가격의 지속적인 상승은 불가능하

다. 따라서 전체적인 가격 구조는 정기적으로 붕괴돼야 한다.

토마스 히에로니무스의 《선물 거래의 경제학》(1971)에서 발췌

파도가 해변의 모래를 때리면 모래 언덕이 생긴다. 어떤 시점이 되면 모래 언덕이 스스로 무게를 이기지 못하고 무너지면서 전체적인 과정이 다시 반복된다. 선물 시장이 바로 이렇다. 쌓일 때는 서서히 쌓였다가 무너질 때는 순식간에 무너진다.

선물: 엘더의 선물

주식을 매수하면 기업의 일부를 소유하게 되는 것이다. 선물 계약을 매수하면 아무것도 소유하지는 않지만 밀 한 트럭이든 재무부 채권 한 다발이든 미래에 상품을 매수하겠다는 구속력 있는 계약에 돌입한 것이다. 이 계약을 나에게 판 사람은 물건을 인도할 의무가 생긴다.

모든 선물 계약에는 결제일이 있어서 날짜가 다른 계약은 다른 가격에 팔린다. 많은 프로가 월물간 스프레드를 분석해 반전을 예측한다.

선물은 자금 관리 기술이 뛰어난 사람에게 아주 매력적인 투자처다. 선물은 수익률이 높지만 냉철한 자제력을 요구한다. 초보라면 느리게 움직이는 주식이 좋다. 트레이더로 성숙하게 되면 그때 선물로 눈을 돌려라. 자제력이 있다면 선물이 안성맞춤이다.

선물은 주식과 달리 자연스러운 바닥과 천장이 있다. 이 수준은

고정되어 있지는 않지만 매수나 매도 전에 바닥이나 천장 가까이에 있지는 않은지 살펴보아야 한다. 선물의 바닥 가격은 생산 비용이다. 시장이 이 수준보다 아래로 하락하면 생산자들이 생산을 멈춰 공급이 감소해 가격이 오른다. 예를 들어, 설탕이 과잉 공급되면 세계 시장에서 설탕 가격은 사탕수수를 키우는 비용보다 하락하고 주요 생산자들은 농장을 폐쇄하기 시작한다. 예외가 있다면 아주 가난한 나라가 세계 시장에 상품을 내다팔아 달러를 벌고 자국 노동자들에게는 평가절하된 자국 화폐로 급료를 지불하는 경우다. 가격이 생산비보다 아래로 떨어질 수는 있지만 오랫동안 그 수준에 머물지는 않는다.

상품의 천장은 대부분 대체재 비용이다. 가격만 적당하다면 한 상품이 다른 상품을 대체할 수 있다. 예를 들어, 가축의 주요 사료인 옥수수 가격이 상승하면 밀을 먹이는 것이 비용이 더 적게 든다. 많은 농부가 가축의 사료를 밀로 대체하면서 옥수수 매수가 감소하면서 옥수수 가격을 상승시킨 원동력이 제거된다. 광적 흥분에 사로잡힌 시장이 잠시 천장 위로 상승할 수는 있지만 거기에 오래 머무르지는 않는다. 이내 평균적인 가격대로 되돌아오므로 영리한 트레이더들에게는 수익을 얻을 수 있는 기회가 된다. 과거의 역사로부터 배우면 다른 사람들이 광분해서 날뛸 때 냉정함을 유지할 수 있다.

알렉산더 엘더의 《나의 트레이딩 룸으로 오라》에서 요약 발췌 선물 시장에는 좋은 매수 기회도 많지만 이 책은 매도와 공매도에 관한 것이므로 매수 부분은 생략하고 매도를 자세히 살펴보고자 한다. 선물은 가격이 상승할 때는 비교적 느리고 꾸준하게 오르고 가격이 하락할 때는 급격하게 떨어진다. 이 같은 특성을 어떻게 이용할지 알아보자.

코코아 선물은 매매하기 어렵기로 악명 높은 시장이다. 1970년대 애덤 스미스라는 필명으로 기고한 한 미국인 기자는 이런 재치있는 말을 했다. "코코아 선물을 매매하고 싶은 생각이 들면 그런 생각이 없어질 때까지 그냥 누워 있어라." 코코아는 단말마적인 격렬한 움직임으로 악평이 자자하다. 차트를 보면 알겠지만 이런 격렬한 움직임의 대부분은 내림세다〈그림 8.1〉).

비교적 차분한 주식시장에서도 상승세가 하락세보다 더 오래 지속되는 경향이 있다. 선물이 하락할 때는 마치 압축됐던 힘이 터지듯 폭락하

그림 8.1 · 코코아 선물, 주봉 차트

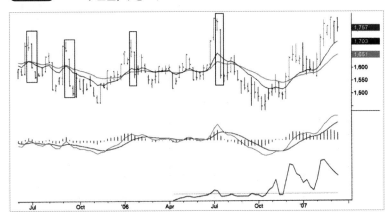

이 차트에서 코코아는 장기 가격대인 톤당 1800~1500달러에 자리 잡는 듯하다. 코코아 가격이 1500달러나 그 아래로 하락하면 바닥에 근접한 것이며 1700달러보다 상승하면 과매수 구간으로 들어가므로 천장에 부딪힐 위험이 생긴다.

는 경향이 있다. 수평 박스권을 형성하는 이 차트에서 코코아는 대부분 몇 주, 몇 달에 걸쳐 서서히 상승했다가 단 1주 만에 하락하는 모습을 보인다. 큰 폭의 하락세가 오랫동안 매수 포지션을 보유하고 있던 사람들을 시장에서 몰아내자 점진적 상승을 위한 터가 마련됐다.

소폭의 느린 상승세를 보면 초보들은 롱 포지션이 안전하리라 생각한다. 그런데 갑자기 풍선이 팡하고 터지며 바람이 빠진다. 이런 상황에서 대부분 프로 트레이더인 공매도자들은 포지션을 깨끗하게 털고 어중이떠중이 트레이더들은 놀라서 시장에서 뛰쳐나온다. 이렇게 되면 다음 라운드 게임이 시작된다. 〈그림 8.2〉의 오른쪽 끝에서 금은 느리고 꾸준한 상승세 한가운데 있어 아주 평화로워 보인다. 마치 매수하려는 이들에게 "아무 문제없어. 어서 들어와 같이 놀자"라고 말하는 듯하다.

그림 8.2 금 선물, 일봉 차트

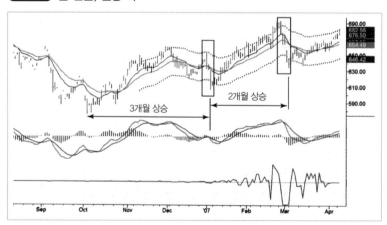

기어오를 때는 서서히, 굴러 떨어질 때는 빠르게. 금값이 575달러에서 660달러까지 오르는 데 3개월이나 걸렸다. 그러나 단 사흘 만에 606달러까지 곤두박질쳐 상승분의 64%가 날아갔다. 607달러에서 692달러까지 상승하는 데는 2개월이 걸렸고 불과 나흘 만에 상승분의 67%가 날아가 635달러까지 떨어졌다. 오랫동안 서서히 상승하면 트레이더들은 대부분 상승세가 계속되리라 착각하고 안심한다. 여기서 성공적인 공매도의 토대가 마련된다.

현명한 트레이더는 일봉 차트 아래쪽에 있는 시간을 보고는 상승세가 1개월 반 동안 지속되었으며 상승폭은 42달러라는 것에 주목한다. 현명한 트레이더는 이 시점에 금을 매입하면 반드시 스톱을, 그것도 하드 스톱을 사용해야 한다는 것을 안다. 특히 SAR^{stop-and-reverse}(스톱에 걸리면 기존 포지션을 청산하고 자동으로 반대 방향으로 포지션을 취하는 주문-역주) 주문을 사용하는 게 현명하다. 나는 SAR 주문을 자주 활용하지 않지만 롱 포지션이 청산되면 자동으로 숏 포지션에 진입되기 때문에 이처럼 느린 상승세에는 도움이 된다.

그림 8.3 오렌지주스 선물, 주봉 차트

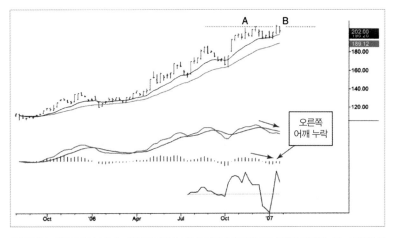

오렌지주스 선물의 주봉 차트는 약세 다이버전스를 동반하며 신고점으로 거짓 돌파했다. 이는 기술적 분석에서 가장 끌리는 패턴이다. B 지점에서 오렌지주스 선물은 고점 A 수준 위로 돌파하지만 이 고도를 유지하지 못하고 가격대로 다시 떨어졌다. MACD 선들은 약세 다이버전스를 보였다. MACD-히스토그램은 스파이크 그룹 회원인 재키 패터슨(Jackie Patterson)이 "오른쪽 어깨 누락"이라고 부른 아주 강력한 패턴을 선보였다(사실 재키는 더 재기 넘치는 표현을 썼는데 내가 표현을 살짝 부드럽게 바꾼 것이다).
A 지역에서 MACD-히스토그램은 0 선 위로 상승해 왼쪽 어깨를 형성했다. 이후 MACD-히스토그램은 0 선 아래로 하락해 "황소 등짝을 부러뜨렸다." 그런 다음 B 지점에서 MACD-히스토그램은 0 선 위로 올라가지 못했다. 0 선 가까이 오르는 듯했지만 다시 하락했다. 이 주봉 차트는 매도하라고 소리치고 있다. 한동안 상승했지만 거품이 꺼질 때 발생하는 하향 기류가 임박했음을 알 수 있다.

마지막으로 내 매매 일지에서 선물 매매 기록을 꺼내보자《그림 8.3》. 이 매매를 보면 선물이 급격한 하락세를 보일 때 트레이더가 돈 버는 방법을 알 수 있다.

주말에 작업하다 보니 오렌지주스 선물이 눈길을 끌었다. 나는 주말이면 한 시간 정도 미국의 주요 선물 시장을 검토한다. 선물의 장점 중 하나는 시장 수가 적다는 것이다. 주식은 수천 종이나 돼서 모두 검토하기가

그림 8.4 오렌지주스 선물, 진입, 일봉 차트

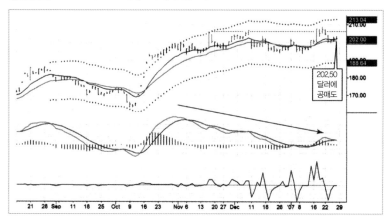

일봉 역시 MACD 선들의 약세 다이버전스를 동반하며 실패한 상승 돌파를 보였다. 이 신호는 주봉 차트만큼 강력하지는 않지만 주봉 차트를 거스르지 않는 것만은 분명하다. 주봉과 일봉 둘 중 하나가 더 나은 신호를 보내는 일은 흔한데, 이 경우 언제나 주봉이 일봉에 우선한다. 나는 개장하자마자 아주 큰 폭으로 상승하든가 내가 들어가기 전에 가격이 붕괴하는 일만 없다면 월요일 개장 직후 오렌지주스 선물을 공매도하기로 결심했다.

오렌지주스 선물	공매도	날짜	상단 채널	하단 채널	일일 고가	일일 저가	점수
진입	202.50달러	2007-01-29	212.50달러	188.25달러	203.80달러	195.25달러	85%
청산							
P/L						매매	

어렵지만 선물은 손쉽게 하나도 빠짐없이 둘러볼 수 있다.

월요일 개장 직후 풍선이 터졌다. 느린 상승세의 바람이 빠지면서 오렌지주스 선물의 주가 풍선을 떠받치고 있던 뜨거운 공기가 빠져나왔다 (〈그림 8.4〉).

이 매매는 금전적 측면뿐 아니라 심리적인 측면에서도 만족스러웠다. 이런 매매를 더 많이 할 수 있으면 좋겠다(〈그림 8.5〉). 진입은 합리적이었고 청산 신호는 아주 분명했다. 이 점을 명심하라. 선물은 상승할 때는 오랫

그림 8.5 오렌지주스 선물, 청산, 일봉 차트

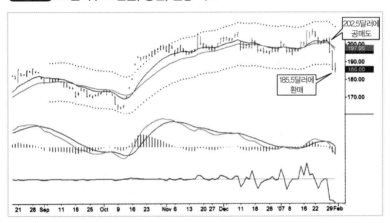

일봉 차트에서 가격이 하단 채널선 아래로 하락하면서 목표가에 도달하자 오렌지주스 선물을 환매했다. 매매는 이틀 만에 완료되었다. 가격이 더 하락할 수도 있었지만 목표가에 도달했으므로 더 머무를 이유가 없었다.

오렌지주스 선물	공매도	날짜	상단 채널	하단 채널	일일 고가	일일 저가	점수
진입	202.50달러	2007-01-29	212.50달러	188.25달러	203.80달러	195.25달러	85%
청산	185.50달러	2007-01-31			189.25달러	184.20달러	74%
P/L						매매	70%

그림 8.6 오렌지주스 선물, 후속, 일봉 차트

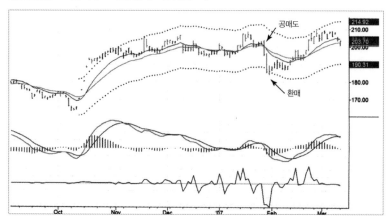

약 2개월 뒤 오렌지주스 선물 차트를 보니 진입과 청산 모두 아주 현명했다. 차트 오른쪽 끝에서 오렌지주스 선물은 다시 거짓 상승 돌파 이후 거듭 가라앉기 시작해 한바탕 골칫거리를 예고한다.

동안 서서히 상승하고 하락할 때는 갑자기 하락해서 동작이 굼뜬 매수자에게 타격을 입히고 동작이 재빠른 매도자에게는 넉넉한 보상을 준다.

:: 옵션 매도

옵션에는 두 집단을 가르는 분명한 선이 있다. 한쪽에는 가련하게도 해마다 돈을 잃는 초보와 도박꾼들이 있다. 다른 한쪽에는 옵션 시장에서 꾸준히 수입을 챙기는 프로들이 있다. 이 둘을 가르는 선이 어디 있는지 아는가? 옵션을 양분하는 큰 선은 매수자들과 매도자들 사이에 있다. 이 선의 한쪽에는 옵션을 매도(발행)하는 승자들이 있다. 선의 반대편에는 옵션을 매수하는 패배자들이 있다.

나는 옵션을 매수해서 자산을 불리는 사람을 평생 한 명도 보지 못했다. 옵션 매수자가 옵션 시장에서 한 번, 아니 몇 번 돈을 벌 수는 있다. 그러나 옵션 매매로 성공했다는 얘기는 그저 일시적인 요행일 뿐이다. 장기적인 자산 상승과는 거리가 멀다는 얘기다. 몇 번 수익을 낼 수는 있지만 옵션 매매는 슬롯머신이나 마찬가지다. 돈을 잃은 사람들은 어쩌다 가뭄에 콩 나듯 한 번 돈 따는 맛에 더 많은 거금을 슬롯머신에 갖다 바친다.

옵션은 주식보다 싸서 실력 없는 초보들을 유혹한다. 많은 이가 주식 대용으로 옵션을 매수하는데, 나는 이런 사람들에게 치명적인 신기루를 쫓는 것이나 다름없다고 늘 말한다. 옵션과 주식의 가장 큰 차이는 옵션은 감가상각자산wasting asset(시간이 경과하면서 가치가 감소하는 자산—역주)이라는 것이다. 옵션을 매수할 때는 주식을 제대로 골라야 하고, 어느 정도 움직일지 변동 폭도 예상해야 하고, 타이밍도 제대로 맞혀야 한다. 놀이공원에서 공 하나를 던져 움직이는 고리 3개 사이로 통과시키는 것만큼 어려운 일이다.

어떤 초보가 주가 상승을 예측하고 콜 옵션을 매수했다고 하자. 그런데 예상대로 주가가 상승해도 돈을 잃을 수 있다. 추세는 맞혔지만 주가가 목표가에 도달하는 데 걸리는 시간이 예상보다 길어져 옵션 만기가 돼버리면 가치는 다 날아간다. 이런 경우, 초보는 벌을 달게 받고는 다음에는 장기 옵션을 매수하겠다고 결심한다. 하지만 곧 장기 옵션은 감당할 수 없을 정도로 비싸다는 사실을 깨닫게 된다.

미국 증권거래소의 시장 조성자인 한 여성이 내게 이렇게 말했다. "옵션은 희망을 거래하는 사업이에요. 희망을 사거나 파는 거죠. 나는 프로니까 희망을 팔죠. 아침에 거래소에 오면 사람들이 무얼 바라는지, 어떤 가격을 희망하는지 찾아내서 그걸 팝니다."

옵션에서 수익은 매수가 아니라 매도에서 나온다. 옵션을 매도할 때는 먼저 다른 사람의 돈을 받는다. 돈을 벌 희망에 부푼 매수자들은 마지못해 매도자들에게 돈을 지불한다. 그런데 매도자는 거의 언제나 이들보다 훨씬 노련한 트레이더들이다. 변호사들 말마따나 먼저 줍는 사람이 임자다. 옵션 매도자들의 일은 매수자들의 돈이 빠져나가지 않도록 꽉 움켜잡는 것이다.

가련한 옵션 매수자들은 희망을 돈으로 바꾸려고 전전긍긍한다. 옵션 매도자들은 편안하게 앉아 시간이 흐르도록 놔둔다. 옵션 매도자는 감가상각자산을 매도하므로 시간이 가치를 잠식하면 매도 포지션을 환매하는 비용이 점점 줄어든다. 옵션 가치는 0까지 떨어질 수 있다. 이렇게 되면 옵션 매도자는 공매도 포지션을 환매하는 수수료조차 내지 않는다.

성공한 옵션 매도자는 인심이 후해져서 가련한 매수자들에서 푼돈 따위는 거리낌 없이 돌려준다. 1달러에 옵션을 매도했는데 옵션 호가가 지금은 10센트라면 옵션을 만기까지 보유할 이유가 없다. 이제 벌 만큼 벌었으므로 마지막 1센트까지 쥐어짜낼 필요가 없다. 10센트에 그 옵션을 다시 매수하면 어떤 리스크도 없이 매매가 종료된다. 이제 느긋한 마음으로 다음에 매도할 옵션을 찾아 나서면 된다.

인생사가 다 그렇듯 옵션 거래에서도 군중과 반대로 행동하는 게 현명하다. 대부분의 트레이더가 옵션을 매수하므로 반대로 옵션을 매도하는 게 바람직하다. 조금 경험이 쌓이면 많은 옵션 트레이더를 고통에 빠지게 만드는, 시간을 수익의 원천으로 바꾸는 그 달콤한 기분을 맛보게 된다.

옵션을 매도하는 방식은 2가지로, 커버드covered 매도 또는 투기적 매도naked 중에서 선택해야 한다. 커버드 매도covered writing는 소유하고 있는 주식의 주가가 떨어질 때 이익을 내는 옵션을 매도하는 것이다. 투기적 매도naked writing는 옵션 행사 시 인도할 수 있는 기초자산을 보유하지 않고 콜이나 풋 옵션을 매도하는 것으로 매매 계좌의 현금 외에는 다른 방어력이 없다.

⑤ 커버드 옵션 매도

상승 잠재력이 제한되어 보이는 주식을 보유하고 있다면 해당 주식의 콜 옵션을 매도하면 된다. 콜 옵션을 매도해 즉시 현금을 확보한 뒤 다음 3가지 경우 중 하나를 기다린다.

- 주가가 비교적 변동이 없어 옵션 행사 가격까지 도달하지 않으면 프리미엄을 챙겨 총 수익을 늘린다.
- 주가가 하락하면 프리미엄을 챙겨서 주가 손실을 상쇄한다.

- 주가가 옵션 행사 가격보다 상승하면 자동으로 권리가 행사된다. 이 경우 주식에 대한 자본이득과 더불어 프리미엄을 챙기게 된다. 시장에는 흥미로운 주식이 아주 많으므로 풀린 자본으로 새로운 기회를 찾아 나선다.

주식을 공매도한 다음 공매도 포지션에 대해 풋 옵션을 매도할 수 있다. 주가 변화가 없으면 옵션 프리미엄을 챙긴다. 주가가 상승하면 역시 프리미엄을 챙겨 공매도 포지션의 손실을 줄인다. 주가가 풋 옵션 행사 가격 아래로 하락하면 풋 옵션의 권리는 자동으로 행사된다. 하지만 프리미엄도 챙기고 자본이득도 거머쥘 수 있다.

커버드 옵션 매도의 주 목적은 규모가 큰 주식 포트폴리오의 수익을 늘리고 손실을 줄이는 것이다. 커버드 옵션 매도는 노동집약적인 동시에 자본집약적인 사업이다. 한 종목의 커버드 콜 옵션을 매도하는 것은 들이는 공에 비해 보상이 너무 약소하다. 수지 타산이 맞으려면 많은 종목에 대해 커버드 콜 옵션 매도를 해야 한다. 주식 포트폴리오가 커지면 커버드 콜 옵션 매도의 타당성은 점점 더 커진다. 수백만 달러를 굴리며 여러 종목에 분산 투자한 펀드 매니저는 투자자들을 위해 포트폴리오를 커버드 콜 옵션 매도 프로그램에 넣어서 이런저런 가능성을 시험할 의무가 있다.

⑤ 투기적 옵션 매도

옵션 투자에서 남보다 우위에 설 수 있는 도구, 유망하지만 위험한 영역은 투기적 옵션을 매도하는 것이다. 보수적인 투자자는 보유 주식에 대해 커버드 콜 옵션을 매도하는 반면 투기적 매도는 보유하지 않은 자산에 대한 콜 옵션을 매도한다. 투기적 옵션 매도는 현금과 전문 기술 외에는 방어책이 없으므로 차익 실현이나 손실제한에 있어 절대적인 규율과 훈련이 필요하다.

이 장을 쓰기 시작했을 때 미시간 주의 다이앤 부팔린 박사^{Dr. Diane Buffalin}에게 전화를 걸었다. 그녀는 노련한 투기적 옵션 매도자다. 나는 몇 가지 사례를 알려달라고 했다. 부팔린은 옵션 매도를 지극히 좋아한다면서 명랑하게 말했다.

나는 따분한 옵션 매매를 많이 하고 있어요. 아주 단순해서 손녀딸에게 가르쳐도 알아들을 거예요. 손녀딸에게 말했어요. 예술고등학교에 가면 선을 알아볼 수 있을 거야. 보여줄게. 이 선들이 아래로 내려가기를 멈추면 풋 옵션을 매도할 때야.

돈을 버는 건 좋지만 돈을 내놓는 건 싫어요. 만기 가치가 0이 되는 옵션을 팔면 행복해요. 회계사들에게 고용세금 양식을 줬는데 문제가 있다고 말하더군요. 매수 가격이 사라졌다나요. 나는 그 사람들에게 옵션을 매도했고 만기가 되어 옵션 가치가 0이 되었다고 설명해야 했어요.

나는 투기적 매도도 좋아해요. 커버드 옵션 매도의 문제는 옵션으로 돈을 벌려면 주식에서 돈을 잃어야 한다는 건데, 난 이게 싫어요. 나는 하락하는 주식을 찾아서 보유해요. 그리고 주가들이 하락을 멈추면 풋 옵션을 매도하고 10%의 프리미엄을 챙기죠.

마치 카지노 딜러가 된 것 같은 기분이에요. 도박꾼들의 자만심을 이용해 돈을 벌죠. 요란스러운 사내들이 금 목걸이를 차고 계속 들어옵니다. 이들은 수백 달러를 내고 노란 플라스틱 칩을 사죠. 바퀴

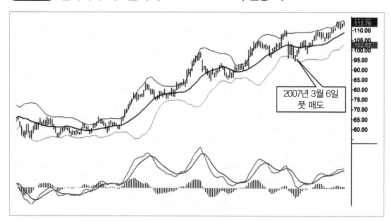

그림 8.7 앨러게니 테크놀러지스^{ATI}(미국 철강회사), **일봉 차트**

2007년 3월 6일
풋 매도

3월 5일 앨러게니 테크놀러지스는 볼린저밴드 바닥을 건드린 뒤 반등했다. MACD는 하락을 멈췄다. 이것을 보고 매매를 결행하게 되었다. 당시 내가 선택할 수 있는 길은 2가지였다. 하나는 97달러에 주식 1000주를 매수하는 것인데 이렇게 하면 가파른 주가 하락 후 9만 7000달러의 리스크를 지게 된다. 또는 풋 옵션을 매도하고 현재 가격보다 2달러 할인된 가격에 주식을 사겠다는 약속으로 4800달러를 버는 것이다. 나는 이렇게 해서 이익을 거뒀다. 나는 4월 만기에 행사가격이 95달러인 풋 옵션을 4.80달러에 매도해 4800달러를 받았다. 지금 이 옵션의 가치는 고작 5센트인데 나는 만기까지 놔두고 "지불" 란에 또 다시 0을 기입할 것이다.

는 계속 돌아가고 사내들은 즐거워해요. 세 번째 금요일이 되어 바퀴가 멈추면 그때 나는 돈을 챙깁니다. 이때는 표정관리를 해야 합니다. 사람들을 카지노 사업에 끌어들여서 내가 얼마나 즐거운지 들키면 곤란하니까요.

나는 프로 심리학자예요. 하지만 보험회사는 내가 환자에게 유용한 조언을 하든 그렇지 않든 상관없이 똑같은 수수료를 지불하죠. 영리한 만큼 돈을 버는 유일한 사업이 트레이딩입니다. 하지만 열심히 노력해야 하죠. 사람들은 늘 내게 옵션 매도법을 가르쳐달라고 합니다. 그러면 몇 종목을 따라가보라고, 매일 주가와 옵션 가격을 점검해서 목록을 만들라고 하죠. 그런데 내게 찾아오는 사람들 중

1달 동안 목록을 만든 사람은 단 한 사람도 없었어요. 인간의 게으름 이란.

주가는 오를 수도 있고 내릴 수도 있고 횡보할 수도 있습니다. 주식이나 옵션을 사면 돈을 버는 길은 하나지만 돈을 잃는 길은 2가지입니다. 옵션을 매도할 때는 돈을 버는 길이 두 갈래, 때로는 세 갈래입니다. 주가가 움직임을 멈추면 옵션을 매도해야 합니다. 그동안 움직임이 가팔랐을수록 옵션에 대한 대가가 큽니다.

대중적인 2개 종목의 옵션 매매를 보여드릴게요. 앨러게니 테크놀러지스와 차이나모바일입니다. 2007년 3월 6일 두 종목 모두 내가 좋아하는 패턴을 보였습니다. 나는 컴퓨터에 능숙하지 않아서 차트를 직접 눈으로 살피면서 패턴을 찾습니다. 2월 27일 주식시장이 급락했고 여전히 바닥을 형성하고 있었죠. 변동성이 높아서 풋 옵션의 프리미엄이 좀 더 컸죠. 잘된 일이죠. 가격에 내재되어 있는 수익이 더 많아 값싼 상품보다는 더 비싼 상품을 파는 게 좋으니까요 (〈그림 8.7〉).

1가지 불만은 주식을 매수해서 더 많은 돈을 벌 수도 있었다는 거예요. 지금 주가는 113달러인데 주식을 매수했다면 9만 7000달러의 자본 위험을 감수해야겠지요. 그랬다면 불면증에 시달리고 위가 쓰려서 제산제를 먹어야 했을 거예요. 그러고 싶지는 않았어요. 사실 더 높은 행사 가격에 풋 옵션을 지속적으로 매도해 더 많은 돈을 벌었어요. 주식 포지션을 늘리는 방법과 유사해요.

나는 같은 날 같은 이유로 차이나모바일 풋 옵션도 매도했어요(〈그림 8.8〉). 주가는 44.5달러, 6월물 행사가격이 45달러인 풋 옵션 가격은 4.80달러였죠. 나는 6월물을 선택했어요. 10% 수익을 원했는데 그러려면 그때까지는 보유해야 했죠. 3개월 안에는 주가가 45달러 이하로는 떨어지지는 않으리라 생각하고 시간을 팔고 있죠. 만약 주가가 떨어져 매수해야 하면 10% 할인을 받게 되겠죠.

사람들이 늘 물어요. "옵션 매도가 그렇게 수지가 맞으면 왜 옵션 매도하는 사람이 얼마 없는 거죠?" 옵션 트레이더들은 대부분 도박을 좋아하기 때문입니다. 이들은 팁을 찾지만 체스처럼 옵션 게임을 할 인내심이 모자라죠. 옵션 매수는 돈이 들지 않아요(주식의 10% 정도면 충분하죠). 하지만 옵션을 매도하려면 꽤 많은 현금이 필요합니다. 중개업자는 최소한 10만 달러가 없으면 풋 옵션 매도를 허가하지 않습니다. 어떤 중개업자는 25만 달러와 2년의 경력을 요구합니다. 고객을 보호하려고 그런다지만, 돈을 잃을 가능성이 훨씬 높은

그림 8.8 차이나모바일^{CHL}(중국 통신회사), **일봉 차트**

3월 6일
풋 옵션 매도

아시아 시장이 단기 하락하는 동안 주가가 더 떨어져 처음에는 내 예측이 빗나간 것 같았다. 주가는 1주일 뒤 41.70달러까지 하락했지만 나는 포지션을 접지 않았다. 옵션은 300달러 손실이 나고 있었지만 주가는 여전히 손익분기점보다 위에 있었고 시간은 분명 내 편이었다. 현재 주가는 45.90달러, 옵션은 1500달러 수익이 나고 있다. 2개월 후에는 1500달러의 이익이 추가된다. 주가도 제대로 예측하고 돈도 버는 것보다 더 나은 게 딱 하나 있다면 예측이 틀리고도 돈을 버는 것이다!

옵션 매수는 말리지 않습니다. 또한 돈을 잃을 가능성이 훨씬 낮은 옵션 매도는 허락하지 않습니다.

풋 옵션을 매도한다면 최악의 경우 미리 정한 가격에 주식을 매수하는 겁니다. 이게 얼마나 끔찍할까요? 수백만 명의 투자자와 트레이더들이 매일 하는 일 아닌가요? 그래서 나는 내가 살 주식의 풋 옵션을 매도합니다. 기꺼이 지불할 가격에 말이죠. 차이가 있다면 시장에 자본을 내놓지 않고도 수익을 거둔다는 점이죠. 사실상 이자가 붙은 담보부채권이나 마찬가지입니다. 투기적 콜 옵션을 매도할 때 최악의 시나리오는 뭘까요? 결과적으로 변동성이 심한 주식의 옵션 매도 포지션을 보유하게 되는 경우죠. 많은 프로 트레이더가 이렇게 하지 않나요? 수익을 선불로 받기 때문에 옵션이 마음에 들어요. 나한테는 '최악의 시나리오'도 매력적이랍니다.

:: 외환

선물과 옵션을 설명하는 서두에서는 책을 추천했지만 '외환'은 그렇게 할 수 없다. 외환에 관해서는 '이 책이 좋으니 읽어보라'고 자신 있게 권할 만한 책이 단 한 권도 없다. 외환에 관한 책들 중에 쓸 만한 부분들을 고르는 게 그나마 낫다.

외환시장은 몇 가지 종류가 있고 어디서 매매하느냐가 승률에 지대한 영향을 미친다. 외환시장 트레이더들 사이의 격차를 보면 제3세계의 계급제도가 떠오른다. 극소수 부유한 시민들, 공평한 대우를 받을 가망이 없는 씻지도 못하는 대다수의 극빈자들, 그리고 쥐꼬리만 한 수입이나마

붙잡으려는 소수의 중간 계층이 있다.

큰돈은 딜러들이 한 번에 수천만 달러를 거래하는 은행간시장interbank market(금융기관 간에 자금, 통화, 증권 등이 거래되는 시장-역주)에서 오간다. 선물은 거의 연중무휴 거래되므로 중간계층은 외환 선물시장에서 시가 갭 때문에 타격을 입는다. 피라미드의 바닥에는 외환거래소에 소규모 거래 계좌를 소지한 가난한 민초들이 있다.

도박꾼, 패배자들, 자금이 딸리는 초보들은 늘 한 방에 부자가 될 대박 기회를 노린다. 이들은 몇 년 전 주식거래소에서 단주odd lot(거래소 매매단위에 미달하는 주식 수량-역주)를 거래하던 사람들이다. 그러다가 옵션 매수로 돌아섰다. 대박을 노리던 무리는 호주머니를 탈탈 털리고 외환 시장으로 옮겨갔다.

외환의 문제는 외환거래소가 대부분 버킷숍bucket shop(투자자들의 주문을 받지만 실제 주문을 체결시키지 않는 불법영업집단-역주)이라는 점이다. 매수나 매도 주문을 내면 거래소는 확인 전화를 한다. 사실 실제로 거래가 일어난 것은 아니고 계좌대체book-keeping entry만 된다. 무엇을 거래하든 외환거래소는 고객이 돈을 잃는 건 불을 보듯 뻔하다는 걸 알고 있기에 고객과 반대 방향으로 포지션을 취한다. 더욱이 외환거래소는 백일몽을 꿈꾸는 몽상가들에게 여러 가지 비용을 부과해 이들의 멸망을 부추긴다.

외환거래소가 요구하는 증거금은 고작 400:1이다. 명심하라. 주식은 50%를 증거금으로 지불해야 하고 선물은 증거금이 5%밖에 되지 않는다. 외환 증거금이 0.2%라는 건 유의미한 자금 관리가 애당초 불가능하다는 의미다.

매수 또는 매도할 때 부과되는 스프레드에 더하여 외환거래소는 존재하지 않는 '포지션'에 이자를 부과한다. 사실 주문은 어디에도 가지 않기 때문에 실제 포지션은 없고, 계좌대체만 된다. 통화쌍을 거래할 때 외환거래소는 통화 거래의 외발매입에는 기본 이율보다 더 낮은 이자를 지불하고 외발매도에는 기본 비율보다 더 높은 수수료를 부과한다.

주식을 거래할 때 중개업자는 고객이 돈을 벌든 잃든 상관하지 않는다. 이들은 그저 주문을 체결하고 수수료를 챙긴다. 외환중개업소는 대부분 주문을 시장에 넘기지 않고, 브로커들은 고객과 반대 방향으로 매매한다. 외환중개업소는 모든 고객의 거래에 대해 반대 방향에 돈을 건다. 즉, 내가 돈을 벌려면 브로커는 돈을 잃어야 한다. 이는 심각한 결함이 있는 시스템이다. 주식시장은 이런 악습을 100여 년 전에 없앴지만 아직 외환중개업소의 악습은 없어지지 않았다.

외환거래소의 소유자는 전문지식도 부족하고 자금력도 부족한 고객들의 비참한 말로를 알고 있다. 그런데 왜 주문을 시장에 전달해서 다른 사람과 나누어 가지겠는가? 이들은 존재하지 않는 포지션에 스프레드, 수수료, 이자를 부과해 도박꾼의 관에 못을 박는다.

현명한 딜러들은 의뢰인 모두의 모든 포지션을 살펴 이 포지션들이 어떤 시장에서 너무 한쪽으로 쏠릴 때 — 이를테면 100만 달러라고 하자 — 딜러들은 은행간시장에서 리스크를 줄인다. 일부 중개소는 한 발더 나아가 고객들의 포지션이 극단으로 쏠리면 고객들과 반대로 매매한다.

고객의 주문을 시장에 전달해 체결하는 정직한 중개소는 버킷숍에 비해 경쟁력이 크게 떨어진다. 버킷숍은 늘 정직한 거래소보다 싸게 팔 수 있다. 왜냐하면 버킷숍은 체결 비용을 지불할 필요가 없기 때문이다. 온당하고 바르게 운영되는 외환중개업소도 있겠지만 이들은 애초부터 패배할 수밖에 없다.

전 세계 정부들은 외환 거래 사업을 청소할 수 없을 것이다. 미래에 인터넷 기술을 쓰는 민간기업이 소자본 외환 트레이더를 위한 더 공정한 경기장을 만들어주기 바란다. 이런 투명한 시스템이 나오기 전에는 나는 두 마디밖에 해줄 말이 없다. 매수자여, 조심하라!

은행간시장에서 수백만 달러를 굴릴 자금이 없다면, 그리고 버킷숍을 이용하지 않을 만큼 영리하지 않다면 1가지 길밖에 없다. 바로 외환 선물이다. 외환 선물은 1970년대 시카고상품거래소에서 처음 매매되었다. 물론 지금은 외환 선물이 여러 대륙, 여러 국가에서 거래되고 있다. 중요한 사실은 전자거래가 가능해서 24시간 내내 견실하고 투명한 거래를 할 수 있다는 것이다.

그렇다면 누가 외환 선물을 마다하고 버킷숍에 가는 걸까? 외환 선물을 거래하려면 수천 달러의 증거금을 예치해야 한다. 그런데 일부 외환 거래소는 50달러만 있어도 계좌를 개설해주면서 증거금은 100분의 1만 요구한다. 쥐꼬리만 한 증거금으로 5000달러어치의 외환을 살 수 있는 것이다. 물론 버킷숍에서는 영수증만 받고 실제 '사는' 건 아무것도 없다. 버킷숍은 5000달러 전체에 대한 이자를 부과한다.

물론 외환선물을 거래하려면 먼저 외환선물 거래 방식을 이해해야 한다. 외환선물 거래법에 관한 책은 쉽게 찾아볼 수 있는데, 앞선 장에 내가 선호하는 책을 적어두었다. 여기서 내 목표는 외환 매도와 개별 주식 공매도의 차이를 지적하는 것이다.

공매도는 외환선물 거래에서 불가결한 부분이다. 왜냐하면 내가 한 통화를 사면 자동으로 다른 통화를 공매도하게 되기 때문이다. 한 면만 있는 동전이 없듯이 매도하지 않고 외환을 매수하는 건 불가능하다.

외환시장에서 모든 거래는 통화로 계산된다. 어디에서 사느냐에 따라 달러를 거래하느냐, 파운드화나 엔화를 거래하느냐 등등이 결정된다. 거래 계좌가 달러화라면 유로화를 사는 순간, 즉 유로의 롱 포지션을 취하는 순간, 자동으로 달러를 매도하게 된다. 동일한 달러 계좌로 스위스프랑화를 매도하면 자동으로 달러 롱 포지션에 진입하게 된다.

외환 딜러는 소위 '통화쌍'을 매매해 자국 통화 이외의 통화를 거래할 수 있다. 예를 들어, EURAUD는 유로화를 매수하고 호주달러화를 매도한다. SWFJPY는 스위스프랑화를 매수하고 엔화를 매도한다. 모든 외환 거래는 스프레드 매매다. 외환을 산다는 것은 자동으로 다른 외환을 매도한다는 것이다. 즉, 동전의 한 면만 사거나 매도할 수는 없다.

연구를 할수록 외환시장은 세계에서 가장 추세가 뚜렷한 시장에 속한

그림 8.9 유로, 주봉 차트

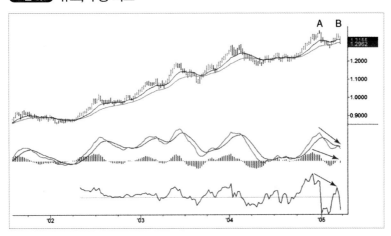

이 차트는 달러화 대비 유로화가 4년 동안 상승했음을 보여준다. 경제의 펀더멘털에서 추진력을 얻은 이 추세는 막을 수 없어 보였다. 매수 후 보유하거나 변동폭을 이용할 수 있었다. 차트 오른쪽 끝에서 심각한 약세 다이버전스가 다수 나타난다. A 봉우리에서 매수세는 탄탄하고 기운이 넘치지만 여느 때처럼 가치 구간으로 되돌림했다. 이내 B 봉우리로 반등했지만 MACD 선들과 강도 지수가 뚜렷한 약세 다이버전스를 보였다. MACD-히스토그램의 다이버전스는 아주 불길한 유형인 오른쪽 어깨 누락 형태를 띤다. 매도와 공매도 신호가 요란하고 분명하게 울렸다.

다는 생각이 든다(〈그림 8.9〉, 〈그림 8.10〉). 어떤 통화가 주 추세에 돌입하면 상승이든 하락이든 몇 년 동안 머무르기도 한다. 장기적으로 한 국가의 통화는 정부의 정책에 좌우되기 때문이다. 새로운 정부가 정권을 잡으면 새로운 경제 정책을 펴기 시작하므로 통화는 장기 추세에 돌입할 가능성이 크다. 물론 추세가 일직선으로 이루어지지는 않는다. 단기, 중기에서 되돌림과 갭 메우기가 번번이 나타난다. 이런 역추세 움직임은 잦고 커서 단기 매매 기회는 얼마든지 찾을 수 있다.

　주식시장에서 효과적인 매매 유형이 외환시장에서는 문제가 많다는 사실을 명심하라. 며칠에서 2주 정도 포지션을 보유하는 스윙매매의 경우 주식시장보다는 외환시장에서 속임수 신호가 더 많이 발생한다.

그림 8.10 유로, 후속, 주봉 차트

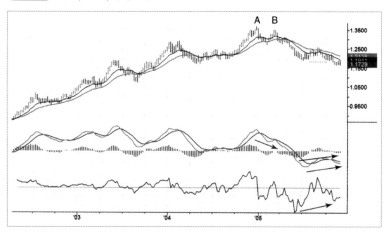

유로는 하락 반전하지만 상승을 예측하는 매수세 무리는 콧방귀를 뀐다. 하락세가 깊어지자 무리는 정신을 차리고 바닥을 찾으면서 다음 상승장을 기다리며 유로를 집중 매수한다. 그러나 유로가 직전 바닥까지 하락하자 마침내 매수세는 항복을 선언한다. 이 지점에서 거짓 하락 이탈이 나타나고 모든 지표가 강세 다이버전스를 보이면서 매수 신호가 떠오르는데 천장에서는 반대로 거짓 상승 돌파가 나타나고 모든 지표가 약세 다이버전스를 보이면서 매도 신호가 떠오른다. 공매도 포지션을 환매하고 매수하기에 이보다 더 완벽한 신호의 조합은 없다.

이런 어려움이 있는 이유는 외환 거래가 기본적으로 연중무휴고 일정한 시간대에 차트를 봐도 전 세계에서 오가는 움직임에 비하면 극히 일부만 볼 수 있기 때문이다. 내가 잠들거나 컴퓨터 앞에 없을 때도 수많은 거래가 오간다. 잠든 사이에 트랙을 계속 달리는 말에 돈을 거는 것은 매우 어려운 일이다.

이런 문제를 피하려면 아주 장기 또는 아주 단기 매매로 움직여야 한다. 스톱을 아주 넓게 두고 작은 규모의 포지션에 진입한 뒤, 좋을 때나 나쁠 때나 보유하면서 장기 추세를 타는 것이다. 대안은 차트 오른쪽 가장자리를 확대해 외환을 데이 트레이딩해서 장 마감 무렵 포지션을 마감하고 포지션을 다음 날까지 끌고 가는 것에 따른 리스크를 피하는 것이다.

시장이 상승하고 하락하는 사이 대부분의 트레이더와 투자자는 시장 움직임의 절반만 활용한다. 이들은 매수에서 이익을 취하려고 한다. 초보들은 모두 매수에 나서지만 노련한 트레이더는 시장이 고평가되었다고 판단하면 공매도한다.

하락 장세에서 수익을 얻는 공매도는 프로들이 아주 즐겨하는 게임이다. 시장에서 이뤄지는 수많은 공매도는 대부분 이 프로들이 하는 것이다. 아마추어들이 한쪽으로 쏠리면 노련하고 자본력이 좋은 프로들은 반대쪽에 돈을 건다. 생각해보라. 어느 쪽이 돈을 벌겠는가?

매매 계좌를 헤지펀드처럼 운용하라. 즉, 롱(매수) 포지션과 숏(공매도) 포지션을 동시에 보유하면서 장세 변화에 따라 그 비율을 조정하라. 공매도가 익숙해지면 두 발로 서서 시장에 맞설 수 있다. 매수 포지션 하나만 가지고 한 발로 싸우는 것보다는 훨씬 유리하다.

공매도도 나름의 어려움이 있다. 이를 극복해야 한다. 이 장에선 천장과 하락세에서 공매도하는 기본적인 원리를 이해하고 있는지 점검한다. 공매도의 장단점, 차주잔고비율, 공매도 주식을 선별하는 것에 대한 간단한 문제들이다. 개별 주식이 아닌 선물, 옵션 등의 매도에 대한 문제들도 포함되어 있다.

여기 있는 문제를 모두 풀고 해답을 보기 전에 답을 적어 넣어라.

문제	배점	1차 시도	2차 시도	3차 시도	4차 시도	5차 시도	6차 시도
87	1						
88	1						
89	1						
90	1						
91	1						
92	1						
93	1						
94	1						
95	1						
96	1						
97	1						
98	1						
99	1						
100	1						
101	1						
102	1						
103	1						
104	1						

문제	배점	1차 시도	2차 시도	3차 시도	4차 시도	5차 시도	6차 시도
105	1						
106	1						
107	1						
108	1						
109	1						
110	1						
111	1						
112	1						
113	1						
114	1						
115	1						
총점	53						

문제 87 **주식 공매도**

주식 공매도란

    1. 포트폴리오에서 고평가된 주식 매도

    2. 빌린 주식 매도

    3. 극심한 하락세에서 주식 매도

    4. 상장 폐지가 예상되는 주식 매도

문제 88 **공매도의 위험 요소들**

공매도의 주요 위험 요소가 아닌 것은?

    1. 주가가 상승할 수 있다.

    2. 주식에는 배당금 지급 발표가 있을 수 있다.

    3. 주식 소유주가 주식 반환을 요청할 수 있다.

    4. 주가가 폭락할 수 있다.

문제 89 **공매도의 효과**

공매도하는 사람이 시장의 질서를 유지하는 데 도움을 주는 경우가 아닌 것은?

    1. 주가 상승을 진정시킨다.

    2. 주가 하락의 충격을 줄인다.

    3. 주가 변동폭을 증가시킨다.

    4. 변동성을 진정시킨다.

문제 90 **숏**(공매도) **vs. 롱**(매수)

매수와 비교할 때 공매도의 주요 장점은?

1. 바닥보다 천장이 더 식별하기 쉽다.

2. 주가는 상승 속도보다 하락 속도가 더 빠르다.

3. 하락 시 매수하는 것보다 상승 시 매도하는 편이 더 쉽다.

4. 주가는 하락 속도보다 상승 속도가 더 빠르다.

문제 91 공매도의 단점

주식 공매도의 가장 큰 단점은 주식시장이

1. 계속 상승과 하락을 반복한다.

2. 비교적 느리게 상승하고 빨리 하락한다.

3. 장기적으로 볼 때 상승한다.

4. 업틱 룰이 있다.

문제 92 공매도 배우기

공매도 학습에 관한 설명으로 틀린 것은?

1. 보유하기 싫은 종목을 찾아라.

2. 제대로 경험하려면 대량으로 매매하라.

3. 신고점을 기록한 종목을 피하라.

4. 비싼 종목을 찾아라.

문제 93 공매도 vs. 매수

매수와 공매도를 비교한 설명 중 옳은 것은?

1. 천장이 바닥보다 형성되는 시간이 길다.

2. 주가 바닥은 희망과 탐욕 위에 구축된다.

3. 정확한 타이밍은 공매도보다 매수에서 더 중요하다.

4. 천장에서는 두려움이 시장을 지배한다.

문제 94 천장에서 공매도하기

천장에서 공매도하기에 대한 설명으로 틀린 것은?

    1. 변동성이 높으므로 스톱을 비교적 먼 곳에 설정해야 한다.

    2. 포지션 규모가 크면 더 넓은 스톱이 필요하다.

    3. 스톱에 걸려 청산된 종목에 다시 진입해도 문제 없다.

    4. 자금 관리 규칙이 허용하는 최대치보다 포지션 규모를 더 적게 취하면 더 오래 견딜 수 있다.

문제 95 하락세에 공매도하기

하락세에 공매도하기에 대한 설명으로 옳은 것은?

    1. 채널 한가운데에서 공매도하면 가치보다 위에서 공매도하는 것이다.

    2. 하단 채널선 부근에서 환매하면 가치보다 낮은 곳에서 매수하는 것이다.

    3. 채널 내에서 좋은 공매도 기회는 딱 한 번뿐이다.

    4. 채널의 비율로 매매 점수를 매기는 것은 공매도에는 유효하지 않다.

문제 96 하락세에서 공매도 전술

하락세에서 공매도하기에 대한 설명으로 틀린 것은?

    1. 주봉 차트에서 전략을 결정하고 일봉 차트에서 전술 계획을 수립한다.

    2. 채널 안에서 공매도하면 리스크와 보상 모두 감소한다.

3. 채널 안에서 공매도하면 속임수 신호의 위험이 커진다.

4. 채널 안에서 한 번 공매도하면 큰 움직임을 포착할 수 없다.

문제 97 **펀더멘털 분석을 바탕으로 공매도하기**

펀더멘털 정보를 토대로 공매도하기에 대한 설명으로 옳은 것은?

1. 펀더멘털 분석가는 기술적 분석가보다 더 넓은 시장을 분석할 수 있다.

2. 기술적 분석으로 아이디어를 얻고 매매 결행 여부는 펀더멘털 분석으로 결정한다.

3. 펀더멘털 정보가 기술적 요인들에 우선한다.

4. 펀더멘털이 매매를 권하고 기술적 요인이 펀더멘털 신호를 추인하면 가장 강력한 매매 신호다.

문제 98 **공매도 후보 찾기**

다음 중 공매도 후보를 찾는 방법으로 유효하지 않은 것은?

1. 가장 약세를 보이는 업종을 찾는다.

2. 소문과 정보를 듣고 분석 도구를 사용해 점검한다.

3. 나스닥 100에서 가장 약세를 보이는 업종을 찾는다.

4. 주요 분석가들이 상승을 예측하는 주식을 공매도한다.

문제 99 **차주잔고비율**

차주잔고비율은 _____를 측정해 공매도의 강도를 나타낸다.

1. 유동주식 수 대비 공매도 주식 수

2. 한 트레이더가 매수한 주식 수 대비 공매도한 주식 수

3. 롱(매수) 포지션 보유 트레이더 수 대비 숏(공매도) 포지션 보유 트레이더 수

4. 전체 트레이더 수 대비 공매도 계좌를 설정한 트레이더 수

문제 100 **차주잔고비율로 매매하기**

차주잔고비율 추적이 트레이더에게 유용한 이유가 아닌 것은?

1. 차주잔고비율이 상승하면 하락세를 확증한다.

2. 차주잔고비율이 20%를 넘으면 그 종목이 급등할 우려가 있다는 경고다.

3. 차주잔고비율이 10%보다 낮으면 공매도가 비교적 안전하다.

4. 차주잔고비율이 하락하면 주가는 하락한다.

문제 101 **시장에는 공매도가 필요하다**

다음 중 공매도 없이 존재할 수 있는 시장은?

1. 주식

2. 선물

3. 옵션

4. 외환

문제 102 **선물을 매도하는 사람**

선물 시장에서 매도 포지션을 보유한 사람은 대부분

1. 일반 투기자들

2. 상업적 거래자 또는 헤지 목적의 투자자

3. 상품선물거래위원회CFTC

4. 헤지펀드

문제 103 선물 매도하기

선물 매도에 대한 설명으로 틀린 것은?

1. 매도자는 미래의 특정 시점에 상품을 인도한다는 구속력 있는 계약을 맺은 것이다.

2. 상품 가격의 바닥은 생산 비용에 의해 결정된다.

3. 선물 시장에서 내부자거래는 불법이다.

4. 상품 가격의 천장은 대체재의 비용에 의해 결정된다.

문제 104 장기 상승과 일시 하락

상품 가격이 단기간 일시 하락하는 주요 요인은?

1. 보유 비용

2. 조작

3. 계절적 요인들

4. 대체재의 비용

문제 105 옵션 매도하기

옵션 매도가 매수보다 훨씬 수익이 좋은 주요 이유는?

1. 옵션의 시간 가치

2. 매수자는 대부분 투자 자금이 적다.

3. 옵션은 주식과 다르게 움직인다.

4. 매수자가 대부분 초보다.

커버드 옵션 매도

커버드 옵션 매도의 주요 단점은?

   1. 주가가 변동이 없으면 자본이득을 취할 수 없다.

   2. 주가가 하락하면 롱(매수) 포지션의 가치가 감소한다.

   3. 주가가 행사 가격보다 상승하면 자동으로 권리가 행사된다.

   4. 커버드 옵션 매도는 많은 자본이 필요하다.

문제 107 **투기적 매도 vs. 커버드 옵션 매도**

투기적 옵션 매도와 커버드 옵션 매도의 가장 큰 차이는?

   1. 매매 기간

   2. 포지션을 방어하는 방법

   3. 매매 규모

   4. 분석 기법

문제 108 **투기적 옵션 매도에서 요구되는 것**

투기적 옵션 매도에서 가장 강력히 요구되는 사항은?

   1. 현금

   2. 매매 아이디어

   3. 절제력

   4. 타이밍

문제 109 **브로커 vs. 트레이더**

다음 외환 거래 장소들 중 트레이더가 손실을 보아야 브로커가 수익을 얻을 수 있는 곳은?

1. 은행간시장

2. 통화 선물

3. 외환 현금 보유

4. 외환 거래소

문제 110 **외환 시장**

다음 중 외환 시장에 적용되지 않는 것은?

1. 장기적으로 보아 가장 추세가 많은 시장이다.

2. 정부 정책이라는 펀더멘털에 가장 큰 영향을 받는다.

3. 외환은 매매 계획을 수립하고 진입하기 쉽다.

4. 기본적으로 연중무휴다.

문제 111 **더 훌륭한 트레이더가 되기 위한 학습**

더 훌륭한 트레이더가 되기 위한 학습에서 가장 중요한 요소는?

1. 시장 조사

2. 기록 유지

3. 진입과 청산 기술 연마

4. 운

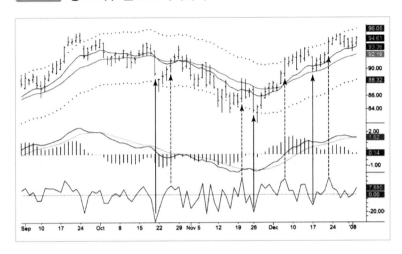

위 차트에서 강도 지수가 급락(실선 화살표로 표시)한 다음 날 주가 바닥이 이어졌다. 또한 강도 지수의 급등(점선 화살표로 표시) 뒤에는 천장 대신 상승세가 지속됐다. 이런 차이가 의미하는 것은?

1. 이 지표는 하락세에만 유효하다.

2. 이 지표는 상승세에만 유효하다.

3. 상승세와 하락세는 비대칭이므로 매매 방식도 달라야 한다.

4. 약세장에서는 단 하나의 지표만을 토대로 매매할 수 있다.

거짓 돌파와 다이버전스

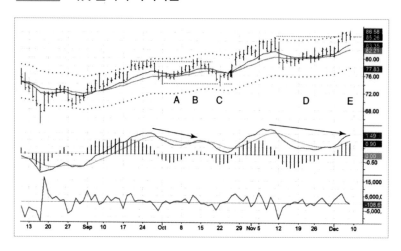

차트 위의 알파벳과 다음 설명을 바르게 짝지어라.

1. 거짓 돌파
2. 다이버전스

문제 114 공매도 신호와 환매 신호

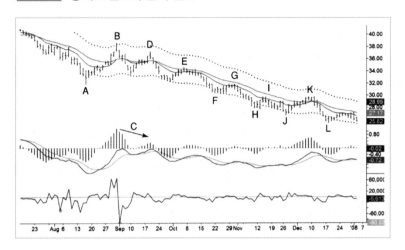

차트 위의 알파벳과 다음 설명을 바르게 짝지어라.

1. 가치 구간으로 되돌림

2. 저평가 구간

3. 캥거루 꼬리

4. 다이버전스

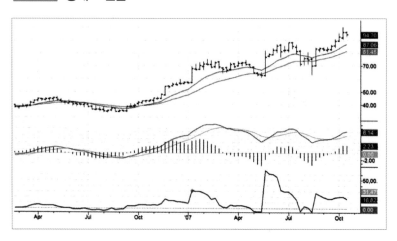

차트 오른쪽 끝에서 다음 몇 주 동안 따라야 할 전술을 고르시오.

1. 추세가 상승하고 있다 - 94.95달러 부근에서 매수하라.

2. 추세가 상승하고 있다 - 최근 고점인 100.50달러 위로 돌파할 때
매수하라.

3. MACD가 하락하고 임펄스 시스템이 청색으로 변했다 - 공매도하
라. 목표가는 빠른 이동평균 부근인 87달러.

4. 임펄스 시스템이 청색으로 변했다 - 공매도하라. 목표가는 느린
이동평균 부근인 81달러.

문제 87 주식 공매도

정답 2 빌린 주식 매도

주식을 파는 데는 여러 가지 이유가 있다. 주가가 고평가되었거나 하락하리라 예상해서 매도하기도 한다. 이런 이유는 어느 주식에나 적용되지만 주식을 공매도하는 방법은 단 하나, 주식을 빌리는 방법밖에 없다. 공매도하는 사람은 먼저 사서 나중에 파는 일반적인 과정을 뒤집는다. 공매도는 먼저 빌린 주식을 팔고 나중에 되산다. 이렇게 하면 주가 하락으로 수익을 취할 수 있다.

문제 88 공매도의 위험 요소들

정답 4 "주가가 폭락할 수 있다"가 틀린 설명이다.

공매도는 주가 하락 시 수익이 나며 주가가 상승하면 손실로 이어진다. 공매도한 주식의 기업이 배당금 지급을 발표하면 그 배당금은 주식 매수자에게 돌아간다. 따라서 공매도자는 주식 소유자에게 배당금을 변제해야 한다. 주식 소유자가 자신의 주식을 매도하려고 할 경우, 브로커가 공매도자에게 주식을 빌려줄 다른 주식 보유자를 찾지 못하면 계획보다 일찍 환매해서 빌린 주식을 돌려주어야 한다.

문제 89 공매도의 효과

정답 3 "주가 변동폭을 증가시킨다"가 틀린 설명이다.

공매도한 사람은 주가 상승기에 매도해 주가가 높을 때 공급을 늘린다. 이들은 주가가 하락할 때 환매해 주가 하락의 완충 작용을 한다. 거의 언제나 주식을 매수하는 다수 대중과 반대로 매매함으로써 공매도자들은 지나친 주가 변동을 방지한다.

문제 90 숏(공매도) vs. 롱(매수)

정답 2 주가는 상승 속도보다 하락 속도가 더 빠르다.

개별 주식 공매도의 가장 큰 장점은 주가는 상승할 때보다 두 배 빠른 속도로 하락한다는 것이다. 이는 일봉 차트뿐 아니라 월봉, 주봉 차트 등 모든 시간 단위에 적용된다. 주가가 상승하려면 매수세가 필요하지만 떨어질 때는 스스로의 무게를 이기지 못하고 하락한다. 천장에서 하는 매도이든지 바닥에서 하는 매수이든지 시장에서 '쉬운' 건 하나도 없다.

문제 91 공매도의 단점

정답 3 장기적으로 볼 때 상승한다.

주식 공매도의 가장 큰 단점은 주식시장이 장기간인 100년 동안 상승했다는 점이다. 상승폭은 조금씩 다르지만 평균적으로 매년 물가상승률보다 3%p 더 높게 상승했다. 공매도한다는 것은 조금씩 떠오르는 파도를 거슬러 헤엄친다는 의미다. 이걸 해내려면 매수할 때보다 더 단기로 매매해야 한다. 미국에서 업틱 룰은 이제 폐기되었다.

문제 92 공매도 배우기

정답 2 "제대로 경험하려면 대량으로 매매하라"가 틀린 설명이다.

공매도를 배울 때는 하락이 예상되어서 보유하기 싫은 주식들을 겨냥하라. 싸게 사서 비싸게 파는 게 맞다면 더 비싼 주식이 훌륭한 공매도 기회를 제공한다. 매수 시 계속 신저점을 찍는 주식을 선택하는 건 바람직하지 않다. 마찬가지로 공매도 시 계속 신고점을 찍는 주식을 고르는 건 바람직하지 않다. 매매 규모가 커지면 그만큼 심리도 증폭된다. 매매 규모가 커질수록 스트레스도 심해진다. 걸음마를 배울 때는 규모를 적게 해서 수익이 나든 손실이 나든 아무 문제가 없도록 하라. 이렇게 해야 매매의 질에 집중할 수 있다.

문제 93 공매도 vs. 매수

정답 1 천장이 바닥보다 형성되는 시간이 길다.

주식시장의 바닥은 좁고 가파르며 천장은 넓고 불규칙하다. 주식시장의 바닥은 공포 위에 구축되는데 공포는 쓰라리고 고통스러운 감정이다. 천장은 탐욕을 바탕으로 구축되는데 탐욕은 오랫동안 지속되는 만족감이다. 하락 속도가 상승 속도보다 빠르므로 공매도할 때는 정확한 타이밍이 중요하다.

천장에서 공매도하기

정답 2 "포지션 규모가 크면 더 넓은 스톱이 필요하다"가 틀린 설명
이다.

주가가 천장 근처에서 비등할 때는 변동성이 크고 주가 변동 폭도 넓
다. 따라서 스톱을 설정하기 어렵다. 스톱이 넓을수록 주당 리스크는 커
진다. 주당 리스크가 커지면 포지션 규모를 줄여야 한다. 천장에서 몇 차
례 공매도를 시도해서 큰 폭의 주가 하락을 포착하는 일도 드물지 않다.
포지션 규모를 자금 관리 규칙이 허용하는 최대한도보다 적게 줄이면 포
지션을 보유할 수 있는 힘이 커진다.

하락세에 공매도하기

정답 2 하단 채널선 부근에서 환매하면 가치 영역보다 낮은 곳에서
매수하는 것이다.

주가가 채널 한가운데 있으면 주가는 가치 부근에 있다. 공매도했던
주식을 환매해 수익을 취하는 시기는 주가가 하단 채널선 부근 저평가
영역으로 하락할 때다. 주가는 가치 수준으로 상승했다가 다시 가치 수
준 아래로 하락하기를 반복하므로 채널은 여러 번의 매매 기회를 제공한
다. 매매에서 포착한 채널의 비율로 스윙 매매의 점수를 매기는 것은 매
수할 때나 공매도할 때 모두 유효하다.

하락세에서 공매도 전술

정답 2 "채널 안에서 공매도하면 리스크와 보상 모두 감소한다"가
틀린 설명이다.

시장의 천장에서 공매도할 때는 속임수 신호에 걸릴 위험이 가장 크

다. 채널 안에서 공매도하면 속임수 신호에 걸릴 위험이 줄어든다. 시장에 공짜는 없다. 리스크가 감소하면 잠재 수익도 따라서 감소한다. 잠재 수익과 리스크는 천장에서 공매도할 때는 크고 하락세에서 공매도할 때는 비교적 작다.

문제 97 펀더멘털 분석을 바탕으로 공매도하기

정답 **4** 펀더멘털이 매매를 권하고 기술적 요인이 펀더멘털 신호를 추인하면 가장 강력한 매매 신호다.

시장마다 분석해야 하는 경제지표가 각각 다르기 때문에 펀더멘털 분석이 기술적 분석보다 적용 범위가 더 협소하다. 기술적 분석 도구는 모든 시장에 적용할 수 있다. 펀더멘털에서 얻은 매매 아이디어는 반드시 기술적 분석으로 검증해야 한다. 펀더멘털이 아무리 좋아도 기술적 요소가 추인하지 않으면 매매하지 말아야 한다. 펀더멘털과 기술적 요소가 같은 방향을 가리킬 경우 아주 강력한 조합이 완성된다.

문제 98 공매도 후보 찾기

정답 **4** 주요 분석가들이 상승을 예측하는 주식을 공매도한다.

매수 후보를 찾을 때와 마찬가지로 공매도 후보를 찾을 때도 그만큼 수많은 방식이 존재한다. 핵심 원칙은 매매 아이디어를 자신만의 방식이나 시스템을 이용해 검증해야 한다는 것이다. 업종들을 모두 살펴보는 방법도 있고 나스닥 100대 종목을 살피는 노동집약적인 방법을 쓸 수도 있다. 아니면 정보나 소문, 하락 뉴스에 귀를 기울이는 단순한 방법을 쓸 수도 있다. 모든 정보와 아이디어를 자신만의 분석 방법으로 검증한다면 무엇이나 매매에 이용할 수 있다.

차주잔고비율

정답 **1** 유동주식 수 대비 공매도 주식 수

차주잔고비율은 특정 주식의 '유동주식'과 매도세가 보유한 공매도 수를 비교한다. 유동주식은 공매도 가능한 주식 수, 즉 기업이 발행한 주식 총수에서 임원에게 준 주식, '대주주들'이 보유한 주식, 내부자 보유 주식을 차감한 주식 수다. 브로커는 환매되지 않은 공매도 주식 수를 보고한다. 이 수를 총 유동주식 수로 나누면 특정 주식의 공매도 강도를 반영하는 차주잔고비율이 산출된다.

문제 100 **차주잔고비율로 매매하기**

정답 **4** 차주잔고비율이 하락하면 주가는 하락한다.

차주잔고비율이 상승하면 매도세가 격렬하게 날뛰고 있다는 의미다. 모든 숏 포지션은 언젠가는 환매되는데, 공매도 했던 주식의 환매에 따른 주가 상승은 그 속도가 빠르기로 악명 높다. 대체로 차주잔고비율이 10% 이하면 양호하며 20% 이상이면 공매도자가 아주 많은 것이다. 주가가 하락하면서 매도자가 더 많이 합류하면 차주잔고비율은 상승한다. 주가가 상승세를 보일 때는 차주잔고비율이 하락한다. 이런 상승세는 장기간 지속될 수 있다.

문제 101 **시장에는 공매도가 필요하다**

정답 **1** 주식

극소수의 트레이더가 공매도를 하는데 선물, 옵션, 외환의 공매도 거래량은 매수 거래량과 정확히 일치한다. 선물, 옵션, 외환의 매수 1계약마다 공매도 1계약이 존재하므로 매수 포지션과 공매도 포지션의 총수는 정확히 일치한다. 그러나 주식은 일치하지 않는다.

문제 102 선물을 매도하는 사람

정답 2 상업적 거래자 또는 헤지 목적의 투자자

대부분의 선물 시장에서 공매도 포지션은 대체로 상업 거래자나 진정한 내부자인 헤저들이 보유하고 있다. 예를 들어, 대형 농업 기업은 아직 수확되지 않은 밀의 가격이 높으리라 예상하고 그 가격을 확보하기 위해 밀 선물을 매도한다. 이는 게임의 일부일 뿐이다. 유능한 헤저는 가격에 대한 보험뿐 아니라 수익의 원천으로 선물 부서를 운영한다. 이들은 선물 공매도 포지션에서 수익을 거둘 것으로 기대한다.

문제 103 선물 매도하기

정답 3 선물 시장에서 내부자거래는 불법이다.

선물을 거래하면 미래의 특정시점에 상품을 매수 또는 매도하기로 하는 구속력 있는 계약에 돌입하게 된다. 쌍방이 증거 보증금을 내서 거래를 보증한다. 주식과 달리 선물은 자연스러운 바닥과 천장이 있다. 생산비가 바닥을 형성하고 대체재 가격이 천장을 만든다. 그러나 이 수준은 절대적으로 고정된 것이 아니라 신축성이 있다. 헤저는 진정한 내부자이므로 선물은 내부자거래를 공지하지 않는다. 상품선물거래위원회에서 정기적으로 발행하는 COT 보고서로 헤저의 움직임을 추적할 수 있을 뿐이다.

문제 104 자기 상승과 일시 하락

정답 1 보유 비용

상품에는 보관비, 자금 조달 비용, 보험료가 가격에 영향을 미치면서 보유 비용이 발생한다. 이들 비용은 다달이 증가하므로 수학적으로로 계산하면 가격은 점차 올라 비현실적인 지경에까지 이른다. 하지만 현실에서는 가격이 비교적 서서히, 꾸준히 상승하고 가끔 단말마적으로 급락해 현실적인 수준으로 되돌아오는 과정이 반복된다.

문제 105 옵션 매도하기

정답 1 옵션의 시간 가치

옵션과 주식의 가장 핵심적인 차이는 옵션은 감가상각자산이라는 점이다. 이 질문에 나온 모든 요소가 옵션 매수자의 패망에 기여하지만 옵션 시간 가치의 감소는 옵션의 가치에 있어 가장 중요한 요소다. 옵션 만기일이 다가올수록 옵션 가치는 감소한다. 매수자는 계속 돈을 잃지만 매도자가 매수자로부터 받을 돈은 더욱더 확실하게 쌓인다.

문제 106 커버드 옵션 매도

정답 4 커버드 옵션 매도는 많은 자본이 필요하다.

주가가 변동이 없어 옵션 행사가격에 미치지 못하면 프리미엄을 챙겨서 총수익을 끌어올리게 된다. 주가가 하락해도 프리미엄을 챙겨서 주가 하락의 충격을 완화할 수 있다. 주가가 옵션 행사가격보다 상승하면 자동으로 권리가 행사된다. 주식에서는 매수한 가격에서 행사가격까지 오른 만큼 매매차익을 얻을 수 있고, 옵션에서는 프리미엄을 챙길 수 있다. 시장에는 흥미로운 주식이 아주 많으므로 풀린 자본으로 새로운 기회를 찾아 나설 수 있다. 보유한 주식에 대한 옵션 매도가 경제적 타당성이 있으려면 옵션 매도 규모가 커야 하는데 그러려면 상당한 자본이 있어야 하므로 많은 트레이더가 옵션 매도에 나서지 못하는 것이다.

문제 107 투기적 매도 vs. 커버드 옵션 매도

정답 2 포지션을 방어하는 방법

보수적인 투자자는 주식을 매수하면서 동시에 주가 하락 시 방어력을 발휘하는 커버드 콜 옵션을 매도한다. 투기적 옵션 매도자는 보유하고 있지 않은 자산에 대해 옵션을 매도하므로 방어력이 오로지 현금밖에 없다. 방어책이 무엇이냐가 커버드 옵션 매도와 투기적 옵션 매도의 핵심적인 차이다. 다른 영역의 차이는 미미하거나 거의 없는 것이나 다름없다.

문제 108 투기적 옵션 매도에서 요구되는 것

정답 3 절제력

투기적 옵션 매도는 방어책이 현금과 전문 기술뿐이므로 운신의 폭이 좁다. 따라서 수익 실현이나 손실제한에서 절대적인 자제력이 필요하다. 현금이 충분하지 않으면 옵션을 매도할 수 없으며 아이디어도 좋아야 하고 타이밍도 적절해야 한다. 이런 것에 능통하더라도 투기적 옵션 매도에 성공하려면 완벽한 절제력이 있어야 한다.

문제 109 브로커 vs. 트레이더

정답 4 외환거래소

외환거래소는 대부분 버킷숍이다. 버킷숍은 주문을 체결하지 않고 고객이 원하는 매매 방향과 반대 방향으로 매매한다. 은행간시장에서 매매할 때, 통화선물을 매수 또는 매도할 때 혹은 단순히 현금을 거래할 때,

거래소는 고객이 돈을 벌든 잃든 상관하지 않는다. 거래소는 주문을 체결할 때의 수수료만 챙기면 그만이다. 반면 외환거래소는 대부분 고객들의 포지션과 반대 방향에 돈을 건다. 따라서 고객이 손실을 보면 외환거래소는 돈을 번다.

문제 110 외환 시장

정답 3 외환은 매매 계획을 수립하고 진입하기 쉽다.

영업사원이 돈 벌기 쉽다고 얘기하면 반대 방향으로 달려라! 그렇다. 외환 거래는 연중무휴다. 따라서 아무리 신중하게 계획해도 내가 잠든 사이 지구 반대편에서 뭉칫돈이 오가면 환율이 급변할 수 있다. 한 국가의 통화가치는 정부 정책에 달려 있으므로 통화는 주 추세에 접어들면 몇 년 동안 그 추세가 지속되기도 한다.

문제 111 더 훌륭한 트레이더가 되기 위한 학습

정답 2 기록 유지

장기적 성공 또는 실패하는 데 있어서 가장 중요한 요소는 기록의 수준이다. 열심히 기록하고 기록한 것을 공들여 검토하면 조사 기법과 매매 기법을 연마할 수 있다. 열심히 연구할수록 운도 따른다.

문제 112 강도 지수 신호로 매매하기

정답 3 상승세와 하락세는 비대칭이므로 매매 방식도 달라야 한다.

탐욕을 원동력으로 움직이는 상승세는 더 오래 지속된다. 공포를 원동력으로 움직이는 하락세는 그 움직임이 더 강렬하지만 지속 시간은 더 짧다. 이런 천장과 바닥의 비대칭 때문에 차트를 읽는 일반적 원리는 동일하지만 공매도는 더 예리한 타이밍이 요구된다. 1가지 지표로는 부족하다. 트레이더는 확증적인 신호를 찾아야 한다. 예를 들어, 주가가 채널선을 건드릴 때 발생하는 급등 패턴 같은 확인 신호를 찾아야 한다. 공매도한 사람은 포지션이 '잘 풀릴 때'까지 시간을 두고 기다릴 여유가 없다.

문제 113 거짓 돌파와 다이버전스

정답 1. B, C, E

　　　2. A, D

천장과 바닥은 비대칭이다. 거짓 돌파와 다이버전스 같은 기술적 신호들은 매수 신호와 공매도 신호를 모두 제공하지만 타이밍은 다르다. 예를 들어, 거짓 하락 이탈은 하루 만에 일어나지만 거짓 상승 돌파는 3일 동안 지속된다. 공매도는 스톱을 설정하기 어렵다. 차트 오른쪽 끝에서 2일 뒤 주가는 신고점을 찍고 붕괴했다. 스톱을 좁게 잡았다면 속임수 신호로 이어졌을 것이다.

문제 114 공매도 신호와 환매 신호

정답 1. D, E, G, I, K

　　　2. A, F, H, J, L

　　　3. A, B, D

　　　4. C

하락세가 뚜렷한 하향 채널 안에서 주가가 변동하면 이동평균, 즉 가치 영역 또는 가치 영역보다 높은 주가에서 공매도하고 주가가 하단 채널선인 저평가 구간 또는 그 아래로 하락할 때마다 환매하면 된다. 다른 패턴과 마찬가지로 캥거루 꼬리는 천장 부근뿐만 아니라 바닥 근처에서도 유효하다.

문제 115 공매도 전술

정답 **4** 임펄스 시스템이 청색으로 변했다 – 공매도하라. 목표가는
느린 이동평균 부근인 81달러.

이 주식은 강력한 상승세를 보이고 있지만 어떤 추세도 직선으로 진행
되지는 않는다. 매수 지점은 가치 영역 부근인데, 주가가 가치 영역 위로
지나치게 상승했다. 강도 지수가 약세 다이버전스를 보이므로 공매도가
더 유리하다. MACD – 히스토그램이 하락하고 임펄스가 청색으로 변하
면 빠른 이동평균이 현실적인 목표가다. 주가가 목표가에 접근하면 장세
를 다시 판단해서 환매할지 아니면 계속 보유할지 결정하면 된다.

정답이 하나뿐인 문제는 정답을 맞히면 1점, 정답이 복수면 (예를 들어 "다음 4가지 진술 중 옳은 것 2가지는?") 비율로 점수를 매긴다. 둘 다 맞혔으면 1점, 1개만 맞혔으면 0.5점이다.

25~29 : 우수. 공매도를 잘 이해하고 있다. 시장이 당신을 기다리고 있다. 기록을 잘해서 경험에서 배우도록 하라.

21~24 : 양호. 성공적인 매매로 가려면 최고의 실적이 요구된다. 다음 장으로 넘어가기 전에 틀린 문제를 다시 살펴보고 며칠 뒤 재시험을 치도록 한다.

21점 미만 : 비상! 정답이 3분의 1에 미치지 못하면 아주 위험하다. 프로들이 시장에서 내 호주머니를 호시탐탐 노리고 있다. 프로들과 싸우기 전에 좀 더 자신을 연마해야 한다. 이 책의 3부를 공부하고 재시험을 보라. 재시험을 봤는데도 점수가 낮으면 제3부에서 추천한 책들을 찾아 공부하라. 시험 점수가 오르기 전까지는 공매도를 피하라.

제04부

최악의 약세장에서
얻은 교훈

주가가 상승하면 기업은 업무추진비도 후하게 쓴다. 2007년 2월 강력한 상승장이 마지막 고지를 향해 돌진할 때 출판사 사장이 나와 내 친구 둘을 뉴욕의 고급 식당에 초대해 만찬을 대접했다.

　상승장으로 행복한 나날이 계속됐지만, 내 연구 결과는 매수세의 숨이 턱까지 차올랐다고 계속 경고하고 있었다. 그날 만찬에서 나는 매도를 다루는 책은 시장에 거의 나와 있지 않다고 말했다. 사장은 좋은 생각이라며 《매도와 공매도Sell and Sell Short》를 써보라고 했다.

　나는 연말까지 원고를 출판사에 넘기기로 약속했는데 출판사가 책을 발간하려면 몇 달이 걸릴 터였다. 나는 사장에게 얘기했다. 책이 나올 때쯤이면 강세장은 끝나 있을 것이며 약세장에서 책을 내놓을 수도 있을 거라고.

　시장은 목표가를 훌쩍 넘어서 상승할 수도 있고 목표가보다 훨씬 밑으로 하락할 수도 있다. 2007~2009년의 약세장은 이례적으로 격심했다. 2009년 3월 마지막 파도가 장을 휩쓸자 주식은 그야말로 헐값이 되었다. 이 약세장에서 살아남은 트레이더들은 매도 시기와 지점을 계획하는 일이 얼마나 중요한지 뼈저리게 깨닫게 되었다. 공매도에 관심을 갖는 사람도 많아졌다. 사실 프로들은 늘 공매도를 해왔다. 단기간에 돈 버는 사람들은 공매도에 돈을 건 사람들이다.

■ 강세장에서 약세에 관한 책 쓰기

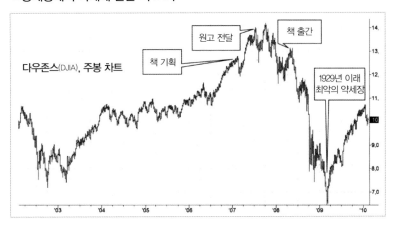

다우존스(DJIA), 주봉 차트

책 기획
원고 전달
책 출간
1929년 이래 최악의 약세장

　　2010년 2월 출판사에서 《매도와 공매도》의 개정판을 내자고 연락해 왔다. 예전처럼 업무추진비를 펑펑 쓸 상황은 아닌지 전화를 걸어와 의논했다. 매수는 다른 책에서도 이미 많이 다루었으므로 제1부(매수)를 축약하기로 했다. 그리고 매도와 공매도 개념은 시간이 흐른 오늘날까지 유효하므로 제2부와 제3부(매도와 공매도)는 그대로 두기로 했다. 그리고 실제 매매 사례를 통해 매도와 공매도의 원리를 보여주는 제4부를 추가하기로 했다. 마지막 부분이지만 아주 중요한 부분이다. 역사상 최악의 약세장으로 손꼽히는 시장에서 얻은 교훈들을 어떻게 타산지석으로 삼을 수 있을지 살펴보자.

제09장
매도자가 돈을 번다

인간은 승리보다 패배에서 더 많은 것을 배운다. 2007~2009년의 약세 장은 대부분의 트레이더에게 뼈아픈 손실을 안겨준 혹독한 스승이었다. 이제 스승의 가르침을 요약해볼 때다. 독자 여러분이 앞으로의 여정에서 더 훌륭한 매매 계획을 짜도록 돕고 싶은 마음에 이 부분을 추가했다.

:: 동굴에서 곰이 깨어나기 시작했다

2003년 시작된 강세장은 2007년 중반 무렵 쇠퇴하기 시작했다. 강세/

약세 사이클은 4년 반 이상 지속되는 일이 드물다. 2007년, 시계의 째깍 소리는 점점 커지고 있었다.

나는 신고점 – 신저점 지수가 주식시장의 가장 탁월한 선행 지표라고 생각한다. 특정일의 신고점들은 그해의 고점에 도달한 주식들이 기록한 지표들이다. 이 주식들은 강세 주도주들이다. 신저점들은 그해의 저점에 도달한 주식들이 기록한 지표들로, 이 주식들은 약세 주도주들이다.

거래소에 상장된 모든 주식을 연대 사병에 비유하자면 신고점과 신저점은 장교들이다. 연대가 공격을 시작하면 장교들이 공격을 주도하는지 아니면 뒤로 달아나는지 살펴라. 지도자가 탁월한 연대는 승리하고 지도자가 형편없는 연대는 패배한다. 몇 년 전 나는 장교 훈련을 받았는데 나쁜 병사는 없으며 나쁜 장교만 존재한다는 말을 귀에 못이 박히도록 들었다. 나는 이 말에 공감하며 늘 신고점 – 신저점 지수를 주시한다.

일일 신고점 – 신저점을 구축하려면 오늘의 신고점 주식 수에서 오늘의 신저점 주식 수를 차감하면 된다. 지난 5거래일 동안의 일일 신고점 – 신저점을 더하면 주간 신고점 – 신저점이 산출된다.

차트(《그림 9.1》) 오른쪽 끝에 있는 1구간을 보자. S&P500은 상승하지만 주간 신고점 – 신저점은 고점을 낮추고 있다. 연대는 공격을 계속하지만 장교들은 빠져나오고 있다. 지도자가 없는 공격은 실패하게 마련이다. 이 무렵 나는 《매도와 공매도》 1쇄를 쓰고 있었다.

더 멀리 2구간을 보면 2004년 초 주간 신고점 – 신저점이 역대 최고치에 도달했다. 강세장 초기 단계에 신고점 – 신저점이 고점에 도달하는 건 흔한 일이다. 이를 인간의 성장에 비유해보자. 어릴 때는 성장 속도가 빠르다가 점차 속도가 느려지고 때로는 후퇴하기도 한다. 신고점 – 신저점이 초기에 가파르게 솟은 봉우리를 그리는 건 자연스러운 현상이다. 이

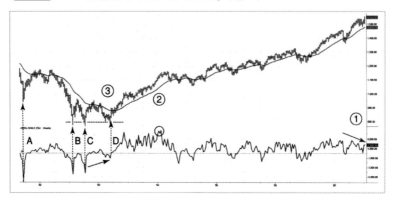

그림 9.1 2007년 중반까지 신고점−신저점, 주봉 차트

S&P500 주봉 신고점 − 신저점 주봉
1. 약세 다이버전스
2. 강세장 초반 신고점 − 신저점의 절대 고점
3. 2002~2003년 약세장의 바닥에서 나타난 강력한 강세 다이버전스

차트에서 우려스러운 것은 봉우리 이후 2007년까지 세월이 많이 흘렀다는 것, 즉 강세장이 노쇠했다는 점이다.

더 멀리 3구간을 살펴보면 신고점 − 신저점으로 장기 약세장의 바닥뿐만 아니라 중기 약세장의 바닥까지 식별할 수 있음을 알 수 있다. 앞으로 매수 신호들을 찾아야 할 것이므로 이런 매수 신호들을 검토해보자.

● 주간 신고점 − 신저점이 −4000 수준까지 폭락하면 수많은 트레이더가 공황 상태에서 주식을 던진다. 이는 매수 기회를 제공한다. 주간 신고점 − 신저점이 −4000까지 하락할 때 몇 달은 아니더라도 몇 주 동안은 약세장에서도 강력한 반등이 나타날 게 분명하기 때문이다. 차트(〈그림 9.1〉)에 수직 점선 화살표로 표시된 지점에서 이런 급락과 급등을 보여주는 V형 쐐기가 3개 나타난다. ❶ 이런 V형 쐐기 패

턴이 2007~2009년 약세장에서 어떻게 진행되었는지 살펴보겠다.

● 주간 신고점 – 신저점과 S&P500의 강세 다이버전스는 아주 강력한 매수 신호다. 전체 장세는 하락 이후 상승했다가 다시 저점 또는 저점보다 낮은 수준으로 하락하기를 반복하고, 주간 신고점 – 신저점이 하락 이후 0 선 위로 상승한 뒤 다시 약간만 하락할 때 이 같은 신호가 생성된다. 이런 일련의 움직임은 병사들은 후퇴하지만 장교들은 다시 뭉쳐서 후퇴하지 않으므로 공격이 재개될 것이라는 의미다.

차트 오른쪽으로 돌아가면 약세 다이버전스가 보인다(적색 사선 화살표). 이는 강세장이 보기만큼 강하지 않다는 의미다. 이 움직임을 보고 나는 매도에 관한 책을 써야겠다는 결심을 굳혔다.

:: 심리 지표는 미리 경고한다

심리 지표는 시장 군중의 심리를 직접적으로 반영한다. 강세장의 컨센서스 비율, 약세를 예측하는 투자자문사의 비율, 풋/콜 옵션 비율이 바로 이런 심리 지표들이다. 이 지표들을 비롯해 수많은 도구가 군중 심리의 패턴을 추적해 추세, 바닥, 천장을 식별하는 데 유용하게 쓰인다. ❷

가장 단순한 심리 지표는 언론이다. 군중 심리가 예외적인 극단에 치우쳤음을 대중매체에서 보여주면 현명한 트레이더들은 추세 반전을 살피기 시작한다.

---

❶ 스파이크 그룹의 명칭은 이런 쐐기(spike) 패턴의 이름을 따서 붙였다.
❷ 이런 지표들을 표시하는 창으로 내가 선호하는 것은 'www.sentimentrader.com'이다.

2007년 여름, 나는 아시아의 한 다국적기업에서 강연했다. 도쿄에서 싱가포르로 가는 비행기 안에서 〈파이낸셜 타임스〉를 보다가 깜짝 놀랐다. 〈파이낸셜 타임스〉 상하이 특파원의 보고에 따르면 수많은 호텔 메이드와 접시닦이가 데이 트레이더가 되기 위해 직장을 그만두는 바람에 지역 서비스 산업의 인력이 부족하다고 했다.

종소리가 울리는 듯했다. 물론 나는 침구를 정리하고 주방에서 설거지를 하는 사람들을 존중하지만, 주식시장은 이들 집단이 이길 수 없는 구조다. 이 기사를 보니 버나드 바루치의 일화가 떠올랐다. 바루치는 20세기 초의 가장 저명한 증권 투기업자다. 바루치는 구두닦이가 투자 정보를 주자 가지고 있던 주식을 몽땅 팔아 1929년의 폭락장을 간신히 피했다. 투자와 가장 거리가 먼 사람들이 주식시장에 몰려들기 시작하면 더 이상 유입될 도박꾼들이 없어지고 있으므로 강세장이 곧 끝날 거라는 신호다.

나는 싱가포르 회의에 내가 읽은 〈파이낸셜 타임스〉를 가져가 보여주면서 호텔에서 종을 빌려 청중인 펀드매니저들 앞에서 흔들었다. 〈그림 9.2〉의 적색 화살표 부분이 내가 강연한 날이다. 지금 생각하면 차라리 그 종으로 내 머리를 치는 편이 나았을 것 같다.

강연이 있고 몇 주 뒤 중국 시장은 하락했지만 다시 반등해 하락폭의 60%를 회복하더니 이내 곤두박질쳤다. 인간의 영혼은 생각보다 훨씬 어두워지기도 하고 훨씬 밝아지기도 한다. 따라서 심리 지표는 전반적인 장세를 판단할 때는 훌륭한 경고가 되지만 정확한 타이밍을 잡는 데는 적합하지 않다.

〈그림 9.2〉의 검은 곡선은 강세장의 종말을 향해 가고 있음을 보여준다. 중국의 주가지수는 포물선을 그리고 있다. 이 패턴은 심리가 극단에

이르렀음을 나타낸다. 포물선의 움직임에서 롱(매수) 포지션을 취했다면 안전벨트를 단단히 맨 채 지표는 제쳐두고 이전 주봉보다 아래로 스톱을 계속 옮기기만 하면 된다.

앞서 언급한 임펄스 시스템이 FTSE신화지수^{FXI}(영국의 지수 제공업체인 FTSE가 만든 중국 주가지수−역주) 주봉 차트에서 유용한 신호를 계속 보내고 있다. 임펄스 시스템은 시장 움직임의 관성과 힘을 측정해서 작동한다. 빠른 이동평균의 기울기는 관성을, MACD−히스토그램의 기울기는 힘을 추적한다. 하나의 봉 기간 동안에 둘 다 상승하면 그 봉의 임펄스 시스템 색깔은 녹색이며 둘 다 하락하면 적색이다. 두 지표가 서로 충돌하면 봉 색깔은 청색으로 변한다.

A 봉에서 임펄스는 녹색으로 변해 상승 움직임이 다시 시작됐음을 보여준다. 상승세는 9주 동안 지속되었고 주봉 차트에서 단 하나의 봉도 저점을 낮추지 않았다〈그림 9.2〉. B 봉에서 임펄스는 청색으로 변해 매수세

그림 9.2 FTSE 신화 지수^{FXI}, 2005~2008

FXI 주봉(iShares FTSE/Xinhua China 25)
26주 이동평균, 13주 이동평균, 오토 엔빌로프

의 기력이 다했음을 나타낸다. 지수는 1주 더 상승했고 임펄스는 녹색으로 돌아갔지만 C 봉에서 다시 청색으로 변했다. C 봉이 신고점으로 상승했다가 다시 저점 부근에서 종가를 형성하는 것에 유의하라. 기술적 분석에서 거짓 상승 돌파는 가장 강력한 약세 신호에 속한다. 이후 FTSE신화지수는 반 토막이 날 때까지 그럴듯한 반등 한 번 없다가 다시 하락해 쭉 내리막길을 걸었다. 중국 주식시장이 붕괴하면서 상하이에서는 더 이상 비숙련 노동력이 부족할 일이 없게 되었다.

:: 강세장의 천장

주식시장은 고의로 사람을 속이지는 않는다. 해변에 몰려오는 파도를 생각해보라. 이 파도를 살펴서 수영할지 서핑할지 요트를 몰지 아니면 모두 포기하고 고지대로 대피해야 할지 판단해야 한다. 바다의 언어를 배우려면 인내심과 경험이 필요하다. 시장은 자신만의 언어로 우리에게 신호를 보낸다. 이 언어를 해독하는 것이 바로 기술적 분석이다.

2007년 기록적인 고점에서 주식시장은 어떤 메시지를 던지고 있었을까? 주봉 차트 2개를 살펴보자. 하나는 신고점−신저점이, 하나는 내가 선호하는 4개 지표들이 있다(제1부에 잠깐 언급한 한 번 장전에 총알 5개를 상기하라).

주봉 차트부터 살피는 이유는? 아주 중요한 규칙이 있기 때문이다. 시간 단위를 달리하면 시장의 움직임이 다르게 나타난다. 월봉 차트를 보면 추세가 상승하는데 주봉 차트는 하락세, 일봉 차트는 상승세, 일중 차트는 하락세를 보이기도 한다. 대부분 일봉 차트 하나만 보지만 그렇게 하면 시장이 깊은 곳에서 보내는 메시지를 제대로 읽을 수 없다.

나는 삼중창 매매 시스템을 사용하는데 이 시스템에서는 내가 가장 선호하는 시간 단위부터 선별해야 한다. 내가 가장 선호하는 것은 일봉 차트인데, 삼중창에서는 일봉 차트부터 볼 수 없다. 한 단계 더 긴 사건 단위의 차트에서 나타나는 추세부터 살펴야 일봉 차트를 볼 수 있다. 일봉 차트를 보기 전에 먼저 주봉 차트를 보고 전략을 결정해야 한다. 롱(매수) 포지션을 취할지 숏(공매도) 포지션을 취할지 결정한 뒤 일봉 차트로 가서 매수 또는 매도 지점을 찾는 전술적 결정을 내린다.

2007년 천장에서 신고점−신저점의 주봉 차트는 전형적인 약세 다이버전스를 보였다(〈그림 9.3〉). A 지점에서 S&P500은 상승했고 신고점−신저점 역시 상승하면서 상승장을 확인했다. B 지점에서 시장은 하락했다. 상하이 호텔에 메이드 인력이 부족하다는 기사가 난 뒤였다. 신고점−신저점이 0 아래로 하락한 B 지점의 주가 붕괴는 일종의 경고였다. 나는 이

그림 9.3 2008년 8월 8일까지 신고점−신저점 주봉

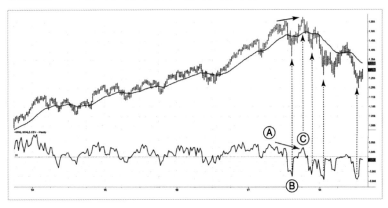

S&P500 주봉
신고점−신저점 주봉

를 "황소 등짝 부러뜨리기"라고 부른다. 이후 미국 주식시장은 중국 주식시장만큼 극단적이지는 않지만 회복해 신고점으로 상승했다. 동시에 신고점 – 신저점은 이전 고점보다는 훨씬 낮은 수준까지만 상승했다.

주가는 상승하는데 신고점 – 신저점이 고점을 낮추면 고난이 닥칠 거라는 신호다. 차트의 적색 화살표 지점에서 주간 신고점 – 신저점이 고점 C에서 하락하면서 매도와 공매도 신호를 보낸다. 이보다 더 정확할 수는 없다!

여담으로 주간 신고점 – 신저점이 –4000 수준까지 급락하면서 시기적절하게 매수 신호를 보내고 있다. 약세장이 지속될 때라도 이런 급락 패턴은 앞으로 최소한 몇 주 동안 반등 움직임이 지속될 것임을 예고한다.

:: 2007년 천장의 약세 다이버전스

2007년 주식시장의 천장에서 내가 선호하는 지표들이 보내는 메시지를 살펴보자. 2007년 7월 시장은 고점으로 상승했다(〈그림 9.4〉의 A). 그런 뒤 급락해 가치 구간을 지나 하단 채널을 뚫고 저평가 영역으로 들어갔다. 이 움직임에 힘이 붙었다. 이 지표들이 바닥 B를 그릴 때 어떤 움직임을 보이는지 주목하라.

8월 MACD – 히스토그램은 2007년 3월의 저점보다 더 낮아졌다. 2007년 8월 강도 지수 역시 3월보다 하락했다. 이 약세 신호들은 서로를 확증하면서 매도세가 점점 힘을 얻고 있다는 증거가 된다.

2007년 10월 주식시장은 다시 반등해 역대 신고점에 도달하지만 핵심 지표들은 7월보다 더 낮은 수준에서 고점을 형성하며 약세 다이버전스

를 경고했다. MACD 선뿐 아니라 MACD-히스토그램 역시 이런 모습을
보였다. MACD 선의 다이버전스는 MACD-히스토그램의 다이버전스보
다 훨씬 드물게 나타나지만 더욱 강력한 매매 신호를 제공한다.

10월 천장에서 다이버전스를 보이지 않는 유일한 지표는 강도 지수다.
MACD 선과 MACD-히스토그램 두 지표는 매도 신호를 켰지만 강도 지
수는 중립적이었다. 매도세에는 이걸로 충분했다. 강박증에 걸린 듯 시장
의 모든 신호가 천편일률적인 메시지를 보낼 때까지 기다릴 필요는 없다.

2007년 10월 S&P500 주봉은 상단 채널선을 건드렸다. 이 지점은 시장
이 고평가되기 시작하는 영역으로 군중은 기꺼이 매수세로 돌아섰다. 아
마추어들은 상승 돌파를 좋아하며 상승세가 지속되기를 기대한다. 프로
들은 대부분의 돌파가 실패한다는 것을 알기에 역으로 매매한다.

나는 전고점을 가로지르는 수평선을 곧잘 그린다. 주가가 이 선을 위

그림 9.4 S&P500, 2005~2008년

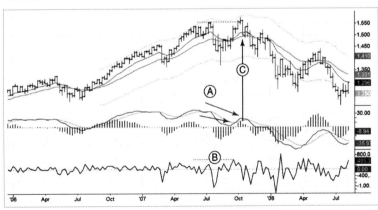

S&P500 주봉과 두 이동평균 및 오토 엔빌로프
MACD-히스토그램과 MACD 선들
강도 지수 - 13주 이동평균

로 돌파하고 핵심 지표들이 약세 다이버전스를 보이면 나는 최근 돌파가 일어난 선에 경고 표시를 붙인다. 종가가 이 선 아래에서 마감하자마자 거짓 돌파로 판단하고 마지막 고점 수준 부근에 보호 스톱을 설정하고 공매도를 시작했다.

:: 거품은 꺼진다: MGM 리조트 인터내셔널

2007년 10월 아시아에서 뉴욕으로 돌아오는 비행기에서 옆자리에 한 펀더멘털 헤지펀드 분석가가 앉았다. 그는 자신이 오락주 전문가라고 말했다. 나는 펀더멘털이 가장 좋은 오락 회사가 어디냐고 물었다. 그는 조금의 망설임도 없이 MGM 리조트 인터내셔널이라고 자신있게 대답했다.

우리 둘은 마카오에서 출발했는데 MGM 리조트 인터내셔널이 막 세계 최대 카지노인 베네치아를 개장했을 때였다. 옆자리 남자는 1층에서 본 거대한 회관이 카지노의 40%밖에 안 된다고 했다. 그 위에는 VIP실이 있고 VVIP실도 있다고 했다. 입장하려면 100만 홍콩달러, 그러니까 약 13만 달러를 예탁해야 했다. 그는 고객 중 일부가 MGM 리조트 인터내셔널 주식 수백만 주를 보유하고 있다면서 MGM 리조트 인터내셔널 주가가 상승할 것이라고 확신했다.

나는 노트북을 꺼내 MGM 리조트 인터내셔널 차트를 열었다. 청색 사선 화살표가 가리키는 지점이 우리가 대화를 나눈 시점이다(그림 9.5). 나는 남자에게 MGM 리조트 인터내셔널 주가가 100달러 부근에 있고 상승세는 참 보기 좋지만 나 같으면 가치 위, 즉 2가지 이동평균보다 높은 주가에선 매수하지 않겠다고 말했다. 그리고 나 같으면 가치 수준 아래로 되돌림할 때를 기다렸다가 그 지점에서 매수하겠다고 덧붙였다.

　지금 이 차트를 보니 내가 도대체 뭘 보고 그런 판단을 했는지 어이 없을 정도다. 거대한 상승세는 신중한 분석가조차 선입견을 갖도록 만든다. MGM 리조트 인터내셔널이 하락하기 시작하면서 나는 실제로 70달러보다 조금 아래에서 매수했는데 곧 스톱에 걸려 청산되었다. 지금 보니 엄청난 약세 다이버전스가 '공매도하라'고 외치고 있었다. MACD–히스토그램과 MACD선들(아주 강력한 신호들)이 약세 다이버전스를 보였고, 2007년 10월 강도 지수도 이 약세 다이버전스에 합류했다. 3관왕! 2009년 1월 빠른 13주 이동평균이 느린 26주 이동평균을 하향 교차했다. 이는 전형적인 약세 신호다. 그 뒤로는 쭉 내리막길이다. 이 책 1쇄를 끝맺은 짧은 문장을 그나마 위로로 삼는다. "진지한 트레이더들이 다 그렇듯 나 역시 계속 배우고 있고 오늘보다 내일 더 영리해질 권리가 있다."

그림 9.5 MGM 리조트 인터내셔널^{MGM}(미국의 호텔, 카지노회사), 2006~2008년

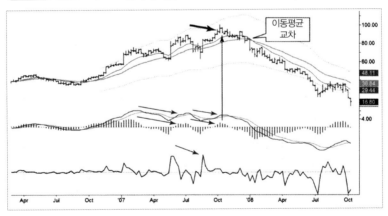

MGM 리조트 인터내셔널 주봉과 두 이동평균 및 오토 엔빌로프
MACD–히스토그램과 MACD 선들
강도 지수 – 13주 이동평균

그 남자를 다시 만나지는 못했지만 지금도 가끔씩 그와 그의 고객들이 생각난다. 나처럼 수천 주를 가진 사람은 돈을 좀 잃고 기분 좀 잡치고 만다. 하지만 주가가 100달러에서 한 자릿수로 추락한 주식을 수백만 주 보유하고 있다면 그야말로 재앙이다. 날아간 재산을 생각하면 그런 큰돈을 날린 사람은 다시는 주식시장에 발을 들여놓지 않을 것만 같다. 하지만 새로운 세대의 트레이더들이 시장에 들어오면 2007~2008년 겪었던 거품은 반복될 것이다.

:: 훨훨 나는 주식 공매도하기

매매를 기록할 때마다 나는 정보 제공처를 적어둔다. 시장을 조사하다가 발견했는지, 아니면 친구가 이메일을 보냈는지 등등 그 종목을 발굴하게 된 경위를 적어두는 것이다. 인튜이티브 서지컬을 공매도한 계기는 스파이크 그룹에서 가장 성공한 축에 속하는 데이비드 F.David F.의 권유 때문이었다.

매매를 계획하면서 나는 장기 차트(대개 주봉)에서 전략을 결정하고 단기 차트(대개 일봉)에서 전술을 결정한다. 인튜이티브 서지컬의 주봉 차트는 굉장한 신호 1개, 그저 그런 신호 2개를 보냈다(〈그림 9.6〉). 굉장한 신호는 청색 화살표로 표시한 거짓 상승 돌파다.

주가가 신고점을 돌파하지만 그 수준을 유지하지 못하고 돌파선 아래로 하락하면 많은 트레이더가 최근의 고점을 거부하고 주가가 반대 방향으로 변동하리라 예측한다는 의미다. 시장의 바닥에서는 반대 원리가 적용된다. 반등 전에 거짓 하락 이탈이 나타난다. 초보들은 돌파 방향으로

그림 9.6 **인튜이티브 서지컬**^{ISRG}(미국의 의료기기회사), 2006~2007년

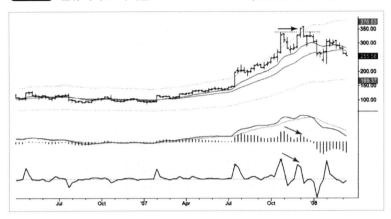

인튜이티브 서지컬 주봉과 두 이동평균 및 오토 엔빌로프
MACD-히스토그램과 MACD 선들
강도 지수 – 13주 이동평균

매매하지만, 프로들은 대부분의 돌파가 실패한다는 것을 알고 있다. 그래서 프로들은 돌파 반대 방향으로 매매한다.

굉장한 신호는 거짓 돌파가 보냈다면 2개의 어중간한 신호는 주간 MACD – 히스토그램과 강도 지수가 보냈다. 두 지표 모두 하락세를 보이지만 약세 다이버전스는 보이지 않는다. 진짜 약세 다이버전스는 2개의 뾰족한 봉우리로 이루어지는데 두 번째 봉우리는 앞선 봉우리보다 낮고 두 봉우리 사이에 0 선 아래로 하락한 일시락이 끼어들었다. 한 지표가 두 봉우리 사이에서 0 선을 교차해 음수 영역으로 들어가지 않으면 진짜 다이버전스가 아니다.

인튜이티브 서지컬의 일봉 차트는 멋진 삼중 약세 다이버전스를 보인다(〈그림 9.7〉). MACD – 히스토그램의 세 번째 고점은 너무 약해서 0 선 위로 올라오지도 못했다. 나는 이런 유형의 다이버전스를 "오른쪽 어깨 누

그림 9.7 인튜이티브 서지컬^{ISRG} 공매도로 현금 인출하기

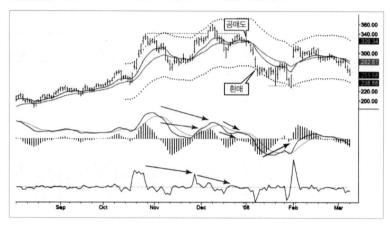

인튜이티브 서지컬 일봉과 두 이동평균 및 오토 엔빌로프
MACD-히스토그램과 MACD 선들
강도 지수 - 2일 이동평균

락"이라고 부른다. MACD선들, MACD-히스토그램, 강도 지수의 약세
다이버전스는 완벽한 3관왕이다.

　주봉 차트는 공매도를 제안하고 일봉 차트가 공매도를 힘껏 외치자 아
주 유력한 조합이 형성되었다. 주봉 차트와 일봉 차트가 상충하면 나는
매매하지 않는다. 하나가 살살 부추기고 다른 하나가 아주 강력하게 신
호를 줄 경우에만 매매한다.

　강세장의 전형적인 장세는 상승 후 이동평균으로 되돌림했다 또다시
상승한다. 약세장에서는 반대로 움직여 가치 영역이 붕괴된다(MGM 리조
트 인터내셔널을 상기하라). 약세장에서는 되돌림 후 다시 하락하므로 가치
구간으로 되돌림할 때 공매도 기회가 생긴다.

　이 차트에서 보듯 나는 가치 구간 부근에서 공매도했고 인튜이티브 서
지컬이 하단 채널선 부근인 과매도 영역으로 하락할 때 환매했다. 스파

이크 트레이드에서 이 종목을 골랐는데 스파이크 트레이드의 포지션 보유 기간은 대개 1주일 또는 1주일 이하다. 간혹 더 길게 가져갈 때도 있지만 나는 대체로 주말이면 스파이크 선정 종목을 청산하려고 한다. 이 차트에서는 하락세에서 공매도하는 내 시스템을 따라 가치 구간에서 공매도해서 가치 구간 아래에서 환매했다. 이런 단기간의 주가 변동을 포착하는 것이 주 추세를 처음부터 끝까지 타는 것보다 실용적이다.

내가 환매한 뒤 인튜이티브 서지컬 주가는 안정되었다. 나는 상승 갭이 발생하기 전에 두 번 더 낮은 주가에 공매도했다. 이는 동일한 매매 신호가 빈번하게 반복된 좋은 사례다. 12월의 천장에서 약세 다이버전스를 동반하는 거짓 상승 돌파가 나타나고 하락세가 이어졌다. 2월 강세 다이버전스를 동반하는 거짓 하락 이탈에 이어 주가는 급등했다.

:: 약세장은 가치를 파괴한다

경제 위기의 여파로 언론은 불황이 미친 타격으로 연일 도배되고 있었다. 뉴스는 연일 심각한 실업률과 파산 기업의 소식들을 보도했다. 〈그림 9.8〉은 약세장이 자본가들에게 어떤 타격을 입히는지 보여준다.

시어스 홀딩스 주식은 대부분 기관투자가들이 보유하고 있다. 2007~2009년 약세장에서 시어스 홀딩스는 200달러에서 40달러 아래까지 하락해 가치의 80%가 날아갔다. 가치의 95%가 날아간 MGM 리조트 인터내셔널에 비하면 약과지만 그래도 많은 사람이 피눈물을 흘렸다. 기관투자가들이 총애하는 이 종목의 엄청난 하락세를 검토하면서 개인 트레이더가 거대 기관들의 희생에서 이익을 취할 수 있는 방법을 살펴보자.

1. 1a. 2가지 약세 다이버전스를 동반하면서 강세장이 마지막 봉우리를 그리며 상승하고 거짓 상승 돌파가 발생해 강세장의 종말을 고했다. 현명한 트레이더는 이런 요란한 신호들에 매도하고 공매도에 돌입한다.
2. 빠른 13주 이동평균이 느린 26주 이동평균을 하향 돌파하면서 약세장을 확증한다.
3. 3a, 3b, 3c. 가치 구간으로 되돌림. 약세장은 일적선으로 진행되지 않는다.

하락세에는 간간이 반등이 끼어드는데 일부 반등은 꽤 가파르다. 반등

그림 9.8 기관이 선호하는 종목 공매도하기

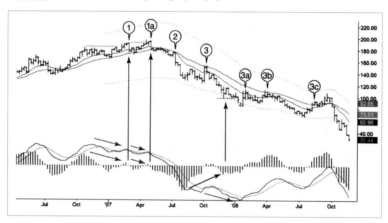

시어스 홀딩스(SHLD: 미국의 백화점, 소매회사) 주봉과 두 이동평균 및 오토 엔빌로프
MACD-히스토그램과 MACD 선들

3c를 보자. 주가가 중기 저점에서 50% 가까이 상승했다가 다시 하락했다. 공매도 포지션을 보유하고 있는데 이 같은 반등에 아무 조치도 취하지 않고 진득하게 앉아 있을 수 있을까. 단기 매매가 스트레스가 적고 대체로 수익이 좋은 이유를 알 수 있다.

3b 뒤에 엄청난 하락세가 '버스커빌 가 사냥개' 신호를 깜박인다. 이 신호(《주식시장에서 살아남는 심리 투자 법칙》 참고)는 신뢰할 만한 패턴이 통상의 결과를 내지 못할 때 발생한다. MACD‒히스토그램의 강세 다이버전스는 기술적 분석에서 최상의 신호로 손꼽힌다. 이 다이버전스 이후에 주가가 두 번째 바닥에서 반등한다. 주가가 반등에 실패하고 마지막 저점을 이탈하면 시장의 표면 아래에서 펀더멘털이 변하고 있다는 의미다. 이 시점에서는 매도뿐 아니라 마지막 바닥을 이탈할 때 역으로 공매도해야 한다. MACD‒히스토그램은 다이버전스를 보이지만 MACD 선들이 다이버전스를 보이지 않고 신저점으로 하락한다. 이들 두 지표가 서로 엇갈리면 진입하지 않는 게 상책이다.

이 차트를 자세히 살펴보기 전에 '큰 그림'을 먼저 그려보자.

● 강력한 약세장이 가치를 파괴하면 시장의 하락폭은 적정 예상을 훨씬 뛰어넘는다. 강세장 역시 마찬가지로 시장의 상승폭은 적정 예상을 훌쩍 뛰어넘는다. 주 강세장과 약세장은 경제의 주요 추세뿐 아니라 대중 심리의 큰 파도를 반영한다. 대중의 힘은 개인의 힘보다 훨씬 강력하다. 주 추세의 힘은 아주 광활해서 그 범위는 우리의 상상을 비웃는다. 따라서 최종 목표를 예측하는 것은 무척 어렵다.

● 장기 차트를 보면 얼핏 포지션으로 주 추세를 타는 게 쉬워 보인다. 매수 후 보유(이 경우 공매도 후 보유)만 하면 바로 큰돈을 거머쥘 수 있

을 것 같다. 하지만 사실은 그 반대다. 주 추세를 처음부터 끝까지 타는 건 지극히 어렵다. 그러려면 초인적인 인내심이 있어서 추세가 조정을 받는 사이 나타나는 큰 폭의 하락에도 끄떡하지 않아야 한다.

훨씬 현실적인 접근법은 주봉 차트를 이용해 추세를 파악하고 일봉 차트로 전환해 주봉 차트의 추세 방향으로 단기매매하는 것이다.

개인 트레이더는 1가지 점에서 기관투자가보다 우위에 있다. 바로 공매도할 수 있다는 것이다.

수많은 기관 펀드가 정관으로 공매도를 금지하고 있다. 2007년 여름 나는 아시아에서 엄청난 규모의 자금을 운용하는 펀드 매니저와 조찬을 함께하면서 회의를 했다. 나는 그에게 강세장이 고점에 가까웠고 약세장이 다가오고 있음을 나타내는 내 차트를 보여주었다. 그는 직원에게 고개를 돌리더니 우스갯소리로 이렇게 말했다. "보너스 날아가게 생겼네. 방어적 포지션을 취해야겠어." 그는 수천만 달러를 굴렸지만 공매도가 허용되지 않아서 이런 상황에도 손 놓고 있어야 했다.

개인 투자자에게는 이런 금지 조항이 없다. 개인 투자자는 약세장에 공매도로 수익을 취할 수 있다. 기관투자가들이 매수 포지션을 보유한 채 반전을 기대하든지 아니면 필사적으로 '경기 방어주(하락 장세에서 일정 수준 이상으로 주가를 유지하는 주식 또는 시장의 경기 변동에 민감하지 않은 주식-역주)'를 찾는 사이 개인 투자자는 주가가 반등할 때를 틈타 공매도하고 다시 하락할 때 환매한다. 이제 이 원리를 2007~2009년 약세장의 시어스 홀딩스에 적용해보자.

:: 주 하락세의 주가 변동 때 진입하고 빠져나오기

주봉 차트의 약세 다이버전스가 매도 및 공매도 신호를 보냈다. 이 강력한 신호들은 두 이동평균의 하락 교차로 확인된다. 장기 차트가 매도 및 공매도 전략을 명령하면 일봉 차트로 가서 진입과 청산 전술을 짠다. 이것이 삼중창 시스템의 핵심이다.

〈그림 9.9〉은 약세장이 시작된 후 6개월간 시어스 홀딩스의 주가 추세인데 주당 180달러 조금 아래에서 100달러로 하락하는 모습이 보인다. 아주 단순한 전술을 써보자. 일일 MACD-히스토그램을 살펴 MACD-히스토그램이 0 선 위에서 하락할 때마다 공매도한다. 이런 상승세의 반전은 주요 하락세가 다시 시작될 것이라는 신호다. 주가가 과매도 수준인 일봉 차트의 하단 채널선 부근으로 하락할 때 공매도 포지션의 차익

그림 9.9 **MACD 반전 시스템**

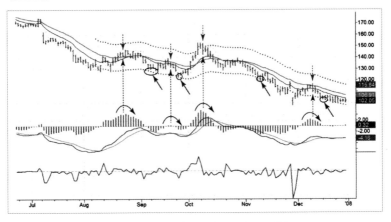

시어스 홀딩스(SHID) 일봉(2007년 12월 31일까지)과 두 이동평균 및 오토 엔빌로프
MACD-히스토그램과 MACD 선들
강도 지수 - 2일 이동평균

을 실현하라.

이 차트의 수직 점선 화살표 지점에서 4번의 공매도 신호가 보인다. 각 신호는 실제 고점을 찍은 날 발생했는데 정확도가 아주 높았다. 처음 두 번의 환매 신호는 시기적절했고 세 번째, 네 번째 신호는 너무 빨라서 큰 수익을 놓치고 말았다.

이는 완벽한 시스템과는 거리가 멀다. 하지만 꽤 괜찮은 시스템이다. 주봉 차트가 전략적인 공매도 신호를 보내는 소수 종목을 선별해서 해당 종목의 일봉 차트로 전환해 이 시스템을 사용하면 효과적이다.

완벽주의는 훌륭한 매매의 적이라는 사실을 깨달아야 한다. 완벽주의를 실현할 수 있으면 스스로 대단하다는 생각이 들겠지만, 완벽주의는 잊어버려라. 돈 벌자고 하는 게임이지 자존심 세우려고 하는 게임이 아니다. 절대적인 고점, 절대적인 바닥을 포착할 수는 없다는 사실을 인정하라. 추세 중앙에서 지속적으로 어느 정도 수익을 내면 거기에 만족하라.

이제 시어스 홀딩스의 다음 일봉 차트로 가서 2008년에는 시스템이 어떻게 작동했는지 살펴보자.

:: 하락 채널에서 매매하기

때로는 큰 폭의 상승세나 하락세를 막 타기 시작한, 즉 추세가 막 궤도에 오른 주식을 포착할 수도 있다. 모든 주식이 그런 건 아니지만 이 같은 패턴을 식별하면 현금인출기에서 돈을 빼내듯 수익을 그러모을 수 있다. 매매가 쉽다는 인상을 줄까 봐 이런 표현을 하는 게 꺼려진다. 조만간 주식이 궤도에서 이탈하면 이 패턴은 사라지고 마지막 진입한 포지션은 손실을 보게 마련이라는 사실만은 명심하기 바란다. 이런 이유로 매매 작전을 펼치는 도중에는 매매 규모를 안정적으로 유지하고 늘리는 것을 피해야 한다. 판돈을 계속 키우면 판돈이 가장 많이 걸려 있을 때 추세가 끝나 손실을 입어 그동안 얻은 수익을 다 날려버릴 수도 있다. 반드시 명심하라. 완벽주의가 훌륭한 매매의 적이라면 탐욕은 성공의 적이다.

이들 일봉 차트 — 현재 차트, 이전 차트, 후속 차트 — 모두 주봉 차트의 주 하락세를 바탕으로 검토해야 한다. 나는 주봉 차트를 살피고 거기서 전략을 결정하기 전에는 일봉 차트를 검토하지 않는다.❶ 트레이더라면 남다른 무기가 있어야 한다. 내 경우, 다른 사람들은 시장을 한눈에 훑어보지만 모든 종목을 최소한 2가지 시간 단위로 살펴본다는 것이 중요한 무기다.

〈그림 9.10〉에선 2가지 단기 매매 시스템이 떠오른다. 하나는 위에 설명한 MACD 반전 시스템이다. 이 시스템의 공매도 신호들은 적색 수직 화살표로 표시되어 있다. 환매 신호는 하단 채널선의 녹색 동그라미로 표시되어 있다.

또 하나의 시스템은 '잔 파도를 타면서 공매도하기Shorting In a Groove'로 더 예리한 타이밍과 노련함, 더 세심한 주의가 요구된다.

일봉 하락세가 제대로 자리 잡으면 하락세는 궤도에 오른 듯 순조롭게 진행된다. 주가는 계속 두 이동평균 사이의 가치 구간으로 상승했다가 채널 하단선 부근의 과매도 수준으로 하락하기를 반복한다. 공매도 기회

---

❶ 고객들이 가끔 차트를 첨부한 이메일을 보내면서 종목에 대한 의견을 묻는다. 일봉 차트만 보내면 나는 늘 하던 대로 이렇게 답장을 보낸다. "주봉 차트 먼저 분석하지 않으면 일봉 차트를 보지 않습니다."

들은 적색 사선 화살표로 표시되어 있으며 환매할 지점은 녹색 직사각형으로 표시된 곳이다.

노련한 트레이더들도 처음 한두 번은 신호를 놓칠 수 있지만 그 이후에는 패턴이 아주 또렷하게 보여 누구나 조금만 신경쓴다면 성공적인 매매를 실현할 수 있다. 가치 구간에서 공매도하고, 다음 봉의 고점 바로 위에 스톱을 설정하고, 하단 채널선에서 차익실현 주문을 내면 된다.

어떤 지점에서 하락세가 바닥을 탈출해 강력한 반등이 시작되어 스톱을 건드릴 수도 있다. 주가가 상궤를 벗어나면 다른 게임을 찾아보라는 신호다. 해마다 꾸준한 수익을 내는 시스템은 없다. 그러나 추세가 순조롭게 진행될 때는 그 기회를 최대한 이용해야 한다. 작동을 멈추었다고 해서 시스템을 폐기하면 안 된다. 시스템을 머릿속 선반 위에 보관했다가 장세가 바뀔 때를 기다려야 한다. 조만간 이 시스템을 다시 쓸 때가 분명히 올 것이기 때문이다.

그림 9.10 잔 파도를 타면서 공매도하기

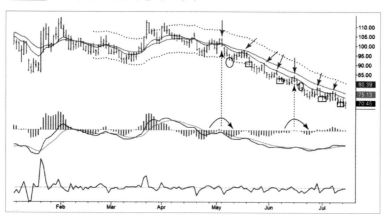

시어스 홀딩스(SHLD) 일봉(2008년 7월 15일까지)과 두 이동평균 및 오토 엔빌로프
MACD-히스토그램과 MACD 선들

시어스 홀딩스의 일봉 채널이 점차 좁아지는 것에 유의하라. 채널의 높이는 2007년 20달러를 넘었다가 2008년 중반 주가 하락의 여파로 10달러보다 좁아졌다.

엔빌로프라고도 부르는 채널은 수익 목표를 설정하는 데 있어 유용한 도구다. 채널의 높이는 낙관주의와 비관주의, 조증과 울증의 폭을 반영한다. 일봉 채널의 30%를 포착하면 A 등급이다. 물론 A+, A++을 받으려고 노력한다고 해서 나쁠 건 없다. 때로는 이런 노력이 도움이 된다. 하지만 이 점을 명심해야 한다. 높은 점수를 받으려면 매매를 더 길게 끌고 가야 한다. 즉, 오픈 포지션을 보유해야 한다. 그리고 여기에는 리스크가 도사리고 있다.

트레이더는 상인이고 포지션은 상품이라고 하자. 소매상들은 대부분 회전이 빨라야 사업이 괜찮다고 말한다. 싸게 사서 비싸게 팔거나 비싸게 공매도해서 싸게 환매해 상품이 계속 회전돼야 한다. 아주 큰 리스크를 지고 포지션을 보유해 A++ 매매를 하는 것보다는 A 매매를 취하는 편이 더 많이 배울 수 있다.

:: 예기치 못한 상황에 대비하기

태산이 높다 하되 하늘 아래 뫼이로다. 약세장이 아무리 강해도 제로 수준까지 내려가지는 않는다. 투자자와 트레이더들은 고통, 환멸, 절망에 빠진 채 계속 매도한다. 자금력이 좋고 보다 멀리 보는 투자자들이 주식을 매입하면서 매도 주식 공급량이 서서히 줄기 시작한다. 이것이 하락 압력을 완화시키며 하락세가 서서히 멈춘다. 한편 영리하게도 싼값에

그림 9.11 하락 채널, 이후 강세 다이버전스

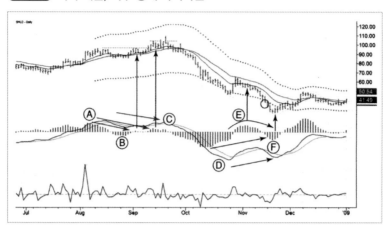

시어스 홀딩스(SHLD) 일봉(2009년 1월 3일까지)과 두 이동평균
MACD-히스토그램과 MACD 선들
강도 지수 - 2일 이동평균

사 들이는 사람들이 슬슬 시장으로 유입되기 시작한다. 고통에 빠진 매
도자들의 비관적인 심리가 시장 전체에 퍼지면 다음 강세장의 토대가 형
성된다.

　시어스 홀딩스의 2008년 일봉 차트를 보면 2008년의 9월 약세장 반
등이 A-B-C의 약세 다이버전스 속에 끝나는 양상을 볼 수 있다(〈그림
9.11〉). 주가는 회복해 신고점으로 상승하지만 MACD-히스토그램은 A에
서 솟아오른 봉우리를 그렸다가 B에서 0 아래로 하락한 뒤 C에서 다시
미세하게 힘없이 반등했다. 이 약세 다이버전스는 살짝 솟아오른 C 때문
에 조금 복잡 미묘하다.

　고점 C에서 두 번의 매도 신호가 있었는데 모두 MACD-히스토그램
이 하락하면서 신호가 발생했다. 첫 번째 신호는 실패했고, 두 번째 신호
조차도 신호가 발생한 후에 주가가 더 미끄러지기 전에 단기 반등했다.

이 최후의 반등으로 스톱을 좁게 설정한 사람들은 퇴출되었다. 초보와 프로의 가장 큰 차이는 초보는 스톱에 걸린 뒤 떠난다는 것이다. 프로들은 어느 정도의 주가 등락이 있으리라 예측한다. 프로들은 여러 차례 재진입을 시도하는데, 그러다가 소액 손실을 봐도 그다지 개의치 않는다.

11월 매도세가 복수를 감행하자 'MACD 반전 공매도' 신호가 나왔다. 그러나 이 무렵 더 중요한 패턴이 떠오르기 시작한다.

10월 MACD-히스토그램의 바닥 D를 살펴보자. MACD-히스토그램의 기록적인 하락폭은 매도세가 아주 강력하다는 표시다. 이런 기록적인 바닥 뒤의 반등은 단명하는 경향이 있다. 아무튼 반등이 11월 MACD-히스토그램을 0 선 위로 끌어올렸다. 이는 매도세의 등짝이 부러졌다는 의미다!

지수나 주가의 MACD-히스토그램이 기록적인 바닥을 그린 뒤에 0 선 위로 반등할 때마다 나는 관심 종목에 티커를 붙여 표시한다. 다음 바닥을 기다렸다가 지표(MACD-히스토그램)가 바닥을 높이면 다시 매수한다. MACD-히스토그램의 강세 다이버전스는 기술적 분석에서 가장 강력한 신호에 속한다. 11월 말 주가가 신저점으로 하락하지만 MACD-히스토그램은 F 수준으로만 하락한다. 여기서 MACD-히스토그램이 상승하면서 강세 다이버전스가 완성되고 뒤늦게 매도세에 합류한 이들은 주식이 물린다. 이 다이버전스가 얼마나 분명한지 보라. MACD-히스토그램과 MACD 선들은 어떤 속임수 신호나 잡음 없이 아주 질서정연하게 다이버전스를 보인다. 내 경우 주봉 차트의 상태를 무시하게 되는 유일한 신호가 있는데, 그것은 바로 일봉 차트의 MACD 다이버전스다. 주봉 임펄스가 아직 적색이라도 일봉 차트가 강세 다이버전스를 보이면 나는 매수에 나선다. 물론 최근 저점 부근에 스톱을 두어 포지션을 보호한다.

:: 강세장에 저항 없고 약세장에 지지 없다

지금은 옛날 얘기가 되었지만 은행들이 아무 때나 대출을 남발하던 시절이 있었다. 최근 은행들의 비행을 지적하는 책들이 쏟아지고 있는데 그레고리 주커만Gregory Zuckerman의 《최고의 거래The Greatest Trade Ever》, 마이클 루이스Michael Lewis의 《빅 쇼트The Big Short》 등이 이런 책들이다. 2007년 은행들은 연쇄 파산 사태에 빠졌는데, 한마디로 자업자득이었다. 2008년 일부 은행은 합병되거나 인수되었고 일부는 구제금융을 신청했다. 뱅크오브아리카도 이런 운 나쁜 은행 중 하나였다.

〈그림 9.12〉는 몇 가지 중요한 메시지를 던진다. 뱅크오브아메리카 주가는 55달러 부근의 마지막 봉우리를 향해 가면서 기력이 다 빠지고 있었다.

그림 9.12 **뱅크오브아메리카**BAC(미국 금융회사), 2005~2009년

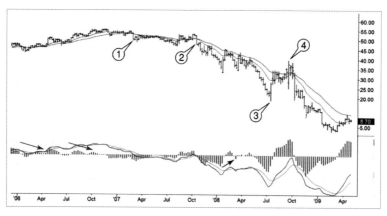

주봉과 두 이동평균
MACD-히스토그램과 MACD 선들

- 적색 사선 화살표로 표시한 몇 차례의 약세 다이버전스를 주목하라.

- '1'로 표시된 지역에서 빠른 13주 이동평균이 느린 26주 이동평균보다 하락하면서 약세장을 확증했다. 뱅크오브아리카는 이 지점 위로 다시는 반등하지 못했다. 2007년에도, 2010년에도 단 하루도 반등하지 않았다.

- '2'는 속임수 신호로 빠른 이동평균이 느린 이동평균 위로 상승한 유일한 주였으나 이후 다시 하락했다. 이는 어떤 패턴도 완벽하지 않으며 때때로 발생하는 속임수 신호는 매매에서 통상적인 리스크라는 것을 보여준다.

- 몇 번의 급격한 반등으로 하락세가 일시적으로 방해를 받았다. 가장 강력한 반등으로 뱅크오브아리카 주가가 '3' 지점에서 '4' 지점으로 상승하는데 두 달도 못 되어 주가가 19달러에서 39달러로 상승했다. 약세장 중간에서 주가가 잠시 2배 넘게 뛰었다가 다시 한 자릿수로 주저앉았다! 이래도 약세장 내내 공매도 포지션을 유지하고 싶은가?

주식이 물린 가련한 공매도 보유자들이 처음에는 질질 끌다가 공황 상태에 빠져 앞다투어 환매에 나서면 약세장 내의 반등은 아주 급격해지는 모습을 보인다. 자포자기한 공매도자들이 없어지면 다시 하락세가 시작된다.

지속적인 약세장으로 뱅크오브아메리카 주가는 중기 고점인 39달러 부근에서 주당 3달러까지 폭락했다. 다시 한 번 말하지만 주봉 차트에서 전략을 결정하고 일봉 차트에서 이를 결행해야 한다. 뱅크오브아메리카의 주봉 차트를 다시 살펴보자. 이 차트는 전략의 방향을 알려준다. 그런 뒤 단기 일봉 차트로 돌아가 진입과 청산 전술을 수립해야 한다.

주봉 차트는 이토록 절망스러운데 일봉 차트는 어떤 정보를 주는지 보자. 하락 기간에 간간이 끼어든 급등세가 뱅크오브아메리카 주가를 20달러 밑에서 40달러 부근까지 끌어올렸다는 것에 유의하라. 이 상승세에 수많은 공매도 포지션 보유자와 매도세가 퇴출되고 주가는 다시 총알을 탄 듯 미끄러져 한 자릿수까지 내려갔다.

먼저 뱅크오브아메리카 일봉 차트(〈그림 9.13〉)는 약세장의 반등이 코앞에 있다는 요란한 경고음을 보냈다. 강세 다이버전스 A－B－C를 살펴보자. 기술적 분석에서 가장 강력한 신호에 속하는 강세 다이버전스가 던지는 메시지는 명확하다. "매수하거나 관망하라. MACD－히스토그램이 강세 다이버전스를 보이는데 계속 공매도하는 건 어리석은 행동이다." 압도적 세력이 내가 있는 곳으로 밀려오면 삼십육계 줄행랑쳐라!

이어지는 닷새 동안의 반등에서 공매도 포지션 보유자는 대부분 떨어

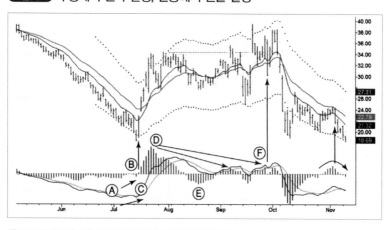

그림 9.13 주봉에서 전략 결정, 일봉에서 전술 결정

뱅크오브아메리카(BAC) 일봉과 두 이동평균 및 오토 엔빌로프
MACD－히스토그램과 MACD 선들

져 나갔다. 나머지 공매도 포지션 보유자들은 거짓 상승 돌파에 숨을 헐떡거리며 버티고 있었다. 한편 MACD-히스토그램은 약세 다이버전스 D-E-F를 축적했다. 약세 다이버전스가 완성되자 주가는 급락했다. 화면 오른쪽 끝에서 MACD 반전 시스템이 다시 작동해 공매도 신호를 보냈다.

주봉 차트가 전략의 방향을 제시한다면 일봉 차트는 언제 진입하고 언제 나오며, 언제 관망할지를 훨씬 더 구체적으로 알려준다. 매매를 계획할 때 2가지 시간 단위로 시장을 검토하면 이런 장점이 있다.

주봉 차트를 검토해 전략을 결정하라. 일봉 차트부터 시작하면 선입견이 생겨서 매매 계획이 방해를 받는다. 오염되지 않은 맑은 눈으로 장기 차트를 보라. 전략을 결정하고 적어라. 그런 다음 비로소 단기 차트로 가서 진입과 청산을 계획하라.

:: 누구를 위하여 종은 울리나 또는 사냥개는 두 번 짖는다

프래디맥의 대출은 한때 전형적인 미국 음식인 사과파이에 필적하는 미국의 상징이었다. 하지만 가련한 프래디맥은 엄청난 굴욕을 당하며 전직 임원들이 해고되었고, 프래디맥 주식은 페니스톡penny stock(초저가의 투기주-역주)으로 조롱 받고 있었다. 2007~2009년 약세장에서 신용 거품이 꺼졌다고 본다면 프래디맥은 그 재앙의 진앙에 있었다.

〈그림 9.14〉는 느리게 진행하는 폭락 장세를 보여준다. 2006년 70달러를 상회하던 주가는 차트의 오른쪽 끝에서 76센트로 폭락했다. 기술적

신호들을 검토하면서 이 폭락 사태에서 어떤 교훈을 얻을 수 있는지 살펴보자.

'A'로 표시된 지점에서 빠른 이동평균이 느린 이동평균을 하향 돌파하면서 약세장을 확인했다. 당시 프래디맥은 여전히 60달러가 넘는 주가에 거래됐다. 이 신호는 하락 기간 내내 유효했다. 이 차트의 핵심 교훈은 이것이다. 약세장에서는 롱(매수) 포지션을 보유하지 마라! 주봉 차트에서 이동평균이 교차하는 것을 보면 롱 포지션을 청산해야 한다. 이 기본적인 규칙을 따른 트레이더라면 지난 10년 동안 언론을 도배한 끔찍한 재앙을 피할 수 있었을 것이다. 프래디맥, 엔론Enron, 글로벌크로싱Global Crossing(컴퓨터 네트워킹 서비스를 제공하는 통신회사)을 비롯해 수많은 기업을 생각해보라.

2007년 주간 MACD-히스토그램은 두 번 0선 위로 반등을 시도했지만, 두 번 다 0선 위에서 하락했다. 이는 약세 메시지를 한층 견고하게

그림 9.14 프래디 맥FRE(미국 연방주택저당공사의 약칭으로 미국의 2대 모기지 업체)**의 파산**

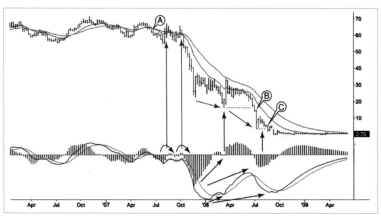

프래디맥의 주봉과 두 이동평균
MACD-히스토그램과 MACD 선들

하는 신호였다. 이런 장세는 약세장이므로 공매도하고 포지션을 유지해야 한다. MACD 하락은 적색 수직선으로 표시되어 있다.

MACD의 강세 다이버전스는 아주 드문 신호로 한 종목의 주봉 차트에서 몇 년에 한 번 정도 나타난다. 근본적으로는 실패한 강세 다이버전스인 버스커빌 가의 사냥개 신호❶는 더욱 드물다. 하나의 차트에서 사냥개 두 마리가 연달아 나타나는 일은 사실 금시초문이다. 그런데 프래디맥의 주가 차트에서 이런 현상이 발생했다.

녹색 수직 화살표는 강세 다이버전스들이다. 첫 번째 다이버전스는 2008년 3월에 완성됐지만 2주 만에 반등이 흐지부지됐다. 7월 B 지점에서 프레디 맥은 3월 저점을 이탈해 다이버전스를 무효화하고 마지막 바닥 아래로 하락하면서 버스커빌 가의 사냥개 공매도 신호를 보냈다. 주가는 두 자릿수에서 4달러까지 하락했다.

두 번째 강세 신호가 바로 이어지는데 MACD - 히스토그램과 MACD선 모두 합세한다. 프래디맥은 여전히 반등에 실패하고 'C' 지점에서 주가는 7월 바닥인 3.89달러보다 더 하락해 도저히 믿기 어려운 수준인 46센트까지 미끄러졌다. 그러자 연방정부가 프레디맥을 구제하기 위해 개입했다.

버스커빌 가의 사냥개 두 마리가 연이어 신호를 보내는 일은 극히 드물다. 언제 이런 일을 봤는지 기억조차 나지 않는다. 세상에 '절대'라는 건 없다는 게 내가 이 차트에서 얻은 교훈이다. 통계학자들은 주식시장에서 "예외적으로 크게 하락하거나 상승할 확률이 작지 않다"고 말한다. 말인

---

❶ 《심리투자 법칙》에서 언급한 이 신호는 주로 신뢰할 만한 패턴이 실패할 때 발생한다. 강세 다이버전스가 보이는데 시장이 반등하지 않고 하락한다면 시장 이면의 펀더멘털에 문제가 있다는 것이므로 역으로 공매도에 나서야 한다.

즉 절대 일어날 것 같지 않은 일을 찾고 싶다면 시장을 살펴보면 된다.

이 차트가 주는 또 다른 교훈은 주가가 "너무 낮다"고 말하지 말라는 것이다. 70달러던 프래디맥 주가가 20달러에서 바닥 탈출을 꿈꾸자 '너무 낮아' 보였다. 5달러가 되자 역시 너무 낮아 보였고, 3달러가 되자 또 너무 낮아 보였다. 하지만 3달러에 주식을 매수한 사람도 앞으로 85%나 주가가 빠질 운명이었다. '너무 낮은' 것은 없다. 지표의 강세 신호를 본 뒤 지지선 위에서 매수하려고 마음먹었다면 보험을 확실히 들어놓아야 한다. 즉, 엄중한 스톱으로 포지션을 보호해놓아야 한다.

지금도 사람들은 내게 묻는다. 프래디맥 주가가 너무 낮은가요? 매수할까요? 나는 연방정부가 관리하는 한 이 주식은 쳐다보지도 말라고 대답한다. 기술적 분석은 대중 심리를 연구하는 것이다. 소규모 위원회가 기업의 운명을 결정하는 행위는 기술적 도구를 써서 측정할 순 없다. 정부가 개입하면 기술적 분석은 무용지물이 된다. 내부 정보를 잘 아는 로비스트 친구가 있으면 프래디맥에 대해 차트보다 더 유용한 조언을 줄 것이다. 단, 그 사람과 당신이 법정에서 상대에게 서로 불리한 증언을 할 수도 있다는 건 명심하라!

:: 버핏 씨는 너무 빨리 매수한다

워런 버핏은 투자의 귀재로 명성이 자자하다. 그는 어린 시절 신문 배달과 중고 골프공 판매로 자금을 모아 주식시장에 투자해 세계적인 갑부가 되었다. 똑똑했지만 불행했던 아이가 크게 성공해 명성을 얻게 된 워런 버핏의 성장 스토리는 앨리스 슈로더Alice Schroeder가 쓴 《스노볼: 워런 버핏과 인생경영The Snowball》(랜덤하우스, 2009)에 흥미진진하게 설명되어 있다.

나는 버핏을 존경하지만 맹목적으로 숭배하는 것은 아니다. 크게 보면 성공했지만 그 역시 실수도 저질렀다. 그가 고른 종목 중에도 잘 풀리지 않은 것이 있다. 인간은 성공보다 실패에서 더 많이 배우는 법이다.

2008년 말 미국 주식시장은 대폭락을 향해 가고 있었다. 베어스턴스는 헐값에 매각되었고 투자자들은 빈털터리가 되었다. 리먼브러더스는 공중분해될 거라는 흉흉한 소문이 돌았다. 공포와 의심이 전염병처럼 퍼졌고 어떤 기업도 안전해 보이지 않았다. 이번에는 또 어떤 공룡이 도산할지 모두 불안에 떨었다. 프래디맥의 차트를 보았으니 알 것이다.

온통 어두운 전망뿐인 가운데 반가운 소식이 들렸다. 버핏이 제너럴 일렉트릭에 30억 달러를 투자했다는 것이다. 버핏을 끌어들이기 위해 제너럴 일렉트릭은 그의 투자금에 연이자 10%를 지불했다. 이는 당시 대출이자인 5.5%의 두 배에 가까운 이자율이었다. 덧붙여 버핏은 주당 22.25 달러에 30억 달러에 달하는 워런트warrant(보통주를 특정 가격에 인수할 수 있는 권리─역주)를 받았다. 나는 즉시 컴퓨터 화면에서 제너럴 일렉트릭 주가 차트를 점검했다《그림 9.15》.

버핏의 30억 달러 투자가 발표된 시점은 이 차트에서 'B' 지점이다. 제너럴 일렉트릭은 1년 가까이 꾸준히 하락세를 보이고 있었다. 주봉 차트 A 지점에서 거짓 상승 돌파와 약세 다이버전스가 맞물리면서 환상적인 매도 신호를 보냈다. 2달 뒤 주봉 차트의 이동평균이 하향 교차하는 약세 신호가 보이고 그 뒤로는 쭉 내리막길이다. 차트에 둥근 화살표로 표시된 곳에서 이따금 반등해 MACD 반전 시스템 신호가 발효됐다.

버핏이 투자를 발표한 날, 차트에서 주봉 임펄스 시스템이 적색이 된

그림 9.15 약세를 보이는 제너럴 일렉트릭^{GE}(미국의 첨단 기술, 서비스, 금융 기업)

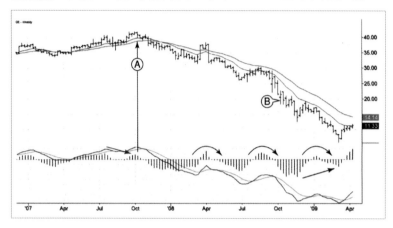

제너럴 일렉트릭 주봉과 두 이동평균
MACD-히스토그램과 MACD 선들

것이 두드러지게 눈에 띄었다. 나는 모든 매매에 임펄스 시스템을 적용한다. 시간 단위를 막론하고 모든 시장은 2가지 변수로 규정할 수 있다. 하나는 빠른 이동평균의 기울기로 나타나는 관성, 하나는 MACD-히스토그램의 기울기로 나타나는 힘이다. MACD 현재 봉이 이전 봉보다 상승하면 매수세가 힘을 얻고 현재 봉이 이전 봉보다 하락하면 매도세가 우위를 점하고 있는 것이다. 관성과 힘이 모두 상승하면 내 소프트웨어에서는 주가 봉이 녹색으로 변한다. 이는 매수 또는 관망만 가능하며 공매도는 금지된다는 신호다. 관성과 힘이 모두 하락하면 주가 봉은 적색이 되며 공매도와 관망은 가능하지만 매수는 불가능하다는 신호다. 임펄스 시스템은 무엇을 하라고 지시하지는 않지만 하지 말아야 할 행위는 알려준다. 임펄스 시스템은 검열관 역할을 해서 주식시장의 많은 사람에게 결여된 통제력을 제공한다는 점에서 유용하다.

버핏이 제너럴 일렉트릭을 매입한 그 주, 임펄스 시스템은 적색이었다. 만약 투자의 대가인 버핏이 내게 의견을 구했다면 나는 기다리라고 했을 것이다. 3주 뒤 제너럴 일렉트릭 주봉 차트는 적색에서 청색으로 변했지만 MACD-히스토그램은 사상 최저치를 기록했다. 역대 최저점은 강력한 약세 신호로 이후 주가는 대체로 이 바닥들로 재추락한다. 주가는 단기간 반등할 수 있지만 동일하거나 더 낮은 수준으로 하락하는 경향이 있다. MACD-히스토그램이 두 번째 시도에서 바닥을 낮추면 강세 다이버전스로, 이는 기술적 분석에서 가장 강력한 매수 신호에 속한다. 내가 제너럴 일렉트릭을 매수한 2009년 3월이 바로 그랬다. 나는 제너럴 일렉트릭에 주목하게 해준 버핏에게 감사했다. 버핏의 제너럴 일렉트릭 매수 소식이 들리기 전에 나는 이 회사에 전혀 관심이 없었다.

버핏을 비난하려는 게 아니다. 버핏이 제너럴 일렉트릭에 투자하는 데는 정치적 이유나 기업 관련 사유가 있었을 것이다. 하지만 제너럴 일렉트릭이 버핏에게 제공한 달콤한 조건은 조금 더 늦었다면 불가능했을 것이다. 버핏이 제너럴 일렉트릭을 매입한 뒤로 1년이 지날 때까지 제너럴 일렉트릭의 주가는 여전히 버핏의 매입가보다 낮았다.

요는 펀더멘털이 아무리 훌륭해도 차트를 살펴보고 기술적 분석의 기본 원리들 일부를 적용해봐야 한다는 것이다. 최고의 통찰은 펀더멘털 지식과 기술적 분석의 교집합에서 나온다.

:: 불난 집에 부채질 좀 할까요?

이 장을 쓰는 도중 스파이크 그룹 회원인(스파이크 트레이드의 엘리트 회원)

그랜트 쿡Grant Cook에게 이메일을 받았다.

　진짜 눈에 띄는 건 이 약세장이 2배, 3배 레버리지 ETF의 도입과 일치한다는 겁니다. 이 매매 도구는 새로 도입된 데다 변동성이 커서 엄청난 변동폭을 초래했죠. 아마 가장 악명 높은 변동성은 프로셰어즈 울트라 파이낸셜UYG(미국 금융업종 2배 레버리지 ETF-역주)과 프로셰어즈 울트라숏 파이낸셜SKF(미국 금융업종 2배 숏 레버리지 ETF-역주) ETF, 그리고 프로셰어즈 울트라 리얼 이스테이트URE(미국 부동산업체 2배 레버리지 ETF-역주)와 프로셰어즈 울트라숏 리얼 이스테이트SRS(미국 부동산업체 2배 숏 레버리지 ETF-역주) ETF일 겁니다. SKF는 주가 붕괴 시 300달러까지 치솟았고 헤지펀드 매니저들이 대거 몰려들었죠. 지금은 20달러 밑에서 거래되고 있습니다. 300달러까지 올랐던 SRS는 지금 6달러 언저리에서 거래되고 있습니다. 이런 움직임은 이 거래 수단들이 레버리지 상품이라는 점과 시간이 지나면서 비정상적으로 가치가 감소한 것 때문에 과장된 게 분명해요. 그런데 OM 그룹OMG(미국 화학약품 및 첨단재료 생산업체-역주)! 움직임이 굉장하죠! 신흥시장들 역시 전면적인 디플레이션 위협에 대응하면서 몹시 출렁였습니다.

　긍정적인 측면을 보면 미 연방정부가 시장을 얼마나 지원했는지가 눈에 띄네요. 언론이고 대중이고 월스트리트를 증오하고 적대시하고 있지만 연방정부는 지원을 멈추지 않았어요. 저금리, 자사주 매입 등등 말이죠. 회복 반등세가 예상보다 훨씬 강했어요. 나를 비롯해 누구도 이 정도 반등은 예상하지 못했습니다. 일부는 이를 두고 수치를 모르는 시장조작이라고 했죠. 나도 그랬고요. 하지만 연

그림 9.16 최고의 공매도 기회

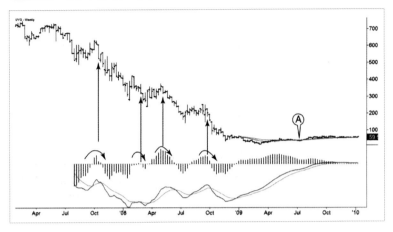

프로셰어즈 울트라 파이낸셜(UYG) 주봉과 두 이동평균 – 주식 병합!
MACD–히스토그램과 MACD 선들

방정부는 '국제 금융시스템을 구한다'고 했어요. 어쨌든 연방정부가
그 일을 해낸 것 같군요.

〈그림 9.16〉을 보면 금융 부문이 아찔하게 하락하는 모습을 볼 수 있
다. 프로셰어즈 울트라 파이낸셜은 2007년 도입 당시의 70달러 위에서
2009년 3월 1.37달러까지 하락해 주가가 98%나 빠졌다. 이 차트는 우리
가 그동안 논의했던 몇 가지 핵심 원리를 몸소 보여준다.

● 주봉 차트의 빠른 이동평균과 느린 이동평균(13주와 26주)의 상대적
위치를 보면 약세장인지 강세장인지 알 수 있다. 빠른 이동평균이
느린 이동평균을 하향 돌파하는 것으로 약세장을 확인할 수 있다.
후행 지표지만 어쨌든 주 추세를 식별할 수는 있다. 2009년 9월 마

침내 6달러 수준 부근에서 상승 반전하기 전까지는 약세장 내내 팔자 분위기가 이어졌다.

● 약세장에서 MACD – 히스토그램이 중앙선 위로 상승했다가 하락하면 공매도 신호다. 이 차트에서는 1년 동안 이런 신호가 네 번 생성됐다. 이 방법을 이용해 다양한 업종에서 여러 주식을 모니터하면 이런 신호가 꽤 다수 발견된다. 마구간에 말들이 있는데 그중 한 마리가 언제 달아날지 모르는 상황이다. 어떨 때는 혼자 달리고 어떨 때는 무리를 지어 달린다.

● 중기 변동에 매매하는 편이 약세장(또는 강세장)이 지속되는 내내 포지션을 보유하는 것보다 쉽다. 2008년 3~5월의 약세장 반등을 보자. 이 반등으로 프로셰어즈 울트라 파이낸셜은 240달러에서 372달러로 불과 6주 만에 50% 넘게 상승했다. 이렇게 폭등하는 기간에 공매도 포지션을 보유하고 싶은가?

● 거래 수단이 하단 채널선 부근에 도달하면 공매도 포지션의 수익을 취하라.

이 차트는 주식시장의 공황과 절망이 얼마나 극심한지 보여준다. 아마추어는 시장에서 밀려 나가고 프로들은 실직했다. 그러나 눈 밑에서 물이 흐르면서 봄이 시작되듯 시장은 상승을 준비하고 있었다.

:: 내리막길에서는 계속 공매도하라

약세장에서 돈을 벌려면 꼭 천장에서 매도할 필요는 없다. 하락세가 길게 이어지면 수많은 공매도 기회가 떠오른다. 추락하는 주식을 보면 물에 빠진 사람이 떠오른다. 물 위로 간신히 떠오르지만 이내 수면 아래로 가라앉고 만다.

이번에 보여줄 사례는 내 매매 일지에서 뽑았다. 오레일리 오토모티브는 수많은 주식과 함께 2008년 10월 신저점으로 붕괴했다. 주봉 MACD－히스토그램 역시 신저점으로 떨어져 매도세의 엄청난 위력을 반영하며 10월 바닥으로 재추락하거나 바닥을 이탈해 곧 하락할 것이라는 메시지를 깜박인다.

2008년 10월 바닥에서 회복하면서 오레일리 오토모티브 주가는 그해 여름에 도달한 고점보다 높이 상승했다. 이 반등은 겉보기에는 그럴듯했지만 나쁜 소식을 예고했던 10월 약세 신호를 폐기하지는 못했다.

주봉 차트의 오른쪽 끝에서 여러 개의 약세 신호가 연달아 급히 생성된다〈그림 9.17〉. 이 신호들은 천장을 그리고 있는 오레일리 오토모티브의 하

그림 9.17 약세장 속의 반등

오레일리 오토모티브(ORLY: 미국 자동차 부품 제조회사) 주봉과 26주 이동평균, 오토 엔빌로프, MACD

그림 9.18 오레일리 오토모티브^{ORLY}, 일봉 차트

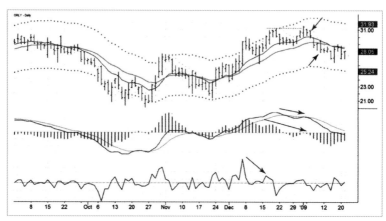

오레일리 오토모티브 일봉과 22일 이동평균, 오토 엔빌로프, MACD, 강도 지수

락 반전이 임박했다는 메시지다. 첫째, 주가가 더 이상 돌파를 거부하고 저항 수준 부근에서 멈추었다. 주봉 차트의 강도 지수는 약화되기 시작했고, 주봉 차트의 MACD-히스토그램 역시 하락했다. 이로써 임펄스 시스템은 녹색에서 청색으로 바뀌어 공매도를 허락했다.

일봉 차트(〈그림 9.18〉)는 멋진 신호를 여러 개 보냈다. MACD-히스토그램, MACD 선, 강도 지수의 약세 다이버전스와 거짓 상승 돌파였다. 나는 1월 6일 화요일 30.35달러에 오레일리 오토모티브를 공매도했다.

1월 9일 금요일 28.49달러에 공매도 포지션을 환매했다. 일봉 차트의 임펄스 시스템이 적색이어서 계속 보유해도 됐지만 스파이크 회원이 선정한 종목이라 주말을 넘기고 싶지 않았다. 게다가 나는 스윙 매매를 선호한다. 스윙 매매는 포지션 매매보다는 보유 시간이 훨씬 짧지만 데이트레이딩보다는 훨씬 길다. 나는 적절한 가격 변동을 포착해 주말이 되기 전에 마감하고 토요일, 일요일에 다음 매매 아이디어를 물색한다.

무엇보다 자신의 기질에 맞는 매매 방식을 선택해야 한다. 어떤 사람은 내 방식이 너무 단기적이라고 생각하고 어떤 사람은 내 방식이 너무 장기적이라고 생각할 테지만 나한테는 이 방식이 맞다. 자신에게 맞는 시간 범위를 찾아서 고수하라.

제 10 장
바닥을 찾아서

2008년 주식시장이 끝없이 하락하자 시장 참여자들의 기분은 날이 갈수록 어두워지기만 했다. 하락 움직임 중간중간에 나타나는 공매도 환매에 따른 반등조차도 점차 짧고 힘이 떨어졌다.

:: 주식시장은 0까지 떨어지지 않는다

앞서 S&P500 주봉 차트(〈그림 9.1〉)에서 주간 신고점 - 신저점이 -4000 아래로 떨어지자 강력한 매수 신호가 켜지는 것을 볼 수 있었다. 〈그림

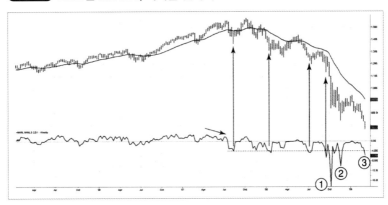

그림 10.1 2009년 S&P500, 바닥을 찾아서

S&P500 주봉과 26주 이동평균
주간 신고점–신저점 지수

10.1〉에선 매수 신호들이 수직 녹색 선으로 표시되어 있다. 첫 번째 선 이후 상당폭의 반등이 이어지지만 마지막 두 선 뒤의 상승은 기간도 짧고 강도도 약하다. 이는 매도세가 강해지고 매수세가 약해지고 있다는 표시다.

이따금 시장의 하락세가 주간 신고점–신저점을 −4000 아래로 끌어내리기는 하지만 미국 주식시장 역사를 통틀어 이 지표가 −6000 아래로 떨어진 적은 한 번도 없었다. 그런데 2008년 10월 유례없는 일이 발생했다. 주간 신고점–신저점이 −1만 8000까지 폭락한 것이다.

이 같은 폭락 현상은 공황 상태가 걷잡을 수 없는 수준임을 보여준다. 베어스턴스는 도심에 있는 본사 사무실의 부동산 가치에도 못 미치는 값에 매각되었다. 리먼브러더스는 강제 청산되었고, 월스트리트에서 가장 자주 들리는 단어는 '거래 상대방 위험counterparty risk(거래 상대방의 결제 의무 불이행, 신용등급 변화 등에 따르는 위험−역주)'이 되었다. 기관들은 상대방이

의무를 이행할 수 없게 될까 봐 서로 거래하기를 두려워했다.

이런 분위기 속에서 연방정부가 개입했다. 연방정부는 시장에 어마어마한 거금을 투입하고 신용보증을 지원해 시스템을 다시 돌아가게 만들고 가까스로 파산을 막았다. 정부의 조치가 잘못되었고 막대한 거금이 엉뚱한 곳에 남용되었다고 비난하는 사람들도 있지만 많은 사람이 정부가 개입하지 않았다면 시장이 작동을 멈추었으리라고 믿는다.

1 지점에서 신고점 – 신저점의 유례없는 폭락은 시장이 '죽기 아니면 까무러치기' 지경에 도달했다는 표시다. 이 지표가 심각한 과매도 수준에서 회복해 0 수준으로 되돌아오면서 '죽기'보다는 '까무러치기'를 택했다는 것을 보여준다. 시장은 운명은 분명해졌다. 이제 남은 질문은 '언제 바닥에 도달할 것인가?'이다.

2008년 11월 시장은 신저점으로 하락했지만 주간 신고점 – 신저점은 '고작' – 1만 수준으로 떨어지면서 낙폭을 낮추었다. 주간 신고점 – 신저점 지표는 2009년 1월 0으로 반등했지만 주식시장은 다시 약세를 보였다.

2009년 3월 거래량이 줄어들면서 S&P500 지수는 10월과 11월 저점 아래로 하락했다. 그렇다면 주간 신고점 – 신저점은 어떻게 되었을까? 이 지표는 –5854로 하락했는데 이 구간은 약세장의 바닥을 기록하기 이전에도 도달했던 영역이다. 이것만으로는 약세장의 바닥인지 아니면 약세장 반등에 앞서는 중기 저점일 뿐인지 분명하지 않다. 물론 바닥 1, 2와 3 사이의 심각한 강세 다이버전스는 전자일 가능성이 더 높다는 것을 시사한다.

:: '이중나선'은 매도 신호를 보낸다

〈그림 10.2〉의 메시지는 확고하다. 이 차트는 트레이더들에게 공황 상태에 빠지지 말라고 말한다. 이 차트는 공매도를 환매하고 부지런히 사들일 목록을 만들라고 말한다.

다른 시간 단위를 사용해 장세를 살피다 보면 기술적 매매 신호들이 동시에 떠오르는 경우는 거의 없다. 프로들은 이런 어려움을 극복할 수 있지만 초보는 인식조차 못 하며 편집증적인 트레이더들은 완벽한 때를 기다리다가 버스를 놓치고 만다.

2009년 3월 시장 저점에서 신고점 – 신저점 지수의 움직임은 이를 보여주는 단적인 사례다. 주봉 차트에서는 바닥 탈출 신호가 뜨는데 일봉 차트는 조용하다. 시장이 신저점으로 계속 하락하는 사이 일일 신고점 –

그림 10.2 일일 신고점–신저점이 상승 반전을 확증하다

S&P500 일봉과 22일 이동평균 및 오토 엔빌로프
일일 신고점, 신저점, 신고점–신저점 지수
1–신고점이 신저점 위로 처음 상향 교차
2–두 번째 상향 교차

신저점은 주가와 앞서거니 뒤서거니 하며 계속 하락해 다이버전스 신호를 보이지 않는다.

마지막 하락 기간에 이 차트의 아래 칸에 있는 적색선은 신저점 종목의 수가 증가하고 있음을 나타내며 수평을 그리는 녹색선은 신고점 종목의 수가 적음을 보여준다(〈그림 10.2〉). 3월 주간 신고점 – 신저점은 '강세 다이버전스'를 외치고 있지만 일일 신고점 – 신저점은 미동도 하지 않았다. 어쩌란 말인가?

장기 차트의 신호가 단기 차트의 신호보다 더 중요하다. 즉, 일봉 차트보다 주봉 차트가 우선이다. 완벽한 세상이라면 둘이 똑같은 음조로 노래하겠지만 우리가 사는 이 어지러운 세상에서는 하나만 선택해야 한다. 삼중창은 언제나 장기 차트부터 분석해야 한다고 말한다. 장기 차트에서 먼저 전략을 결정한 뒤 일봉 차트로 가서 단기 전술 타이밍을 잡아야 한다.

4월 들어 신고점 종목 수(녹색선)가 신저점 종목 수(적색선) 위로 오르면서 일일 신고점 – 신저점 차트가 마침내 주간 차트와 발을 맞추었다. 일일 신고점 – 신저점은 아주 예민한 지표이므로 나는 두 번째 강세 교차가 나올 때까지 기다렸다가 비로소 매수 신호로 확인했다. 아이다호 주에 사는 스파이크 그룹 회원인 스티븐 모리스Stephen Morris는 이런 모양을 우스갯소리로 이렇게 불렀다. '이중나선' 또는 '이중 알렉스.'

:: 파티가 끝날 무렵 아슬아슬하게 도착하다

데커스 아웃도어스 차트들을 보자(〈그림 10.3〉~〈그림 10.5〉). 일중 차트 몇 개는 지면이 부족해 싣지 못했다. 이 세 차트는 스파이크 그룹 회원인 스

티브 알콘Steve Alcorn이 최근 보낸 것들이다. 스티브는 이렇게 썼다. "내 첫
번째 매매 일지를 첨부했어. 대폭 상승한 첫날인 2009년 3월 10일, 6주
동안 상승한 데커스 아웃도어스를 매수했어. 그다지 매끄럽지는 못했지
만 어쨌든 수익이 났어. 평온했던 그날들을 뒤돌아보면서 깨달은 게 있
어. 갑자기 너무 많은 기회가 쏟아질 경우 별다른 경험이나 기술이 없어
도 돈을 벌 수 있다는 거지. 요즘 장세와는 아주 딴판이었어."

　스티브는 스파이크 그룹에서 트레이딩 실적이 아주 좋은 편이지만 겸
손한 사람이다. 이들 차트에 적힌 메모는 스티브가 쓴 것이다. 나는 종종
학생들에게 이렇게 말한다. 좋은 기술은 가르치기도 어렵지만 배우기는
더욱 어렵다. 스티브는 내 가르침을 귀담아들었고 수많은 사람이 겁이

그림 10.3 **파티가 끝날 무렵 아슬아슬하게 도착하다**

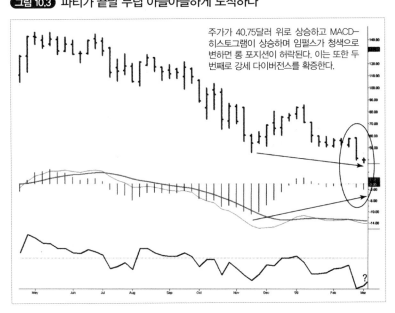

주가가 40.75달러 위로 상승하고 MACD-
히스토그램이 상승하며 임펄스가 청색으로
변하면 롱 포지션이 허락된다. 이는 또한 두
번째로 강세 다이버전스를 확증한다.

데커스 아웃도어스(DECK: 미국 신발 제조회사) 주봉과 두 이동평균, 오토 엔빌로프
MACD 선들, MACD-히스토그램, 강도 지수

나서 시장에 들어오지 못하고 망설일 때 용기 있게 가르침을 실천했다.

스티브가 차트에 언급하고 표시한 것에 덧붙일 말은 별로 없다. 스티브가 계획을 수립할 때뿐만 아니라 매매 일지를 쓸 때도 차트를 활용했다는 점에 유의하라. 초보 시절 나는 차트에 기술적 지표의 신호들에 대해 빽빽이 적어놓곤 했다. 요즘에는 화살 몇 개, 동그라미 몇 개로 중요하다고 생각하는 요소들을 모두 표시한다.

프로다운 방식으로 스티브는 같은 주식을 반복 매매했다. 초보들은 한 번 시도해보고 수익이든 손실이든 본 다음에는 다른 주식을 찾아 나선다. 이런 사람은 술집에서 여러 여자에게 집적거리다가 어느 여자와도 오래 얘기하지 못하고 데이트에 실패하는 그런 남자나 마찬가지다. 이런

그림 10.4 데커스 아웃도어스^{DECK}, **일봉 차트**

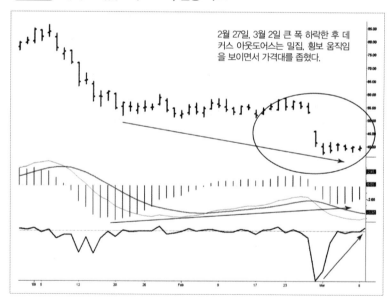

데커스 아웃도어스 일봉과 두 이동평균, 오토 엔빌로프
MACD 선들, MACD-히스토그램, 강도 지수

사람들은 거절을 받아들이는 것도 미숙하기 짝이 없다. 누가 한 번 무시하면 그 사람에게는 다시 말을 걸지 않는다. 반면 프로 트레이더들은 같은 주식을 여러 번 시도한다. 프로들은 스톱에 걸려 청산돼도 원하는 방향으로 진입할 때까지 두 번 세 번 다시 그 주식을 시도해본다. 당시에는 이런 매매 경험이 많지 않았지만 스티브는 MACD 선이 교차하는 것으로 데커스 아웃도어스의 움직임 패턴이 변하고 있다는 것을 확인할 때까지 이 종목의 매매를 몇 번이나 시도했다.

초보 시절 나는 매매 일지에 심리에 관해 **빽빽이** 적었다. 특히 진입과 청산 때 기분이 어땠는지 적었다. 심리는 매매 도구이므로 심리가 어떻게 작동하는지에 유의하면 성공하는 데 도움이 된다. 경험이 쌓이면 심

그림 10.5 데커스 아웃도어스DECK, **일봉 차트**

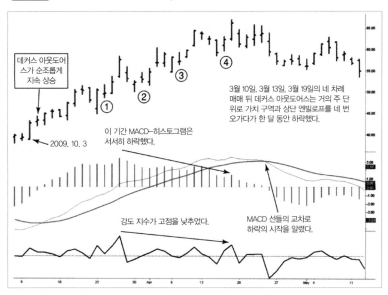

데커스 아웃도어스 일봉과 두 이동평균, 오토 엔빌로프
MACD 선들, MACD-히스토그램과 강도 지수

리는 제자리를 찾아가는 경향이 있으므로 리스크 통제와 자금 관리에 집중하면 된다.

:: 내가 선호하는 주요 바닥 신호

시장의 바닥을 식별하는 가장 중요한 패턴 중 하나는 강세 다이버전스를 동반하는 거짓 하락 이탈이다. 이 패턴은 모든 시간 단위에서 성과를 내지만 시간 단위가 장기일수록 중요도가 커진다. 이제 주봉 차트 위에 나타난 패턴을 살펴보자. 주봉 차트는 주요 천장과 바닥을 식별하는 데 유용하다.

리서치인모션은 블랙베리 제조업체다. 블랙베리는 중독성이 강해서 반농담조로 '크랙베리crackberry(블랙베리를 손에서 놓지 못하는 중독자들을 가리키는 신조어-역주)'라는 별명이 붙었다. 리서치인모션은 약세장 초기 단계에서 어느 종목보다 잘 견뎌내 2008년 신고점으로 상승했다. 2008년 여름, 리서치인모션 주가는 저항 수준을 돌파했지만 더 이상 버티지 못하고 차트에 '1'로 표시된 영역인 저항 수준 밑에서 마감했다. 주간 MACD가 약세 다이버전스를 보이면서 거짓 상승 돌파에서 나온 매도 신호에 무게를 더했다. 여기서부터 리서치인모션 주가는 줄곧 내리막길을 걸었다. 1년 사이에 150달러 부근에서 40달러 아래로 하락해 가치의 4분의 3이 증발했다.

2008년 10월, 리서치인모션은 40달러 아래에서 지지세를 만났다(2 영역). 2009년 1월 주가는 반등했고 MACD - 히스토그램은 0 선 위로 올라와 '곰의 등짝을 부러뜨렸다'(3 영역). 4 영역에서 주가는 다시 지지 수준

그림 10.6 리서치인모션^{RIMM}(미국 스마트폰 제조업체), **일봉 차트**

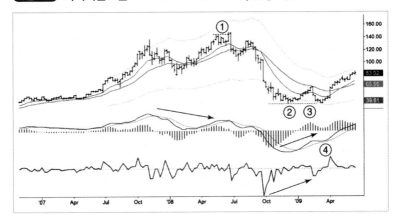

리서치인모션 일봉과 두 이동평균, 오토 엔빌로프
MACD 선들, MACD–히스토그램, 강도 지수

으로 하락해 신저점으로 붕괴했다. 2008년 도달한 최저점은 35.09달러
였지만 2009년 3월 4센트 낮은 35.05달러까지 하락했다. 이런 저점 붕괴
로 '가장 최근 저점보다 한 틱 아래' 스톱을 설정한 트레이더들은 퇴출되
었다.

　이런 돌파를 찾는 데 좋은 점 하나는 발견하기 쉽다는 것이다. 주요 저
점 아래 알람을 설정해두고 알람이 울리고 시장이 최근 돌파당한 지지선
위로 상승할 때 매수하라. 이런 돌파를 찾으면 수많은 매수 후보를 발견
할 수 있다.

　4 영역에서 발생한 강세 다이버전스는 변형 패턴인 '오른쪽 어깨 누락'
패턴이다. 바닥 2는 0 선 아래였으며, 고점 3은 매도세의 휴식이다. 바닥
4는 매도세가 너무 미약해 이 지표를 중앙선 아래로 끌어내릴 수 없었다.
임펄스 시스템이 적색에서 청색으로 바뀌면서 매수를 허락한다. 그 뒤
리서치인모션 주가는 상승에 상승을 거듭했다.

시장 천장에서는 역으로 접근하면 효과적이다. 변동성은 바닥보다는 천장 부근에서 더 큰 경향이 있으므로 시장의 천장에서는 변동성을 더 참작해야 한다.

:: 매수 포지션 매도하기

지나간 천장과 바닥은 식별하기 쉽다. 차트 중앙에서는 좋은 매수 기회가 아주 또렷하게 보인다. 문제는 차트 오른쪽 끝으로 갈수록 상황이 혼탁하다는 것이다. 초보는 지나간 차트를 보면서 추세의 바닥에서 매수하고 천장에서 매도해 잘 먹고 잘살 수 있을 거라고 착각한다. 그러나 노련한 트레이더는 이런 일이 로또에 당첨되는 것만큼이나 어렵다는 것을 알고 있다.

과거는 고정되어 있으므로 명확하다. 미래는 유동적이며 예기치 않은 일이 벌어지기 일쑤다. 프로들은 아마추어보다 겸허하다. 이따금 주가 변동을 포착하면 만족한다. 혼란스러운 시장에서 질서 있는 패턴이 떠오르기를 기다렸다가 이 패턴에 편승해 진입하고 목표가 근처까지 타고 있다가 뛰어내린다.

견고한 자금 관리를 활용하면서 이런 과정을 수백 번 반복하면 자산 곡선은 아주 흡족한 기울기를 보이며 상승할 것이다. 내 매매 일지에서 뽑은 최근 매매들을 함께 살펴보면서 이 원리를 입증하고자 한다.

2009년 11월 첫 번째 주말 세팔론이 눈에 들어왔다. 스파이크 그룹의 주축 회원이 다음 주 종목으로 세팔론을 선정했다(〈그림 10.7〉).

세팔론은 약세를 보이고 있었지만 월요일 임펄스 시스템이 주봉 차트

그림 10.7 **세팔론**^{CEPH}(미국 생의학회사), **일봉 차트**

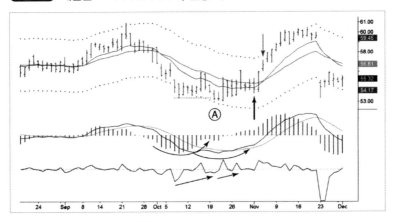

세팔론 일봉과 두 이동평균, 오토 엔빌로프
MACD 선들, MACD-히스토그램, 강도 지수

(보이지 않음)에서 적색에서 청색으로 바뀌면서 매수 금지가 풀렸다. 일봉
차트의 A 지점에서 거짓 하락 이탈이 보인다. 당시 강도 지수는 강세 다
이버전스를 보였다. 매도세가 힘이 다 빠졌다는 표시다. 이후 MACD 선
과 MACD-히스토그램이 원형 바닥을 보이면서 강세 패턴을 보였는데
다이버전스처럼 강력하지는 않지만 충분히 긍정적인 움직임이었다.

월요일 세팔론은 잠시 가치 구역 밑으로 하락했고 나는 54.62달러에
매수했다. 차트 위 녹색 수직선으로 표시된 날이다. 화요일 아주 흡족한
상승 반전이 있어 포지션에서 확실한 수익이 발생했다. 수요일에도 상승
세가 지속되었고 주가는 과매수 구간인 상단 채널선 직전까지 도달했지
만 추진력은 약해졌다. 나는 적색 수직선이 표시된 날, 57.06달러에 차익
실현했다.

내 매매 점수는 53%로 전체 채널 높이의 절반보다 조금 넘게 포착했
다. 채널 높이의 30% 이상을 포착하면 A 등급이다.

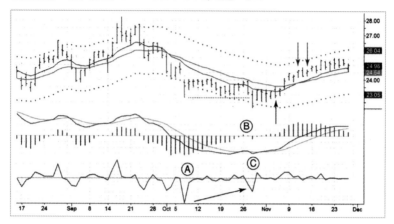

그림10.8 **리얼티인컴**[○](미국 부동산 투자회사), **일봉 차트**

리얼티인컴 일봉과 두 이동평균, 오토 엔빌로프
MACD 선들, MACD-히스토그램, 강도 지수

내가 너무 빨리 팔았을까? 물론이다. 일봉 차트가 녹색에서 청색으로
바뀌어 매수세가 소진되었음을 보여줄 때까지 보유했어도 좋았을 것이
다. 그러나 이 정도 실수를 해도 별 지장이 없다. 나는 가치 수준에서 매
수하고 과매수 구간 근처에서 매도해서 깔끔하게 털고 다음 단기 스윙매
매를 찾아 나설 수 있었다.

또 다른 매매를 보자. 거짓 하락 이탈과 함께 강세 다이버전스
A-B-C가 '매수하라!'고 외쳤다(〈그림 10.8〉). 리얼티인컴의 주봉 차트(보이
지 않음)는 청색으로 매수를 허락했다. 나는 가치 구역 바로 아래 실선으
로 그린 녹색 수직 화살표가 표시된 봉에서 매수했다. 그리고 적색 수직
화살표로 표시된 지점에서 두 차례에 걸쳐 이 포지션을 청산했는데 주가
가 상단 채널선 부근인 과매수 수준에 접근하자 녹색 봉에서 포지션의
절반을 매도했다. 이튿날 청색 봉이 이어져 그다음 날 포지션의 절반을

팔았다. 요즘은 수수료가 아주 싸서 한 번에 청산하느냐, 여러 번에 걸쳐 청산하느냐는 큰 문제가 되지 않는다. 내 매매 점수는 39%, 44%였다.

이번 매매는 완벽한 바닥을 포착하지도, 상승의 완벽한 천장을 포착하지도 않았다. 그래도 중간 부분을 많이 잘라먹어서 아주 만족스러웠다. 주가가 상단 채널선 부근인 과매수 구간에 접근하자 첫 번째 매도 신호가 나왔고 일봉 차트의 임펄스 시스템이 녹색에서 청색으로 바뀌면서 매수세의 힘이 떨어졌다는 것을 표시하자 두 번째 매도 신호가 깜박였다.

너무나 많은 트레이더가 '돈을 남겨놓고' 청산했다며 자책한다. 하지만 냉정하고 현실적인 태도로 수익에 접근하는 편이 결국에는 훨씬 더 생산적이다.

:: 비틀거리지 않는 상승세는 없다

2009년 3월 주식시장은 극적인 상승 반전을 보였고 폭넓은 상승세가 이어졌다. 2009년 말 강세장이 분명해졌다.

강세장은 4년 이상 지속되는 경향이 있지만 그렇다고 일직선으로 쭉 상승하지는 않는다. 찰스 다우Charles Dow와 로버트 리아Robert Rhea를 필두로 기술적 분석의 대가들은 전형적인 강세장을 세 단계로 나눈다.

● 1단계: 앞선 약세장의 끝에서 나타난 터무니없이 낮은 주가에서 회복한다.
● 2단계: 실물 경제의 성장을 반영해 주가가 상승한다.
● 3단계: 앞선 두 단계를 밑바탕으로 약세장으로 이어질 토대가 마련

된 뒤 투기세력이 사라지고 나면 다음 약세장으로 이어진다.

　이 단계들 사이의 전환은 매끄럽지 않다. 매끄럽기는커녕 강세장의 이런 전형적인 단계들 중간중간에는 극심한 조정이 끼어든다.

　2009년 말은 어떤 단계였을까? 경제가 여전히 깊은 침체 상태였으므로 물론 행복한 3단계는 아니었고 2단계도 아니었다. 당시는 앞선 약세장의 저점에서 회복하는 1단계였다. 1단계가 벌써 9개월째에 접어들었고 신고점─신저점 지수가 약세를 보이자 시장이 일시 하락하리라 예측할 수 있었다.

　구글은 강세장의 선도주였다. 앞선 약세장에서 2009년 3월 시장 평균은 신저점으로 가라앉았지만 구글은 2008년 바닥을 훨씬 상회하면서 비교적 강세를 보였다. 이는 구글이 새로운 상승세의 선도주가 될 가능성이 높다는 표시였다. 하지만 주도주라도 휴식이 필요하다. 주봉 차트(《그

[그림 10.9] **구글**GOOG(미국 인터넷 검색 서비스 기업), **주봉 차트**

구글 주봉과 두 이동평균, 오토 엔빌로프
MACD-히스토그램, 강도 지수

림 10.9)를 보면 구글이 상단 채널선에 접근할 때마다 주가는 과매수 상태가 되어 몇 주 휴식을 취하다가 다시 상승했다.

차트 오른쪽 끝에서 과매수 신호가 다시 켜지고 동시에 주봉 임펄스 시스템이 청색으로 변했다. 녹색이 없어졌다는 것은 공매도 금지가 풀릴 것이라는 신호다.

매매를 결행할 수 있는 용기를 주는 몇 가지 정보가 있는데 그중 하나가 기술적 도구들에 대한 확신이다. 2009년 12월 구글은 그해 신고점으로 상승해 극강세를 보였다. 그러나 주봉 임펄스가 녹색에서 청색으로 변하고 일봉 차트에서 많은 지표가 심각한 약세 다이버전스를 보이면서 구글은 상대적으로 리스크가 적은 공매도 기회를 제시했다(〈그림 10.10〉).

12월 31일 적색 수직 화살표가 표시된 지점이 내가 숏(공매도) 포지션에 진입한 날이다. 일봉 임펄스가 녹색에서 청색으로 바뀐 뒤 전일 고점 부근에 보호 스톱을 두고 가치를 훨씬 상회하는 지점에서 공매도했다. 구

[그림 10.10] 구글GOOG, 일봉 차트

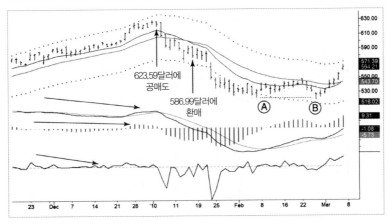

구글 일봉과 두 이동평균, 오토 엔빌로프
MACD 선들, MACD-히스토그램, 강도 지수

글은 하단 채널선까지 하락했고 나는 이 지점에서 환매해 채널 높이의 64%를 포착했다.

주가는 잠시 멈칫하다가 다시 하락했지만 상관없었다. 나는 이미 수익을 취했고 구글이 일단 하단 채널선을 건드리면 시스템은 공매도를 허락하지 않기 때문이다. 시스템을 활용하려면 시스템을 믿어야 한다.

2010년 2월의 상승 반전을 주목하라. 구글은 A 지점에서 522.46달러까지 하락했다가 B 지점에서 다시 신저점인 520달러로 붕괴했지만 526.43달러에 마감했다. 이는 최상의 바닥 신호 중 하나인 거짓 하락 이탈이다! 이 차트를 보면서 MACD와 강도 지수가 보내는 메시지를 읽을 수 있겠는가?

이 장을 마무리하기 전에 내 매매 일지에서 매매를 하나만 더 살펴보자. 이 책을 마무리하는 시점에 행했던 매매다.

:: 공매도 사이렌

나는 이 차트(〈그림 10.11〉)를 뉴욕에서 강연을 진행하던 2010년 4월 11일 일요일에 처음 보았다. 교실에는 두 명의 호주인이 있었다. 나는 호주 ETF인 아이셰어즈 MSCI 호주지수 차트 하나를 꺼냈다. 주봉 차트는 흥미진진한 신호를 깜박였다. 지수는 2009년 3월 바닥을 탈출해 1년 동안이나 상승했는데 이제 상승세가 끝날 것처럼 보였다. 주봉 임펄스가 청색으로 변한 지점보다 불과 몇 센트 위에서 이중 바닥을 형성하고 있었다. 이중 바닥이 나타나면 MACD-히스토그램, MACD 선, 강도 지수가 모두 합세하는 주봉 약세 다이버전스의 3관왕이 탄생한다. 나는 〈그림

10.12〉에 보이는 일봉 차트로 전환했다.

일봉 신호들은 주봉 신호들과 아주 유사했다. 화요일 임펄스 시스템이 청색으로 변한 뒤 나는 공매도했다. 최근 고점 위에 스톱을 두고 주당 리스크는 몇 센트에 불과해 아주 낮은 리스크로 수천 주를 공매도할 수 있었다.

하락세에 가속이 붙자 나는 계속 포지션을 보유했다〈그림 10.13〉. 이동평균이 일봉 차트 하단 채널선 부근까지 하락한 뒤에도 임펄스 시스템이 여전히 적색이었으므로 나는 계속 보유했다. 미니 크래시mini-crash(소규모 주가 폭락−역주)가 일어났을 때 나는 아시아 출장 중이었다. 컴퓨터 앞에 있지 않을 때 미니 크래시가 발생해 수익을 실현할 절호의 기회를 놓쳤다. 그래도 낙담하지 않았다. 내 경험으로 보아 주가 폭락 뒤에는 대체로 반사 랠리가 있고 그 뒤 낮은 거래량을 보이며 주가가 저점으로 다시 추

그림 10.11 아이셰어즈MSCI 호주지수EWA, 주봉 차트

아이셰어즈 호주지수, 주봉과 두 이동평균, 오토 엔빌로프
MACD 선들, MACD−히스토그램, 강도 지수

아이셰어즈^{MSCI}호주지수^{EWA}, 일봉 차트

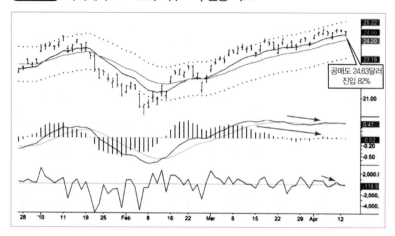

아이셰어즈 호주지수, 일봉과 두 이동평균, 오토 엔빌로프
MACD와 강도 지수

아이셰어즈^{MSCI}호주지수^{EWA}, 주봉 차트

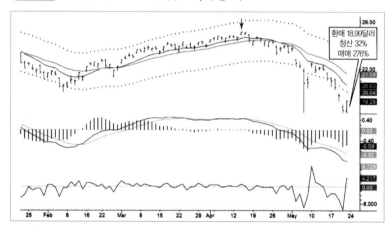

아이셰어즈 호주지수, 주봉과 두 이동평균, 오토 엔빌로프
MACD 선들, MACD−히스토그램, 강도 지수

락하면서 서서히 크래시 저점을 향해 하락하기 때문이다. 이 경우가 바로 그랬다. 나는 일봉 임펄스가 청색으로 변하자 크래시 저점에서 그리 멀지 않은 수준에서 환매했다.

이 매매의 교훈. 단순한 매매 시스템을 보유하고 리스크를 비교적 적게 지고, 시나리오를 마음속에 두고 평온하고 느긋하게 계획을 실천하라.

결론

성공적인 매매에는 명징함과 훈련이 필요하다. 흐릿하고 우유부단하게 이리저리 흔들리는 수많은 트레이더와 투자자는 평소 생활방식이 그렇기 때문이다. 이런 사람들은 마치 세월이 좀 먹느냐는 식으로 어려운 결정을 계속 미룬다. 이들은 브로드웨이 노래처럼 "내일은 태양이 뜰 거예요(뮤지컬 〈애니Annie〉에 나오는 노래 〈투머로Tomorrow〉의 가사—역주)"라고 믿으며 계속 꿈을 꾼다. 사실 시간은 제한되어 있고 이런 식으로 결정하면 내일은 오늘보다 더 나빠질 뿐이다.

인생 설계는 이 책에서 다루는 영역이 아니지만 매매 설계는 도와줄 수 있다. 다음 매매의 구체적인 진입과 청산 계획은 무엇인가? 리스크는 어떻게 관리하고 기록은 어떻게 할 것인가? 보유 주식을 언제 매도할 것인가? 하락하면 기꺼이 공매도하고 수익을 취할 태세가 되어 있는가? 이 책을 다 읽었으니 이제 이런 질문에 대답할 수 있으리라 믿는다.

지금까지 내가 그동안 깨닫고 발견한 것들을 여러분에게 전수했다. 이 깨달음들은 나 자신, 그리고 제자들의 매매에 큰 영향을 미쳤다. 성공과 실패에서 가장 중요한 요소를 하나 꼽자면 기록의 품질이다. 초보들은 다양한 지표의 변수를 계속 이렇게 저렇게 바꿔본다. 지표 변수 문제는 훌륭한 매매 일지의 중요성에 비하면 새 발의 피다. 이 책에서는 어떤 것을 기록하고, 기록을 어떻게 활용할지 설명했다. 이 가르침을 따르겠는가? 기록을 토대로 나아지려고 노력하겠는가?

이 책에선 매수는 잠깐 짚어보고 많은 지면을 매도와 공매도에 활용했다. 주식을 매수할 때 손실제한 수준과 수익 목표를 설정하는 방법을 살펴보았다. 그리고 손실제한 수준과 수익 목표를 설정하는 몇 가지 방법들을 논의했다. 각자의 성격에 맞는 기법을 선택해 매매에 적용하기 바란다.

대부분의 트레이더처럼 공매도를 안 해봤다면 싫어하는 주식을 찾아내 몇 주 공매도해보라. 몇 번 그렇게 해서 작은 규모로 공매도를 연습하라. 공매도를 굳이 활발히 할 필요는 없지만 단지 공매도에 대한 무지와 공포 때문에 매수만 하겠다고 마음먹지는 마라.

여기서는 매매 관련 세금에 대한 문제는 다루지 않았다. 나는 이 분야의 전문가가 아니다. 다른 책에서 좋은 조언을 찾기 바란다.

:: 수익 처리 – 개인 배당

100년 전 오스카 와일드Oscar Wilde는 이렇게 말했다. "진정한 이상주의자는 돈을 쫓는다. 돈은 자유를 의미하고 자유는 결국 삶을 의미하기 때문이다." 돈은 강력한 동기 부여 장치가 될 수 있다. 나는 병원에서 호출을 받는 대신 아이들과 더 많은 시간을 보내고, 더 좋은 집에서 살고, 겨울이면 북부의 추위를 피해 캐리비언에 가고 싶다.

돈을 벌기 시작하면 '족할 때'를 알아야 한다. 즉, 회전목마에서 내려야 할 때를 알아야 한다. 더 큰 당근은 얼마든지 있다. 더 큰 집, 더 근사한 별장, 더 번쩍번쩍한 액세서리. 형편이 웬만할 때 기어를 바꾸지 않으면 한평생 전능한 물신을 뒤쫓게 된다. 이는 불행한 인생이다. 명심하라. 목표는 자유이지 번지르르한 장신구가 아니다.

해결책은 최대한 자기다움을 유지하는 것이다. 자신만의 해결책을 실행하기 시작했다는 소식이 들리기 바란다.

나는 금전적 이익과는 무관하게 책 쓰는 일을 계속할 참이다. 책으로 얻는 금전적 이익은 결코 책을 쓰는 데 들이는 시간과 에너지 때문에 포기한 수익을 만회할 정도는 되지 못한다. 하지만 나는 글 쓰는 일이 좋고 내 책을 좋아하는 독자들과 만나는 게 좋다.

또 하나, 내가 추구하는 건 가르침이다. 2년 전 나는 지역 고등학교에 자원해 '돈과 트레이딩Money and Trading'이라는 강좌를 진행했다. 나는 아이들에게 박진감 넘치는 경험을 선사하기 위해 4만 달러짜리 계좌를 개설해 학기말에 결산해 손실을 보면 내가 감당하고 수익이 나면 절반을 학교에 기증하고 나머지 절반은 반 학생들에게 나눠주겠다고 공언했다.

시간이 흐르면서 나는 내 계좌보다 이 계좌에 더 신경을 쓰게 되었다.

결과는 훌륭했다. 아이들은 즐거워했고 학교는 나를 계속 초청하고 있다. 학생들을 가르치고 여러 사람 앞에서 결정을 내려보면서 팬들 앞에서 시합하면 더 잘하는 운동선수들을 이해할 수 있었다.

개인 배당

분기별로 내가 정한 목표의 100% 이상을 달성하면 분기 수익의 5%를 배당금으로 따로 떼었다. 이 돈을 수령인들에게 똑같이 분배했다. 수령인들은 자신들이 원하는 곳에 돈을 쓸 수 있다.

처음에는 누구도 배당 프로그램에 대해 알지 못했다. 나는 2002년 4분기에 처음으로 직접 배당 계획을 알렸다. 100달러 지폐 뭉치를 스테이플러로 카드에 고정하면서 눈앞에 직접 보여주었다. 물론 효과는 만점이었다!

현재 6개 기관과 특수완화치료를 하는 지방 자선단체가 주요 수령인이다. 5%의 배당금으로 세상이 바뀌진 않겠지만 그래도 어찌나 고마워들 해주는지!

수익이 나지 않는 분기도 있는데 그럴 때면 새로운 각오로 임하게 된다. 모두들 내가 어떻게 하나 지켜보고 있으니 말이다! 분기의 세 번째 달이 되면 배당이 '있을지, 없을지' 사람들에게 알린다. 이렇게 하면 더 집중이 잘 되고 가족을 돕게 되어 일이 더욱 보람 있다. 나는 '주주들'을 거느려서 행복하다.

로버트 블레친스키Robert Bleczinski의

《괴짜 트레이더The Unconventional Trader》에서 발췌

:: 미래로 가는 길

생각해보라. 우리는 해마다 동일한 주식들을 계속 매매한다. 가끔 새로운 기업이 기업공개 명단에 오르기도 한다. 이 책을 마무리지을 때쯤 테슬라모터스가 주식을 상장했다. 이런 소소한 변화들이 있지만 해가 바뀌어도 우리가 사고파는 주식은 거의 변동이 없다. 그런데 프로들은 돈을 버는데 어째서 초보들은 돈을 잃는 걸까?

러시아에 이런 속담이 있다. '겨울에 마차를 준비하고 여름에 썰매를 준비하라.' 프로들은 저점에서 사서 주가가 오르는 동안 보유하다가 하락 가능성을 보면 높은 수준에서 매도하거나 공매도한다. 겨울옷을 할인하는 3월에 겨울옷을 사고 가을이 되어 여름옷을 할인하면 여름옷을 사듯이 말이다.

물론 주식을 파는 일은 좀 더 복잡하다. 3월 꽃샘추위에 겨울 재킷을 판다고 생각해보라. 추운 날이 얼마 남지 않았다는 것, 따라서 포지션의 수익을 취할 때라는 것을 알기에 파는 것이다. 시장을 연구하고 패턴을 발견하고 변화를 예측하면 시장의 대중과 반대로 진입과 청산 포지션을 취할 수 있다.

안절부절못할 정도로 매매 규모가 크면 긴장하게 된다. 초조하면 어중이떠중이 무리에 합류하게 된다. 느긋함과 독립심을 유지하려면 어떻게 해야 할까? 초보 시절에는 무엇보다 매매 규모를 줄여야 한다.

2% 규칙은 알고 있을 것이다. 하지만 그보다 리스크를 더 적게 지는 게 현명하다. 리스크가 적을수록 더 느긋해진다. 그래야 수익 실현과 손실제한 또는 더 오래 보유할지 여부 등을 결정할 때 융통성을 발휘할 수 있다.

탐욕과 두려움은 멸망으로 이끄는 쌍두마차다. 특히 초보 시절에 비교적 적은 규모로 매매해 탐욕을 통제하면 자연히 두려움도 줄어들고 정신은 또렷하게 유지된다. 반면 욕심을 부려 매매 규모를 키우면 공포가 엄습해 여러분을 희롱할 것이다.

두려움이 없으면 훌륭한 판단과 수익이 가능해진다. 두려움이 크면 빗나간 판단과 큰 손실로 이어진다.

매매의 가장 큰 매력 중 하나는 자유를 보장한다는 것이다. 또 다른 매력은 평생 할 수 있고 나이가 들수록 더 훌륭한 트레이더로 계속 성장할 수 있다는 것이다. 나이 들면서 따라오는 미덕인 추억, 인내, 경험은 매매의 가장 핵심적인 자산들이다. 그러나 경험에서 배우려면 먼저 게임을 계속할 수 있어야 하는데 그러려면 게임에 통달할 때까지 오랫동안 살아남아야 한다. 따라서 한 번의 큰 손실이나 연속되는 손실로 게임에서 퇴출되지 않도록 자금 관리 계획을 세워야 한다. 경험에서 배우고 활용하려면 기록 유지 시스템을 짜야 한다.

이 책이 전하는 메시지를 진지하게 받아들이고 이 책이 소개하는 규칙과 교훈들을 활용한다면 여러분의 앞길은 창창하리라. 여러분의 앞길에는 중대한 갈림길이 무수하다. 갈림길에서 정확한 선택을 하기 바란다.

건승을 빈다.

감사의 글

'역사의 현장에 함께'하고 이 책을 쓰도록 독려해준 편집자 케빈 코민스Kevin Commins에게 감사를 전합니다. 존 윌리 & 선즈John Wiley&Sons 출판사 식구들에게도 감사를 전합니다. 이 출판사와 협력해 여러 권의 책을 작업한 건 행운이었습니다. 조애너 V. 포메란츠Joanna V. Pomeranz, 가브리엘라 카다르Gabriella Kadar, 낸시 W. 드미트리Nancy W. Dimitry. 모두들 고마워요. 여러분과 작업하면서 마치 오랜 벗과 함께 여행하는 기분이었어요. 에이전트인 테드 보내노Ted Bonanno는 이번 일을 비롯해 많은 프로젝트가 순항하도록 도와주었습니다.

두 딸도 이 책의 편집을 도왔습니다. 미리엄Miriam은 모스크바에서 기자로 일하고 있고 니카Nika는 프린스턴대학에서 박사과정을 밟고 있는데 둘 다 바쁜 시간을 쪼개 원고를 검토하고 건설적인 제안을 해주었죠. 게으름과 부정확을 막는 든든한 파수꾼인 캐럴 키건 케인Carol Keegan Kayne은 원고를 최종 점검하면서 누구도 발견하지 못한 실수를 찾아냈습니다.

앨러배마 주에 거주하는 트레이더이자 스파이크 그룹의 공동 책임자인 케리 로본은 이 책에 쓰인 많은 차트를 만드는 데 도움을 주었습니다. 노스캐롤라이나 주에 사는 트레이더이자 스파이크 그룹 회원인 제프 파커Jeff Parker는 원고를 읽고 날카로운 질문을 던져 책의 수준을 높여주었죠. 패트리샤 루Patricia Liu는 정말 훌륭한 공명판 역할을 해주었습니다. 원고의 흐름이 올바른지 점검하기 위해 큰 소리로 루에게 원고를 읽어주었는데 잘 듣고 반응해주었습니다. 엘더닷컴^{elder.com} 매니저인 이나 펠드먼 Inna Feldman은 몇 주 동안 혼자 회사를 지키면서 내가 원고를 쓰고 탈고할 시간을 주었습니다.

모두에게 감사합니다. 여러분의 도움이 없었다면 이 책은 세상에 나오지 못했을 겁니다. 정말 고마워요.

알렉산더 엘더 박사

알렉산더 엘더에 대하여

의학박사 알렉산더 엘더는 구 소련의 레닌그라드에서 태어나 에스토니아에서 성장했으며 열여섯 살 때 의과대학에 진학했다. 선의로 근무하던 중 스물세 살 때 아프리카에 정박한 소련 배에서 탈출해 미국으로 망명했다. 그후 뉴욕에서 정신과 의사로 일하면서 정신과 분야의 잡지 〈사이키애트리 타임즈 Psychiatric Times〉의 에디터로 활동했으며, 컬럼비아대학교에서 학생들을 가르쳤다.

금융시장에 트레이더로 참여하기 시작하면서 트레이딩에 관한 다수의 기고문과 책들을 집필했다. 트레이딩 시스템도 개발했으며 투자강연회 연사로 활약했다. 정신과 의사로서의 경험 덕분에 트레이딩 심리를 꿰뚫어 보는 독특한 통찰력을 얻게 되었으며, 세계에서 손꼽히는 테크니션으로 확고한 위치를 차지하고 있다.

엘더 박사는 활발히 거래하는 트레이더이지만 가르침을 쉬지 않고 있으며 미국과 해외에서 강연 요청도 끊임없이 받고 있다. 1988년에는 트레이더를 위한 교육회사 엘더닷컴 elder.com을 설립했다. 엘더 박사는 트레이더를 위한 일주일 강좌인 트레이더 캠프 Trader's Camps를 처음 만들었고 스파이크트레이드 Spick Trade 그룹도 창시했다. 매주 그룹 회원들끼리 종목 선정

대회를 열어 우승자에게 포상하고 있다.

e-mail: info@elder.com

website: www.elder.com

www.spiketrade.com

언제 매도할 것인가

초판 1쇄 발행 2014년 10월 27일
개정판 1쇄 발행 2022년 2월 4일
2쇄 발행 2024년 7월 31일

지은이 알렉산더 엘더 | 옮긴이 신가을 | 감수 오인석

펴낸곳 (주)이레미디어
전화 031-908-8516(편집부), 031-919-8511(주문 및 관리)
팩스 0303-0515-8907
주소 경기도 파주시 문예로 21, 2층
홈페이지 www.iremedia.co.kr | 이메일 mango@mangou.co.kr
등록 제396-2004-35호

편집 허지혜 | 디자인 박정현 | 마케팅 김하경
재무총괄 이종미 | 경영지원 김지선

ISBN 979-11-91328-48-6 03320